KB135031

대학교수의
스포츠 교육
이야기

대학교수의 스포츠 교육 이야기

고문수 지음

한국학술정보

서문

나는 체육이 좋다. 체육을 좋아하다 보니 체육을 하는 삶을 살게 되었다. 나는 교육대학에서 체육 심화 과정을 공부하였다. 초등교사를 하면서 체육이 좋아서 체육 관련 연구대회에 참가하여 입상도 하였다. 2006년도에는 스포츠교육학 전공으로 박사학위를 받았고, 2009년도에 체육과 수석교사를 하면서 수업 연구대회 심사와 각종 수업멘토링 활동을 하면서 좋은 수업이 될 수 있는 방안을 제시하였다.

나는 체육이 좋아서 초등교사 시절부터 지금까지 체육 관련 글쓰기를 해오고 있다. 글쓰기 내용이 풍성해진 것은 박사학위를 받고 나서부터이다. 그전까지는 생각나는 대로 글쓰기를 해왔다면, 학위를 받고 나서부터는 주제를 정해서 글쓰기를 해오게 되었다는 점이다. 그러한 노력으로 대학교수가 될 수 있었다. 2013년 2월 대학교수가 되고 나서부터 2021년 현재까지 주제별 글쓰기의 내용을 정리하여 해마다 5~6편의 학회지에 글을 투고하여 일반화하였다.

2019년에는 머릿속에 갖고 있던 체육에 관한 생각들을 여러 사람과 소통하기 위해 『대학교수의 체육 이야기』를 집필하게 되었다. 이번에 출판하는 도서는 '나' 자신의 체육에 관한 관심과 열정이 드리워진 성과물이다. 대학에서 체육을 가르치는 교수가 수업의 방향을 어떻게 설정해야 하는지, 교수자가 체육수업 운영에서 주목해야 할 점은 무엇인지, 그리고 체육과 교수가 어떠한 삶을 살아야 하는지 등에 대한 고민의 흔적이 담겨 있다. 3장부터 5장까지는 필자가 2020년에 대학에서 스포츠 교육 현상을 탐구하여 국내 학회지에 기고한 내용을 독자들이 읽기 쉽도록 재구성하였다.

나는 요즘 강의와 관련하여 학생들에게 관심을 두는 내용은 무엇인지, 현장 교사가 꼭 알아야 할 내용은 무엇인지 등에 관심을 기울이고 있다. 그 내용 중 하나가 수업 주목하기와 목표 중심의 체육수업 전개구조 전략이다. 대학교수의 삶은 세 가지로 압축될 수 있다. 교육, 연구, 봉사가 바로 그것이다. 나는 잘 가르치면서 체육을 하는 삶을 살고 있는가? 체육을 하는 삶이 연구하는 삶으로 전이되고 있는가? 봉사하는 삶의 모습은 무엇이고, 그것이 대학교수로서 보람 있는 일인가? 등을 생각하면서 하루를 보낸다.

『대학교수의 스포츠 교육 이야기』가 출간되기까지 많은 분의 도움이 있었다. 한국학술정보(주) 채종준 대표이사님과 편집진분들에게 감사드린다. 그리고 체육을 좋아하고, 체육 하는 삶을 살아가는 것에 대해 자랑스럽게 생각하는 가족에게도 고마움을 전한다.

끝으로 이 글을 읽는 독자들도 자신이 하는 일에 대해서 왜 하는지, 그것을 통해 타인에게 무엇을 전달하려고 하는지 등의 의도가 담긴 동기로서의 목적적 가치와 그것의 결과인 내용적 가치를 탐색하여 의미 있는 성과물을 도출할 것을 제안한다.

2021년 6월 계산동 연구실에서 고문수

목차

제6장 체육과 교수가 관심을 기울인 것을 말하다

제7장 체육과 교수가 더 관심을 기울여야 할 것을 말하다

제1장

체육과 수업의 방향을 말하다

교과에서 수업의 방향은 중요하다. 수업의 방향이 잘 설정된다면 자신이 원하는 목적을 달성하는 데도 효과적이다. 자동차에서 내비게이션이 목적지를 안내해 주는 것과 같이 교육에서 수업의 방향은 도달해야 할 분명한 목표 지점을 알려준다. 수업은 교사의 일방적인 지도가 아니라 학습자와의 유기적인 상호작용이 만들어질 때, 그 가치를 높일 수 있다. 따라서 교사 중심의 일방적 내용 전달보다는 학습 환경의 특성에 맞는 수업 방법을 적용해야 한다. 체육에서 신체활동에 내재한 가치를 체득하기 위해서는 단편적인 게임이나 기능 숙달 위주의 수업으로는 불가능하며 다양한 교수·학습 전략을 활용해야 한다. 수업의 방향은 교사가 수업 운영에서 꼭 알아두어야 할 방향타이다.

* 교육부(2015)의 『체육과 교육과정』에서 체육과 교수·학습의 방향으로 제시한 내용을 발췌하여 수정·보완하였다.

역량 함양을 지향하는 체육수업이 필요하다

역량은 특정 업무 수행을 잘하는 사람들의 독특한 행동 특성을 의미한다. 1980년대부터 그 중요성이 인식된 개념으로 사업장에서는 종업원이 보유하고 있는 기술, 기능 및 능력을 해당 조직의 경쟁력 발전과 관련시켜 경쟁력의 원천이 되는 것으로 보았다. 체육과의 역량은 신체활동을 체험하고 그 가치를 내면화함으로써 습득되는 지식, 기능, 태도의 종합적인 능력이다. 체육과 역량의 함양을 위해서는 신체활동의 영역별 역량과 학습의 내용 요소, 학생들에게 기대되는 수행 능력, 성취 기준의 관계를 이해하고, 이를 체계적으로 경험할 수 있는 교수·학습 활동을 마련해야 한다. 영역형 경쟁에서 축구수업을 할 경우, 단원 전반에 걸쳐 영역형 경쟁 활동의 역사와 특성을 탐구하고 감상하는 능력, 축구의 경기 기능을 과학적으로 분석하고 문제를 해결하는 능력, 경기 방법 및 전략을 분석하고 창의적으로 적용하는 능력, 규칙을 준수하고 타인을 존중하며 페어플레이를 발휘할 수 있는 능력을 길러주어야 한다. 이러한 경기 수행 능력은 의사소통 역량, 공동체 역량, 창의적 사고 역량 등 국가 수준의 교육과정에서 제안한 핵심역량과 연계하여 일상생활에서 발휘될 수 있도록 하는 것이 좋다.

체육교과가 선정한 4가지의 역량(건강 관리, 신체 수련, 경기 수행, 신체 표현)은 관련된 신체 기능이 뛰어난 것을 의미하는 것이 아니다. 학생 자신의 수준에 맞게 신체활동을 즐길 수 있고, 신체활동을 학습하는 과정에서 그와 연관된 다양한 가치를 배우고 그러한 신체활동이 우리의 생활 문화로 자리 잡는 것을 체험하며, 이를 생활 속에서 실천해 나갈 수 있도록 하는 데 있다. 신체활동을 즐길 수 있을 때, 체육교과가 목표로 하는 체육 문화에 입문하는 것이고, 그를 통해 다음 세대로 체육 문화를 전수할 수 있다. 체육과에서 선정한 역량 함양을 지향하는 교수·학습을 위해서는 기본 운동기능을 익혀 게임을 하는 것뿐만 아니라 신체활동이 주는 의미를 탐색하고, 역사와 문화적 특징을 알아보며 내용 요소에서 선정한 덕목을 함양하고 실천할 수 있도록 종합적인 지도 방식으로 운영할 것을 강조하고 있다.

체육수업에서 역량을 실천하는 것은 가르치는 교사의 몫이다. 그동안 체육수업에서 역량이 드러나지 못했던 것은 교사들이 기본 운동기능 위주의 수업으로 인해 역량이 담고 있는 지식, 기능, 태도의 종합적인 측면을 등한시한 결과로 보인다. 이에 수업이 지향하는 점을 바르게 알고 학습자와 소통하는 수업으로 수업의 방향을 재선정해야 할 것이다.

학습자의 특성을 고려한 수준별 수업을 만들자

수업이 학습자의 특성을 고려한 수준별 수업이 되면 얼마나 좋을까? 말로는 알고 있지만 실제 수업은 그렇게 이루어지지 않으니 말이다. 왜 그럴까? 교사의 전문성이 부족해서인가? 아니면 전문성은 있는데, 관심이 부족해서인가? 둘 다 문제가 된다. 즉 전문성도 없고, 관심도 부족한 것이 그 원인이다. 이러한 원인들을 이제는 불식시켜야 할 때가 되었다. 교수자는 수업 전문성을 높이고, 학습자는 참여 의지와 욕구를 표출해야 한다.

학생들은 신체활동에 대한 흥미, 운동기능, 체력, 성차, 학습 유형이 다르므로 학습활동 방식에 따라 성취 결과도 다르게 나타날 수 있다. 따라서 학습자의 다양한 특성을 이해하고 활동 내용, 활동 과제, 활동 방법을 다양하게 구성함으로써 목표 달성의 기회를 제공해야 한다. 속도도전의 경우 활동 내용은 빠르게 달리기뿐만 아니라 빠르게 걷기, 빠르게 쌓기, 빠르게 헤엄치기 등을 제시하고, 활동 과제의 유형과 수준은 학습 자료, 과제 수행 시간, 활동 공간의 재구성 등에 기반을 두어 조절하고, 과제를 학생이 스스로 선택하게 함으로써 학습자의 참여 동기를 높여야 한다. 활동 방법에서도 학습자의 특성을 고려하여 일제식, 과제식, 질문식, 협동식 등의 방법을 적용하도록 한다.

그동안 학생이 체육교과에 흥미를 잃게 된 것은 일률적인 수업 방식과 평가 방식이 원인으로 작용하였다. 운동기능은 선천적이고 유전적인 영향이 강한 만큼 학생들에게 기대하는 수준도 다르게 운영하여 운동기능이 부족한 학생들에게 참여 동기를 불러일으키는 것이 중요하다. 목표 수준을 달리하거나 학습자의 수준에 따라 게임이나 신체활동을 할 수 있으며 상황에 따라서는 다른 규칙이나 활동을 적용할 수도 있다. 학습자 수준에 따라 성취 경험을 갖게 되면 학생들은 체육활동에 흥미를 갖고 지속해서 참여할 수 있다.

자기 주도적 교수·학습 환경을 조성하자

학생들이 스스로 학습 내용을 파악하고, 주어진 과제를 체계적이며 적극적으로 해결할 수 있도록 교수·학습 환경을 조성한다. 학생들의 관심을 고려한 과제 제시, 자신감을 높이는 동기유발 전략을 마련한다. 그리고 주요 학습 내용과 방법을 학생들이 활동 상황 속에서 스스로 탐색하며 이해할 수 있도록 탐구적 교수·학습 자료도 제공해야 한다. 교사는 신체활동에서 학생들이 적극적인 연습과 교정이 이루어질 수 있도록 학습 과제, 시설 또는 기자재를 효율적으로 조직하여 운영해야 한다.

체육수업에서는 교사의 시범이나 정형화된 동작을 따라 하는 등 학습자가 수동적으로 참여하는 경향이 있다. 이는 학습의 흥미를 떨어뜨릴 뿐만 아니라 학습자 중심의 수업 운영을 추구하는 교육과정의 취지와도 맞지 않는다. 따라서 교사는 과제 수준이나 학습자가 선택 가능한 학습 과제를 제시하여 학생들이 주도적으로 참여하고 탐구하며, 문제를 해결해 나가는 과정이 되도록 체육수업을 운영할 필요가 있다. 자신의 체력 증진을 위한 건강 영역에서는 각자의 체력 상태를 측정하고, 자신에게 부족한 체력 요인을 확인한 후 운동 계획을 세워서 실천해 나가는 활동을 할 수 있다. 신체수련활동에서도 각자의 목표를 달리하여 자신에게 부족한 동작이나 기능을 탐색한 후, 이를 보완해 나가는 등 다양한 방식으로 학습자의 자기 주도적 체육수업을 운영해야 한다.

전인적 발달을 위한 통합적 교수·학습이 답이다

체육과의 학습은 학습자가 신체활동에 포함된 심동적·인지적·정의적 역량을 균형 있게 체험하여 전인적으로 성장·발달할 수 있도록 신체활동을 통합적으로 제공한다. 이를 위해 신체활동을 직접 체험하는 학습활동뿐만 아니라 다양한 간접체험 활동으로 읽기, 쓰기, 감상하기, 조사하기, 토론하기 등을 포함하여 통합적으로 지도한다.

2007 개정 교육과정은 철학적 패러다임의 전환을 가져왔다. 운동기능 중심의 사조에서 벗어나 신체활동의 가치를 체득하는 것을 강조하면서 신체활동의 다양한 측면을 인식하고, 이를 직접 학습할 것을 강조하였다. 이러한 측면에서 신체활동을 간접적으로 체험하는 것의 중요성이 인식되었고 다양한 방식으로 접근할 수 있었다. 간접체험 활동을 강조하면서 다양한 체육수업 방식이 가능해졌다. 이는 2015 개정 교육과정에 이르기까지 계속해서 강조되는 체육교과의 교수·학습 방향이다. 간접체험 활동은 그동안 소홀하게 다루었던 신체활동의 인지적 영역과 정의적 영역의 학습에 유용하게 활용될 수 있다. 창의·융합적 사고를 강조하는 개정 교육과정의 취지를 살리는 데도 효율적인 교수·학습 방안으로 적용할 수 있다. 무엇보다 다른 교과와의 연계 및 재구성을 통한 통합수업이 가능하여 초등학교 체육수업에서 활용하기에 적합성이 높다고 볼 수 있다.

맞춤형 교수·학습 방법의 선정과 활용을 지향하자

체육과 학습 내용의 특성을 고려하여 학습 효과를 높일 수 있는 적합한 수업 모형과 교수 스타일, 교수·학습 전략, 수업 기법을 선정하고, 이를 실천할 수 있는 시설 및 교육 기자재 등을 마련해야 한다. 각 영역과 신체활동에 따라 특정한 수업 모형이나 전략에 의존하기보다는 수업이 이루어지는 맥락에 적합한 수업 모형이나 전략을 선정하거나 이를 창의적으로 변형하는 등 교육과정이 의도하는 범위 안에서 다양한 교수·학습 방법을 적용해야 한다. 또한 지속적인 수업 평가를 통해 실제 적용한 수업 모형과 방법의 개선점을 파악함으로써 교수·학습 방법의 타당성을 높여야 한다.

체육교과에는 다양한 수업 스타일과 수업 모형이 있다. 그러므로 영역별 학습 내용의 특성, 교사의 가치관이나 교육관에 따라서 적합한 교수전략을 수립할 수 있다. 운동의 기초나 기본 운동기능을 익히는 것에 중점을 둔 활동과 게임을 통한 전략 수립을 강조하는 수업, 협동 및 배려의 정의적 영역을 강조하고자 하는 수업 등 지향하는 방식이 다를 경우 그에 적합한 수업 전략이나 수업 모형을 적용할 수 있다. 교사는 수업 중이나 수업 후 자신이 의도했던 결과를 바탕으로 수업 내용에 대한 평가를 하고, 수업을 개선하는 반성적 수업을 통해 자신의 체육수업 전문성을 함양해야 한다.

학교체육과 생활체육과의 연계성을 확보해야 한다

학교에서 진행되는 체육활동을 통해 배운 내용을 기반으로 생활 속에서 지속적으로 신체활동에 참여하고, 체육과 역량을 발휘할 수 있는 자율성과 실천력을 길러주어야 한다. 이를 위해서는 학교 스포츠클럽 활동에 참여하는 등 일상생활에서 신체활동을 실천할 수 있는 다양한 방법들을 체육수업을 통해 안내하거나 생활 속 신체활동 경험을 체육수업의 소재로 삼는 등 일상의 신체활동을 촉진시킬 수 있는 교수·학습 방법을 모색해야 한다. 신체활동의 기본적인 원리와 방법들은 체육수업에서 학습하고 그 밖의 신체활동에서는 학습한 내용의 자율적 실천을 강조하도록 한다.

최근 학교체육 활성화 정책에 기반을 두어 다양한 체육 프로그램이 교내·외에서 진행되고 있다. 학교 스포츠클럽은 물론 토요일에는 국민생활체육회에서 후원하는 생활체육교실의 참여가 가능하다. 학교의 방과 후 수업에서도 다양한 신체활동 프로그램에 참여할 수 있다. 학교 밖의 체육교실 프로그램 참여도 열려 있다. 학교 체육수업만으로는 운동 기량 향상에 한계가 있다. 따라서 학생이 좋아하는 운동을 생활 속에서 지속적으로 참여할 수 있는 방법을 제시해야 한다.

제2장

교수자가 체육수업에서
주목해야 할 점을 말하다

학습의 효율성은 교수자의 체육수업 운영 방식에 달려 있다. 교사는 수업을 어떻게 시작하고, 신체활동에서 피드백을 어떻게 제공해야 하는지, 운동기능의 전달 방식을 이해하는 것, 학습자에게 과제를 제시하는 방법에 대한 포괄적 이해가 필요하다. 수업 운영을 위한 효율적인 설명 방법, 수업에서 활용하는 다양한 교수전략의 이해, 학습자의 게임에 대한 이해와 전략을 높이기 위한 방안에 주목해야 한다. 그리고 스포츠 인성 함양을 위해 학습자들이 수업에 어떻게 참여해야 하는지 등을 이해한다면 좋은 체육수업을 진행하는 실마리를 찾게 될 것이다.

* 고문수 외 3인(2018)의 『초등체육교육론』의 내용 중 3장 효율적 수업 운영을 발췌하여 수정·보완하였다.

선행 단계의 사용이 필요하다

학생이 이전에 배운 내용을 잘 이해하고 있다면 본시 수업을 이해할 수 있는 토대가 된다. 반면, 이전에 배운 내용을 잘 모른다면 다음에 배우게 될 내용도 학습부진의 누적으로 이해가 쉽지 않을 수 있다. 수업 이전 단계의 이해는 본시 학습에서 중요한 과정이다. 교사가 수업을 시작하기 전에 전 차시에서 배운 내용을 물어보는 것도 학습자의 사전학습이 어느 정도 진행되었는지를 확인하는 절차이다.

선행 단계는 학생들이 학습하게 될 내용에 집중하여 수업의 다음 개념으로 이어지도록 하는 기술이다. 선행 단계는 학생의 과거 학습경험과 현재를 연결 지을 때 효과적이다. 교사는 이전 수업에서 공을 잘 잡지 못한 학생에게 그 이유를 확인하도록 기본 운동기능에 대해 생각하도록 한다. 이때 그 학생에게 공을 잘 잡으려면 계속 보아야 한다거나 낮게 던져서 잡도록 하는 방법 등이 있다.

선행 단계는 학생의 지식수준을 이해하는 부분에도 도움이 된다. 학생들에게 "공을 던지고 잡을 때, 기억해야 할 세 가지 사항은 무엇일까?"라는 질문을 통해 기본 잡기 기술을 아는지의 여부를 확인할 수 있다. 학생이 알고 있는 것을 확인하는 것은 수업을 효율적으로 설계하도록 한다.

선행 단계의 또 다른 용도는 학생에게 해당 차시의 수업에서 도달해야 할 목표를 전달하는 것이다. 학생이 무엇을 배울지, 그것을 배우는 것이 왜 중요한지를 설명해야 한다. 학생은 목표를 모르거나 수업 내용이 중요하지 않다고 생각하면 학습에 낮은 관심을 보일 수밖에 없다. 반면, 배우는 것이 중요하다고 생각할수록 적극적인 참여 태도를 보이게 된다. 물론 선행 단계가 필요 없는 경우도 있다. 다만 선행 단계를 생략하는 데에는 충분한 이유가 있어야 한다. 학생이 필요한 정보를 알고 있다면 선행 단계에 시간을 할애할 필요가 없다. 하지만 수업 시작, 휴식 후 또는 새로운 목표로 이동할 때 교사는 선행 단계를 사용하여 학습의 효율성을 높여야 한다.

운동수행의 결과적인 정보는 피드백이다

피드백은 학생이 자신의 운동수행에서 얻게 되는 정보로 교사가 학생들에게 제공하는 운동수행의 결과적인 정보이다. 교사는 학생의 과제 참여 행동을 촉진하고, 동기를 유발하며, 학습활동을 효율적으로 탐색하기 위해 피드백을 사용한다. 교사가 학생에게 주의를 집중하면 학생들은 높은 동기부여가 되어 학습 과제에 더욱 열중하게 된다. 교사가 학생에게 제공하는 수업 내용 관련 피드백은 교사가 학생의 학습활동 지원에 적극적인 관심이 있다는 의지의 표시이다. 교사의 피드백 제공은 학습 과제 지향적이고 생산적인 학습 환경을 유지하는 데 도움이 된다. 그러나 교사는 학생들의 반응에 즉각적으로 반응하면서 피드백을 제공하는 것이 어려울 수 있다. 학생에게 필요한 피드백을 즉각적으로 제공하기 위해서는 학습 내용에 대한 이해 수준이 높아야 할 뿐만 아니라 관찰기술도 개발되어 있어야 한다.

교사는 수업에서 평가 피드백과 수정 피드백을 잘 활용해야 한다. 평가 피드백(evaluative feedback)은 주어진 학습 과제를 얼마나 잘 수행하였는지에 대한 가치판단에 관한 정보이다. 평가 피드백은 학생의 운동수행 결과에 관하여 교사가 내리는 가치판단이다. 반면, 수정 피드백(corrective feedback)은 운동기능 향상에 필요한 반응과 불필요한 반응에 관한 정보를 제공한다. 운동 동작에 대해 제공되는 수정 피드백은 처방적인 피드백이다. 평가 피드백은 가끔 "겨루기를 할 때 상대방과 거리를 적절히 잘 유지하고 있어! 상대방의 스텝을 파악하면서 타이밍을 잡아봐!"와 같이 수정 피드백과 함께 사용한다. 피드백의 앞부분이 운동수행에 관한 가치판단이라면 뒷부분은 그것을 고치는 데 필요한 정보이다.

평가 피드백과 수정 피드백은 학습 과제의 초점과 일치 여부에 따라 일치 또는 불일치 피드백으로, 결과의 인정 여부에 따라 긍정적 또는 부정적 피드백으로 구분된다. 구체성에 따라서는 일반적 또는 구체적 피드백으로, 피드백 대상에 따라 전체, 집단, 개인 피드백으로 분류할 수 있다.

교사가 수업에서 사용하는 피드백 중에서 구체적 피드백이 일반적 피드백보다 학생에게 더 가치 있는 것으로 판명되고 있다. 구체적 피드백은 학생의 학습 과제 집중력을 높이고 학습 과제에 대한 책무성을 강화한다. 하지만 구체적 피드백이 학습활동에 도움이 되기 위해서는 학생이 어느 정도 일관된 반응을 보일 때 제공해야 한다. 학생이 일관된 반응을 하지 못하는 학습 초기에 제공하는 교사의 피드백은 운동기능 학습에 실질적인 도움이 되지 못한다. 초등학생에게는 운동수행에 관한 구체적인 정보보다는 운동수행의 의도를 전달하는 일반적 피드백이 효과적일 수 있다. 자아존중감이 낮은 학생에게는 잘못된 반응을 구체적으로 지적하는 부정적 피드백보다는 동기유발에 도움이 되는 일반적이고 긍정적인 피드백이 효과적이다.

피드백은 일반적 피드백에서 구체적인 피드백에 이르기까지 다양한 수준에서 제공된다. 필요에 따라 "좋아", "잘 받아쳤어", "돌려차기 하고 연속적으로 공격해." 등과 같은 피드백을 다양한 수준에서 제공할 수 있다. "좋아"라는 피드백은 일반적인 피드백이고, 학생들의 동기를 유발하기 위해서 사용한다. "좋아"와 같은 단어로 평가되는 일반적 피드백은 무엇을 평가한 피드백인지 판단하기 어렵다. 열심히 노력한 것을 인정하는 피드백인지, 학습 과제에 참여하는 것을 칭찬하기 위한 피드백인지, 학습 과제의 성공적인 수행을 격려하기 위한 피드백인지를 구별하기 어렵다. 따라서 무엇이 좋았는지에 관한 정보를 추가하면 일반적 피드백으로서 "좋아"와 같은 단어의 의미가 더욱 분명해진다.

구체적 피드백의 제공 능력은 기능 향상의 분명한 목표, 기능의 수행 방법 그리고 관찰 및 분석 능력에 달려 있다. 학생의 운동수행에 대해 일반적 피드백만을 제공하는 교사는 운동수행의 어떤 측면이 좋았는지를 스스로 자문하는 훈련을 계속하면 구체적인 피드백 정보를 얻는 데 도움이 된다.

교사들은 긍정적 피드백보다 부정적 피드백을 자주 제공하는 경향이 있다. 교사들이 부정적 피드백을 많이 제공하는 것은 교사의 중요한 역할 또는 기능이 학생의 오류 동작을 고쳐주는 것이라고 이해하기 때문이다. 사실 학생들의 오류 동작을 긍정적인 방법으로 수정할 수 있다. "너무 성급하게 공격하지 마."라는 피드백 대신 "약간 기다렸다가 공격해."라는 긍정적인 피드백을 제공할 수 있다. 전자는 수행한 것에 대한 평가적 정보(평가 피드백)지만, 후자는 수행에 필요한 수정 정보(수정 피드백)이다. 교사는 학생들에게 금지 사항을 알려주면 무엇을 해야 하는지 알게 된다는 가정을 한다. 그러나 그것은 잘못된 가정이다.

피드백의 투명성은 학생의 운동수행과 정확한 운동수행 간의 차이를 이해시킴으로써 높일 수 있다. 앞서 제시한 "너무 성급하게 공격하지 마."라는 운동수행에 관한 피드백과 "잠시 기다렸다가 공격해."라는 정확한 운동수행에 관한 피드백을 함께 사용하면 피드백의 투명성이 향상된다. 평가 피드백과 수정 피드백을 함께 사용하면 무엇을 해야 하는지와 무엇을 하지 말아야 하는지를 쉽게 이해할 수 있다. 이러한 형태의 피드백은 학생들이 교사가 제공한 수정 피드백을 사용할 때까지 학생들의 수행 장소에 머물면서 가르치면 효과적이다.

긍정적 피드백과 부정적 피드백의 기능을 과도하게 해석하여 학생들이 잘못 수행하는 것을 언급하지 않는 것이 오히려 낫다고 생각하는 교사들이 있다. 그것은 잘못된 해석이다. 비난, 특히 운동수행과 무관한 비난은 피하는 것이 좋다. 그러나 운동수행의 잘못된 부분을 정확하게 지적하는 것은 매우 가치 있는 일이다. 운동수행의 잘못된 부분을 지적하되 학생의 감정이 상할 정도로 비판적일 필요는 없다. 학생을 평가하거나 비난하지 않고도 운동수행의 잘못된 부분을 수정할 수 있다. "철수야, 뭐 그렇게 하고 있어?"라는 학생을 비난하는 피드백과 "주먹에 힘을 더 줘."라는 운동수행 피드백을 구분할 수 있어야 한다.

운동기능을 어떻게 전달해야 하는가

교사는 체육수업에서 학습 내용을 학생의 능력에 맞게 재구성해야 한다. 교사의 수업 재구성 능력은 학습 내용의 이해와 그것을 가르치는 수업 지식을 필요로 한다. 교사는 학생이 수업 내용을 잘 받아들이고 이해를 통해 기본 운동기능을 습득할 수 있도록 학습 내용을 발달적으로 적합하게 안내해야 한다. 교사의 교수활동은 수업 환경을 조성하는 운영 측면과 학습자의 운동수행 능력을 발달시키는 내용 발달 측면으로 구분된다. 이 글에서는 수업 운영 측면보다는 운동수행 능력을 높이기 위한 내용 발달 측면에 대해 기술하였다.

학습 내용 발달은 세 가지의 특징을 갖고 있다. 확대과제는 학생들에게 간단한 과제에서 복잡한 과제로 또는 쉬운 과제에서 어려운 과제로 발전시키면서 경험의 폭을 확대한다. 세련과제는 학생들이 운동수행의 질을 높이는 데 관심을 집중시킨다. 응용과제는 학생들이 학습한 운동기능을 실제로 활용하거나 응용할 기회를 제공한다.

첫째, 확대과제는 학생에게 간단한 과제에서 복잡한 과제로 또는 쉬운 과제에서 어려운 과제로 발전시켜 나가는 것을 말한다. 교사는 운동기능을 지도할 때 학생에게 덜 복잡한 과제에서 점차 과제의 복잡성과 난이도를 높이면서 수업을 운영하는데, 이러한 형태의 과제가 확대과제이다. 확대과제를 활용하는 내용 발달 측면을 두 가지로 구분할 수 있다. 쉬운 기능에서 어려운 기능으로 발전하는 과제 간 발달이 있고, 주어진 운동과제의 단순한 내용에서 복잡한 내용으로 발전하는 과제 내 발달이 있다. 전자는 배구에서 언더 토스를 한다음 오버 토스로 발전하는 것이며, 후자는 언더 토스를 크고 가벼운 공으로 연습한 후에 같은 기능을 연습할 때 배구공을 사용하여 언더 토스를 하도록 과제를 발전시켜 나가는 것을 말한다.

교사는 체육수업을 운영하는 과정에서 과제 간 발달과 과제 내 발달에 기초하여 수업을 설계한다. 교사는 학생들이 체육수업을 통해 성공감을 맛볼 수 있도록 과제 간 발달과 과제 내 발달을 통해 학습 과제의 복잡성과 난이도를 조절해야 한다. 하지만 교사들은 체육수업에서 과제의 복잡성과 난이도를 고려하여 수업을 운영하는 부분에서 낮은 관심을 보인다. 이는 체육수업의 운영에 대한 교사의 관심 부재인 동시에 체육수업을 통한 학습자의 성장보다는 흥미와 재미 위주의 체육수업을 운영한 결과이다. 체육수업은 교육적 의미와 재미가 결부될 때, 최선의 효과를 보일 수 있다. 재미는 단순한 활동에서 만들어지지 않는다. 의도적이고 계획적인 노력과 관심이 기울어질 때, 대두되는 결과이다. 교사는 학생들에게 재미와 흥미 그리고 교육적 의미가 도출될 수 있는 체육수업을 구안하기 위해 과제를 쉽게 구성하여 성공감을 맛보도록 조각화해야 한다. 조각화된 과제는 학생의 참여를 유인하고 지속화할 수 있는 내용이 포함된 과제의 속성과 차원을 말한다.

둘째, 세련과제는 체육수업에서 운동수행의 질에 관한 정보를 제공한다. 운동수행의 질을 높이기 위해서는 교사가 학생들에게 운동수행에 관한 결과적인 정보를 제공하고, 지속적인 연습을 통해 노력의 산출물을 가져오도록 해야 한다. 교사는 학생이 평균대에서 뛰어내릴 때, "무릎을 가볍게 구부려서 부드럽게 착지해!" 또는 큰 공을 받을 때 가슴 쪽으로 당기면서 잡지 않는 학생에게 가슴 쪽으로 공을 잡는 시범을 보여주는 형태의 과제를 세련과제라고 한다. 세련과제는 동작 수행의 자연스러움을 말한다. 학생들이 과제 연습을 통해 목표의 범위를 좁히고 과제의 질적 향상에 대해 역할과 책임을 부여할 때 활용한다. 교사가 주어진 과제의 동작이나 기능 향상을 위해 세련과제를 제시하면 학생은 교사의 의도에 맞게 동작의 질적 향상을 가져오기 위해 노력한다.

셋째, 응용과제는 학생들이 학습한 기능을 활용하거나 응용할 기회를 제공하는 것을 말한다. 신체활동에서 효과적인 수업은 학생이 학습한 기능을 활용할 기회를 제공하는 것이다. 따라서 학생들이 주어진 운동기능의 과제를 모두 학습한 다음 해당 스포츠 경기를 하게 할 필요는 없다. 배구수업 내내 킨볼을 활용한 배구 간이게임을 하거나 배구 기능의 숙달 정도를 스스로 진단하도록 할 수도 있다. 수업의 어떤 단계에서든지 학습한 기능의 효과를 평가하거나 학습한 기능 수준에서 간이 게임을 제공할 수도 있다. 응용과제는 기본 운동기능이 어느 정도 익숙한 학생들에게 의미 있는 과제가 될 수 있다. 기본 운동기능이 일정 수준에 미치지 못한 학생에게 응용과제를 제시하면 기능 향상이 지체되거나 반대로 감소할 수도 있기 때문이다. 응용과제를 제시할 때에는 학습자의 기본 운동기능과 특성을 잘 고려해야 한다. 게임에 필요한 적절한 기본 운동기능을 충분히 익히지 않은 학생들에게 게임의 재미를 강조한다면 기본 운동기능의 숙달에 소홀히 참여할 수 있다.

위에서 제시한 학습 내용 발달인 확대과제, 세련과제 그리고 응용과제에 대한 이해는 교사의 수업 목표와 의도를 분명히 하는 데 도움이 된다. 그리고 좋은 수업을 통해 학습자의 참여를 지속화하고, 의미 있는 수업의 결과를 도출하는 실마리가 될 수 있다. 교사가 학생과의 만남 속에서 상호작용을 하고, 그 과정을 통해 학습자의 성장이 이루어지기 위해서는 학습자의 기본 운동기능에 맞는 학습 과제를 제시하고, 성취도를 높일 수 있도록 내용 발달에 관심을 기울여야 한다. 교사는 연습조건의 마련(확대과제), 운동수행의 질 제고(세련과제), 응용 경험의 통합(응용과제)을 조화롭게 융합하는 체육수업을 만들어야 한다.

과제 제시 방법은 세 가지이다

과제 제시는 학생들에게 수업에서 해야 할 과제를 안내하는 것이다. 교사가 과제를 제시할 때에는 세 가지의 방법을 사용한다. 언어로 전달하기, 시범 보이기 그리고 매체를 활용한다. 언어로 전달하기는 교사가 수업을 할 때, 가장 많이 활용하는 방법이다. "오늘 공부할 내용은 농구 드리블이다. 티니클링을 배울 거다."라는 식으로 과제를 전달하는 것이 여기에 해당된다. 언어로 과제를 제시할 때, 학생들이 무엇을 배울지는 이해하지만 그것을 정확하게 어떻게 해야 하는지를 이해하기는 쉽지 않다. 그래서 체육수업에서 활용하는 것이 시범(교사 시범, 학생 시범)을 보이는 일이다. 교사가 언어로 과제를 제시하고, 그 과제에 대한 정확한 동작을 보여주기 위해 시범을 추가적으로 제시한다. 그러면 학생은 해당 과제를 잘 이해할 수 있다. 다만 교사가 동작을 시범으로 보여준다고 해도 그 동작이 순식간에 이루어지기 때문에 정확한 모습을 확인하기 어려운 부분이 있다. 이러한 부분의 제한을 줄이기 위해 매체로 교과서 삽화나 동영상 등을 활용할 수 있다.

학습자의 수업 참여는 효율적인 설명이 답이다

교사는 학생에게 수업에 관한 정보를 제공하기 위해 설명하기를 활용한다. 교사의 설명이 효율적으로 이루어지면 긴 시간 설명을 하지 않아도 되고, 학생들도 그 설명을 듣고 주어진 과제를 바로 이해하거나 수행에 도움을 받을 수 있다. 수업에서 활용할 수 있는 설명하기의 방법에는 어떤 것들이 있을까? 여러 측면에서 이야기할 수 있지만 수업 초기 단계와 수업 과정 단계의 설명하기가 가장 대표적이다. 수업 초기의 설명하기는 조직적 측면의 설명하기가 활용된다. 수업 과정 단계에서는 정보 제공 측면의 설명하기가 적합하다.

첫째, 조직적 측면의 설명하기이다. 교사가 체육수업에서 경험하는 어려움 중의 하나는 확정되지 않은 공간 속에서 학생을 모둠이나 그룹으로 조직하는 일이다. 교실은 의자와 책상이 있어서 학생이 분명하게 앉을 자리가 있다. 하지만 운동장이나 체육관은 라인과 벽뿐이다. 운동장에는 몇 그루의 나무와 체육시설물 등이 전부다. 교사는 체육관이나 운동장 또는 활동 공간에서의 경계선이 어디인지, 학생은 설명을 듣기[1] 위해 어디로 움직여야 하는지 그리고 서로 부딪히지 않기 위해 어떻게 해야 하는지 등을 고민한다.

설명하기의 한 유형인 조직적 측면의 설명하기는 학생들에게 무엇을, 누구와 어디에서, 무슨 장비를 가지고 활동해야 할지를 가르쳐준다. 이것은 수업 시작 시에 필요하고, 도입 활동 후에 일어난다. 교사가 이 과정을 명확하게 처리할 때, 학생은 과제를 이해하면서 활동에 참여할 수 있다. 조직적 측면의 설명하기는 공을 던지는 방법이나 정적인 스트레칭을 어떻게 해야 하는지 등의 방법에 대해서는 언급하지 않는다. 조직적 측면의 설명하기는 학생들이 안전하고 즐거운 환경에서 어떻게 방해를 받지 않고 신체활동을 할 수 있는가를 말해 줄 뿐이다. 조직적 측면의 설명하기는 다음의 질문에 효과적인 답을 제공한다.

- 어디서 활동을 해야 할까요? 경계는 어디인가요?
- 혼자 할까요? 아니면 다른 사람과 할까요? 모둠 구성은 어떻게 해야 하나요?
- 수업에 필요한 교구는 무엇인가요? 어디로 가면 그것을 찾을 수 있나요?

---

[1] 학생이 교사의 설명을 듣는 것도 중요하지만 수업에서 교사가 학생의 이야기를 듣는 것도 중요하다. 교사는 훌륭한 청취자가 되어야 한다. 효과적인 듣기 기술은 말하는 기술보다 배우기가 더 어렵다. 교사는 학생에게 지식을 전달하고 오랫동안 설명하는 방법에 대해 훈련을 받아왔다. 많은 학생들은 교사를 말하기만 하고 듣지 않는 사람들로 본다. 듣는 데 문제가 생길 때 의사소통이 제대로 이루어지지 않는 경우가 많다. 효과적인 청취기술을 촉진하기 위해서는 "사람에게는 두 귀와 한 입이 주어졌으므로 말하는 것의 두 배는 더 들을 수 있다."라는 속담에 주목해야 한다. 효과적인 듣기의 기술은 다음과 같다. 첫째, 적극적인 청취자가 된다. 둘째, 화자의 숨겨진 메시지를 들으려고 노력한다. 셋째, 학생이 말한 것을 다시 바꿔 말한다. 예를 들어, "이 활동을 할 때, 지루함을 느낀다고 말한 것이 맞니?"라고 다시 물을 수 있다. 넷째, 교사가 학생의 의견에 귀 기울이고 있음을 알게 한다.

• 수업의 시작과 끝나는 시간은 언제인가요? 활동이 끝나면 다음에 무엇을 해야 하나요?
• 궁금한 질문이 있을 때는 어떻게 해야 하나요?

위의 질문 내용은 학생들을 위한 많은 정보를 담고 있다. 어린 학생이나 체육수업에 처음 들어온 학생에게는 더욱 그렇다. 교사가 조직적 측면의 설명하기를 명확하게 제공하기 위해 사용하는 방법의 하나는 한 명 또는 더 많은 학생이 다른 학생에게 실제로 어떻게 하는지를 보여주어야 한다. 게임을 시작하기 위해서는 짝과 공, 두 개의 반환점이 필요하고 다른 사람들과 떨어진 공간에서 활동해야 함을 설명한 후, 두 학생에게 과제의 시작에 이르기까지 그것을 처음부터 끝까지 해보도록 하는 것이다. 학생들에게 수업 조직에 따라 연습하도록 하는 것은 어쩌면 시간을 낭비하는 것처럼 보일 수 있다. 그러나 활동을 조직하는 방법을 시각화할 수 있어서 시간이 절약된다. 언어 측면의 교사 말과 시각적인 측면의 학생 시범 등 양쪽에서 정보를 제공하는 장점이 있고, 어린 학생에게 내용을 명확히 이해할 수 있도록 한다. 교사가 말하는 동안에 학생에게 시범을 보이도록 할 것인지 아닌지에 관한 결정은 과제와 수업 상황에 따라 달라진다. 만약 이전에 수행했던 과제거나 학생들이 설명을 잘 듣는 쪽이라면 시범을 보이는 것이 불필요할 수도 있다.

둘째, 정보제공 측면의 설명하기이다. 정보제공 측면의 설명하기는 도약을 어떻게 해서 착지하는지, 어떻게 대칭 형태를 만드는지, 장거리 달리기에서 페이스를 어떻게 조절하는지 그리고 어떻게 모둠을 편성하는지에 관한 설명이다. 조직적 측면의 설명하기는 학생이 무엇을 하고자 하는지는 말해 주지만, 신체활동을 어떻게 해야 그 활동을 성공적으로 잘할 수 있느냐에 대해서는 언급하지 않는다. 그렇다고 하여 조직적 측면의 설명하기가 정보제공 측면의 설명하기보다 부족하다는 것은 아니다. 정보제공 측면의 설명하기는 조직적 측면의 설명하기에 비해 움직임 수행의 질을 높여주는 역할을 한다. 교사가 정보제공 측면의 설명하기를 잘하기 위해서는 다음의 내용에 관심을 집중해야 한다.

- 학생에게 한 번에 한 가지 개념씩 설명한다.
- 학생에게 정보를 간단하게 제시한다.
- 학생에게 정보를 제시할 때에는 연상 단어나 문구를 사용한다.
- 학생의 활동 모습을 자세히 관찰하고 나서 정보를 제공한다.

교사는 수업과정에서 조직적 측면의 설명하기와 정보제공 측면의 설명하기의 가치를 명확히 이해하고, 두 가지 설명하기 전략을 통해 체육수업을 효율적으로 운영해야 한다. 학생들이 조직적 측면의 설명하기가 제공된 이후에 정보제공 측면의 설명하기가 가미된 신체활동에 참여한다면 동기유발은 물론 신체활동 내용을 바르게 알고 효율적으로 움직일 수 있다.

질 높은 교수를 위해 다양한 교수전략을 활용한다

교사는 질적인 수업을 위해 다양한 교수전략을 활용해야 한다.

수업을 계획할 때부터 활동 과제에 대해서 가장 효과적인 교수전략을 선택해야 한다. 교수전략은 과제를 제시하고, 연습을 조직하며, 피드백을 제공하고, 학생들이 적절한 행동을 지속하여 수업 목표를 달성하도록 한다. 교사는 추구하는 목표, 가르칠 내용의 특성 그리고 학습자의 특성을 고려하여 교수전략을 선택하게 된다. 교사는 어떤 교수전략을 선택하든지 간에 수업 목표, 교사의 교수 방법과 선호도, 학생들의 특성, 교육 내용 그리고 맥락을 고려해야 한다. 체육수업에서 활용 가능한 교수전략에는 상호작용 교수, 과제 교수 (스테이션 교수), 동료 교수, 협동학습 등이 있다.

첫째, 상호작용 교수이다. 상호작용 교수는 체육수업에서 사용되어 온 가장 일반적인 접근법이다. 상호작용 교수는 그동안 능동적 교수와 직접 교수로 불리어왔다. 하지만 교수학습 전략과 관련된 직접 교수법의 개념적 혼란을 피하기 위해서 우리는 상호작용 교수라는 용어를 채택하여 활용하고 있다. 이 교수법에서 교사는 학생들에게 무엇을 해야 할지 말해 주고, 그들이 무엇을 연습해야 할지를 보여주며, 그들의 연습을 지도해 줌으로써 학생의 반응을 이끌어내는 것이 중요하다. 상호작용 교수는 교사가 학생들에게 특정 기술을 가르치거나 그 기술을 특정한 방법으로 올바르게 수행하는 것을 목표로 할 때 효과적이다.

교사는 상호작용 교수에서 학생들에게 학습 내용을 명확히 제시해야 한다. 이때 중요한 단서와 함께 시범을 보이는 것이 좋다. 뜀뛰기 동작에서 착지에 중점을 두는 교사는 시범을 통해서 부드럽고 안정된 착지와 발목, 엉덩이 그리고 무릎이 착지하기 전에 유연한 상태여야 한다는 점을 강조한다. 교사는 설명과 지시를 분명하게 하고, 동작의 단서를 자주 반복해야 한다. 상호작용 교수에서 교사는 구체적인 피드백을 제공해야 한다. 상호작용 교수는 초임교사나 학생을 가르쳐본 적이 없는 교사에게 효과적이다. 다른 접근법보다 조직화하는 데 시간이 적게 들고, 일주일에 한두 번 학생을 만나는 교사들에게 효과적인 접근법이다.

둘째, 과제 교수이다. 과제 교수는 스테이션 교수라고도 한다. 과제 교수는 연습형과 유사한 교수 스타일이다. 교사는 연습 과정에서 여러 개의 연습 방법을 선정하고 학생들이 순환하면서 연습할 수 있도록 하는 방식이다. 모둠이나 개인별로 연습 과제가 있는 스테이션으로 이동하여 정해진 시간 동안 연습한 후 교사의 지시에 따라 다음 스테이션으로 이동한다. 이동 경로는 미리 정해 두며 연습 과제는 서로 독립적인 성격을 지니도록 구성한다. 과제의 수준이 다르거나 차례로 진행해야 하는 과제는 스테이션 교수로 진행하기에는 어려움이 있다. 과제별 활동 시간이 같아야 하고, 이동 시간과 공간 사용도 고려해야 한다. 축구의 기본 기능을 익히기 위해 드리블하기, 패스하기, 숏하기 등의 3개의 스테이션을 만들어 학습자가 순환하면서 연습할 수 있도록 운영할 수 있다. 이때 다른 스테이션의 활동을 방해하지 않도록 공간을 구성해야 한다. 과제 교수는 학생들이 사전에 배운 적이 있는 기술을 실행할 때, 스스로를 평가할 때, 결과 지향적인 작업을 수행할 때 효과적이지만 새롭거나 복합적인 기술을 소개하는 데는 효과적이지 못하다. 예컨대, "디스크를 10번 던져서 숫자판을 맞히고 뒤로 물러나라."와 같은 명확한 목표가 있는 간단한 작업에 효과적이다. 과제 교수는 학생들이 순서대로 줄을 서서 기다릴 공간이 필요하지 않기 때문에 공간과

장비의 제약을 보충해 준다는 점에서 장점이 있다. 과제 교수는 학생들이 넓은 공간을 활용하여 수업하거나 언어적 의사소통이 어려울 때 효과적인 수업 전략이다.

셋째, 동료 교수이다. 동료 교수는 복합적인 교육의 목적에 대해 간접적인 경험을 제공하는 데 적합하다. 학생은 동료 교수를 통해 다양한 연습의 기회와 충분한 피드백 그리고 인지적으로 기술을 분석할 수 있는 기회를 제공받을 수 있다. 학생은 다른 학생들과 함께 활동하는 방법을 배우게 된다. 이 교수법은 짝이나 작은 모둠으로 팀을 만들어 서로를 가르쳐 주는 방법이다. 교사는 동료 교수에서 과제를 계획하고 그것에 대해 학생들과 의견을 나눈다. 학생들은 피드백을 제공하는 역할에 대해서 추측해 보고, 기술의 시범을 평가한다. 교사는 먼저 시범을 보이고, 학생들은 동료 교사로서 필요한 만큼 그 시범을 반복하도록 한다.

학생들은 성공적인 동료 교수를 위해 협동적·독립적으로 연습할 줄 알아야 한다. 다른 학생을 가르치는 일을 진지하게 받아들여야 하고, 수행을 분석하는 것 이외에도 피드백을 제공해야 한다. 교사는 기술을 사용하는 학생에게 피드백을 제공하기보다는 감독자의 역할을 하는 학생이 수행자에 대하여 보고 있는 것이나 말하고 있는 것에 대해 피드백을 제공해야 한다. 동료 교수는 어떤 내용이든 다룰 수 있다. 기술이 단호하고, 관찰에 대한 명확한 기준이 존재하며 쉽게 측정될 때 적합한 교수전략이다. 동료 교수는 기본적인 기술에서는 활용이 용이하지만 역동적이고 전략적인 기술을 사용할 때에는 어려움이 따른다. 학생은 동료 교수가 되는 것을 즐기지만 전략이 성공적이기 위해서는 그들이 기술을 분석하고 피드백을 제공할 줄 알아야 한다.

넷째, 협동학습이다. 협동학습은 학습 내용을 가르치는 동안 모둠의 상호 의존성과 개인적 책임감을 촉진시키기 위한 간접적인 교수 방법이다. 협동학습은 짝 점검, 퍼즐모형(Jigsaw), 그리고 상호 협동학습 등의 구조로 이루어진다. 짝 점검은 학생들을 네 명씩 모둠을 구성하고, 각 모둠 안에서 두 개의 짝을 이루는 형식이다. 짝은 동료 교사로서 서로를 가르치면서 학습 내용을 연습한다. 두 개의 짝은 서로 같은 결과를 얻었는지 확인하고, 더 많은 연습을 위해 모이거나 피드백을 주기도 한다. 예를 들어 손으로 드리블하는 것을 가르칠 때, 짝 점검 전략을 사용한다. 학생이 첫 번째 역할을 받으면 개별적으로 손가락 끝을 사용하는 것과 무릎을 굽히는 것 그리고 손을 공의 맨 위에 위치시키는 것에 초점을 맞춰 함께 연습한다. 한 짝인 두 학생이 그 임무를 숙달했다고 생각하면 다른 짝을 점검하기 위해 모인다. 이렇게 볼 때, 짝 점검 형식은 동료 교수와 유사하다.

퍼즐모형에서는 학생을 3명 또는 4명으로 구성된 모집단으로 나눈다. 학생은 다른 모둠의 학생들과 연습하면서 과제 및 기술의 특정 부분의 전문가로 활동한다. 이후 학생들은 자신의 모집단으로 돌아와서 배운 내용을 모둠 학생들에게 가르친다. 직소 형식은 다양한 구성으로 조직된 활동을 효과적으로 가르칠 수 있고, 상호 의존성을 발달시킬 수 있는 학습이다. 예를 들어, 이동과 균형 그리고 공간 개념을 포함한 간단한 율동을 창작할 때 직소 형식을 사용한다. 먼저 학생을 네 명으로 구성된 모집단으로 나눈다. 수업이 시작되면 4개의 영역이 구성된다. 한 영역은 다른 수준의 이동을, 한 영역은 다른 경로를 지나가는 이동을, 또 다른 영역은 비틀기와 회전에 대해서, 나머지 남은 영역은 다른 확장 방법을 사용한 균형에 대해 준비한다. 각 모둠의 한 사람이 각 영역으로 가서 그 영역 안의 모둠원들과 함께 기준에 맞는 순서를 정한다. 그 후 학생은 자신의 모집단에 돌아와 전문가로서 자신이 맡은 부분을 가르친다. 모둠은 각 순서를 조합하여 하나의 완성된 율동으로 탄생시킨다.

상호 협동학습(Co-op)은 작은 그룹들이 여러 구성요소를 포함하는 하나의 프로젝트를 완성하기 위해 사용되는 협동학습의 구조이다. 각각의 소그룹들은 대형 프로젝트 안에 하나의 구성요소에 대한 책임을 갖는다. 상호 협동학습(Co-op)의 형태는 학생들이 몇몇 구성요소가 묘사된 일련의 춤 동작을 만들어내기 위해 활용될 수 있다. African, American의 전통춤 표현을 예로 들어보자. 한 모둠은 아마 노예제도의 개념을, 다른 모둠은 자유의 개념을, 또 다른 모둠은 국민으로서의 힘, 다른 모둠은 분산, 모임 그리고 존경의 개념을 각각 개발할 것이다. 각 모둠은 자신의 파트를 모아 춤을 완성시킨다. 협동 학습은 책임에 대한 능력이 발달한 학생들이나 함께 활동하기 위해 팀이 필요한 학생들에게 동일하게 적용될 수 있다. 학생들은 협동학습을 통해 인지적 측면뿐 아니라 정서적 도움을 받을 수 있다. 그러나 장점을 가져오기 위해서는 교사의 역할이 구조적 접근에서 사용되는 상호작용 교수법에서 촉진 및 간접적인 교수법을 사용해야 한다. 교사는 학생들에게 의미 있는 과제를 설계하는 데 능숙해야 한다. 그리고 설명이나 피드백에 관한 교사의 역할이 바뀌어야 한다. 교사는 모둠이 그들의 해답을 고안해 냈을 때의 피드백과 더불어 학생이 문제와 과제에 해답을 내기 위해 모둠으로 함께 노력하는 것을 돕는 역할을 수행한다.

게임의 안목과 전략을 높이는 수업을 운영한다

이해 중심 게임수업은 학생들의 게임에 대한 흥미 증가, 경기 상황에 대한 풍부한 이해, 게임 능력을 향상할 수 있도록 이끈다. 이해 중심 게임수업은 분절적인 기능 지도 후에 게임을 가르치던 전통적인 방식(기능 중심 게임수업)의 대안으로 제시되었다. 사실 전통적인 게임수업 방법에서는 여러 가지 문제점이 지적되고 있다. "운동기능의 수행에 초점을 맞추다 보니 성공을 맛보지 못하는 학생이 많다. 운동기능을 활용하지 못하거나 상황 판단력이 발달하지 못한 학생들에게 게임을 바르게 이해하지 못하도록 한다. 수업 시간에 가르친 운동기능이 실제 경기를 할 때 제대로 활용되지 못한다. 기능 습득 기간에는 동기유발이 안 된다. 기능 중심 수업은 운동기능의 숙달을 평균 능력을 갖춘 학생을 대상으로 한다." 등이 이에 해당한다.

이해 중심 게임수업은 위와 같은 문제를 해결하기 위해 부분적인 기능의 학습보다는 게임을 수행하는 가운데 전략과 전술을 익히는 수업 방법이다. 교사는 학생들이 농구형 게임의 슛을 배우는 과정에서 단순히 슛의 기능을 반복하는 것이 아니라, 실제 농구 게임에 필요한 슛의 전략인 '속임수' 동작을 학습할 수 있도록 해야 한다. 이 과정에서 사용되는 경기규칙과 도구, 경기장의 모양, 크기, 인원수 등은 변용하여 활용할 수 있다. 일련의 학습 과제들은 유사한 게임 상황으로 계획하여 변형 게임 또는 정식 게임으로 이끌어가는 특징이 있다.

이 모형의 핵심은 전술이다. 전술은 게임을 수행하는 데 필요한 전략과 기술의 결합체이므로 이해 중심 게임수업 모형에서는 인지적·심동적·정의적 영역 순으로 학습의 우선순위가 부여된다. 이해 중심 게임수업은 '기술'에서 '전술'로, '어떻게'에서 '왜'로 게임학습이 진행되어야 한다는 접근 방식을 취한다. 이러한 관점의 의미를 파악하기 위해 이해 중심 게임수업 모형의 개발과 발전 과정을 탐색하였다. 이해 중심 게임수업 모형은 게임에서 운동수행과 의사결정 능력을 개발하기 위해 6단계로 설계되었다.

    1단계는 학습자의 발달 수준을 고려하고 하나의 게임에서 발견되는 전술적 문제의 필요성이 강조된 변형 게임으로 시작된다. 이 모형의 제안자들은 게임 유형 중에서 네트형 게임이 맨 처음에 제공될 것을 주장한다. 전략이 쉽게 이해될 수 있고 게임이 덜 복잡하다. 초등학교 고학년이나 중학생들은 네트형 게임 경험으로부터 많은 이점을 얻을 수 있다. 초기의 활동은 수정된 기구와 수정된 코트로 협동적 양식이 될 수 있다. 학생들은 파트너와 일정 공간인 직사각형의 공간에서 공을 던지고 받을 수 있다. 이 단계에서는 성인들이 하는 스포츠와 유사한 형태의 소규모 변형 게임으로 게임이 지닌 성격을 반영하되 인원수, 공간, 장비 등을 변형하게 된다.

    2단계는 학생들이 변형 게임의 규칙들을 이해하는 부분에 초점을 두는 단계로 규칙의 범위를 제공한다. 게임의 규칙은 주어진 게임에 대한 시간과 공간을 제한한다. 농구에서 공을 3초나 5초 이상 잡고 있을 수 없다는 것을 적용한

다든지, 축구의 경우 페널티에어리어를 작거나 크게 만
드는 등의 공간 규칙을 적용할 수 있다.

3단계는 규칙에 내포되는 문제점과 규칙의 이해를 제시하는 전
술적 인식 단계이다. 공격에서 좋은 공간을 만들어내는
방법과 수비하기에 좋은 공간을 만들어내는 방법을 사
용할 수 있다. 간이배구에서 공을 띄우고 때리는 각도를
탐색하고, 스파이크를 함으로써 공격의 기회를 마련하
며, 자신이 담당해야 할 수비공간을 예측하기 위해 각도
를 세밀히 따지는 기회를 얻는다. Bunker와 Thorpe는
던지기의 기능이 게임에 전이되듯이 운동 전술 지식도
전이된다고 보았다.

4단계는 교사가 발문하고, 학생이 대답하는 의사결정의 단계이
다. 이 단계는 무엇을 어떻게 할 것인가에 대한 의사결
정을 강조한다. 교사와 학생들은 의사결정 시 결점들을
인식하고 찾아내는 데에 강조점을 준다. 배드민턴 게임
에서 코트 뒤로 깊숙이 떨어지는 로브샷이나 네트 앞에
떨어지는 드롭샷의 중요성을 깨닫게 되면 로브샷과 드
롭샷의 기술을 배울 수 있다.

5단계는 게임에 요구되는 특정한 상황이나 움직임을 실행하는
방법에 초점을 둔 기술 실행 단계이다. 학생들은 이 단
계에서 운동기능이 제대로 수행되었는지를 판단할 수
있다. 이 단계에서 학생들은 운동기능을 향상하는 것과
관련된 판단을 내리기 위해 교사의 도움이 필요하다.

6단계는 게임에서 기능의 우수성과 전술적 수행의 효율성을 촉진

하는 수행이 이루어진다. 이는 기술의 효율성뿐만 아니라 전술적 실행의 적절성에 대하여 학교 수준이나 국가적 기준에 기초하여 학생들의 수준을 분류한 단계이다.

위의 내용은 이해 중심 게임수업을 운영하는 일반적인 절차이지만 체육수업 활용 시 아래와 같이 변형을 하면 수업에서 쉽게 적용할 수 있다. 즉 '변형 게임, 기능 및 전략, 원형 게임'의 형태로 구조를 활용하도록 한다. 교사는 수업 초기에 본 차시의 수업에 대한 간단한 설명과 안내 사항을 제시한 후 학생들에게 변형 게임을 제시한다. 이 변형 게임에서는 게임의 구조가 복잡하지 않고 간단해야 한다. 모둠의 인원도 소규모로 운영한다. 학생들이 변형 게임을 하면 그들의 움직임에서 부족한 점을 탐색할 수 있다. 학생들이 어떤 기능이 부족한지, 어떠한 전략을 활용해야 하는지를 찾아낼 수 있다. 이렇게 찾아낸 기능과 전략은 교사의 주도하에 연습을 하고, 이후 학습한 기능과 전략을 원형 게임을 통해 적용해 볼 수 있다.

이러한 구조는 그동안 기능 중심 게임수업에서 교사가 설명하고, 시범 보이고, 연습한 후 게임을 수행해 나가는 교수자 중심의 일방적 운영 방식을 탈피하도록 한다. 즉 변형 게임을 통해 학생들의 움직임과 기본 운동기능에서 잘하는 점은 무엇인지, 부족한 점은 무엇인지를 찾을 수 있고, 이를 기반으로 학습자의 특성을 고려한 수준별 교수를 운영하는 체육과 교수·학습의 방향을 지향할 수 있다. 결과적으로 게임에 대한 안목과 기능 및 전략 향상을 위한 수업 방안으로 '변형 게임-기능(전략 및 전술)-원형 게임'의 구조를 활용할 것을 제안한다.

스포츠 인성을 높이기 위한 수업 방안으로 협동학습 모형을 계획한다

체육교육의 목적은 학생들이 신체활동을 통해 심동적·인지적·정의적으로 통합된 전인적 인간이 되는 데 있다. 그렇다면 학생들이 신체활동에 참여하면 전인적 인간으로 성장하는 것일까? 꼭 그렇다고 볼 수는 없을 것이다. 체육이 지향하는 점은 학생이 신체활동에 참여하면서 직면한 다양한 문제들을 해결하는 것이다. 기본 운동기능의 탐색을 통해 기량을 향상하는 것이다. 그리고 학생들이 신체활동에서 타인과 함께 사회적 상호작용을 잘 만들어가는 데 있다. 이 중 타인과 사회적 상호작용을 잘 만들어가기 위해서는 의도적이고 계획적인 활동 속에서 개인적 책무성을 통해 타인과 협력적인 상호작용을 구현해야 한다. 즉 협동학습 모형의 개념과 구조를 바르게 알고, 이를 수업에 활용해야 한다.

협동학습 모형(cooperative teaching model)은 전통적인 소집단 학습의 단점을 해결하고, 학습자 간에 협력적인 상호작용을 촉진하기 위해 '팀 보상, 개인적 책무성, 공평한 성공 기회'라는 3가지 핵심 개념을 기초로 한 수업 방법이다. 협동학습 모형은 경쟁적인 학습이나 개인적 학습에서 일부 학습자만이 성공 기회를 얻을 확률을 줄이고, 모든 모둠원이 자신의 능력에 맞는 과제와 역할을 수행함에 따라 균등한 성공의 경험을 갖도록 한다. 이러한 성공 경험은 바람직한 자아상과 학습 과제에 긍정적인 감정을 가져와서 자아존중감, 사회성, 대인관계, 타인 배려, 학습 태도 개선 및 학습 동기를 유발한다.

협동학습 모형은 학습 효과를 촉진하는 5가지 기본 요소를 갖고 있다. 첫째, 팀원 간의 상호 의존적인 관계이다. 이질적인 집단 구성을 통해 사회적 학습을 할 기회에 중점을 두어 팀의 목표를 위해 함께 헌신하도록 한다. 둘째는 팀 활동으로 진행되는 학습 구조로 모든 구성원이 서로 격려하고 칭찬하면서 스포츠 팀처럼 활동한다. 셋째는 팀의 모든 구성원이 자신의 역할에 대한 책무성과 책임감을 느끼고 소집단 활동에 참여함으로써 최대의 성과를 올릴 수 있다. 넷째는 팀 활동을 위한 대인관계 기술로 상호 이해와 신뢰, 의사소통, 상호 수용과 지원, 갈등의 해소와 같은 기술을 학습할 수 있다. 다섯째는 팀 반성으로 수행 결과에 대해 모둠 활동을 반성하도록 한다. 이러한 기본 요소를 갖고 있는 것이 협력적 학습 전략과 구별되는 협동학습 모형의 특징이다.

협동학습 모형은 학습자에게 동등한 학습 참여의 기회를 보장한다. 교사 중심이 아니라 학생 중심의 수업을 함으로써 수업 방법의 민주화라는 측면에서 의의가 있다. 그러나 수업의 주도성은 교사가 갖고 있다. 교사는 학습 과제와 팀 구성, 팀 활동에 걸리는 시간, 학습 지원, 운동수행과 사회적 행동의 기준 등을 결정한다. 그러나 학생이 과제를 수행하는 동안에는 주도성이 바뀌게 된다. 협동학습 모형에 적합한 수업 전략으로는 과제 구조에 따라 학생팀성취배분(STAD: Student Teams-Achievement Divisions), 팀게임토너먼트(TGT: Team Games Tournament) 그리고 직소(Jigsaw I · II) 등으로 구분된다.

첫째, 학생팀성취배분(STAD)이다. 이 구조는 먼저 학생을 여러 팀으로 나눈다. 각 팀은 동일한 학습 과제와 필요한 자원을 부여받는다. 교사는 1차 연습 시간(15분에서 20분 정도)을 제시하고, 팀별로 연습하도록 한다. 이 시기가 끝나면 학습한 내용에 대해 평가를 한다. 평가는 실기시험, 퀴즈 또는 기타 형태의 수행평가로 이루어진다. 모든 팀원의 점수가 합쳐져서 팀 점수가 된다. 팀 점수를 공개하고, 교사는 협동 과정에 대해 학생들과 토론하며, 팀의 상호작용을 높일 수 있도록 조언한다. 이후 팀은 동일한 과제를 다시 반복해서 연습한다. 팀은 협동심을 강조하고, 모든 팀원의 점수를 높이는 데 중점을 둔다. 2차 연습시간이 주어지는데 모든 팀원과 팀 점수가 1차 시험보다 높아야 한다는 것을 알려준다. 두 번의 평가에서 향상도에 따라 팀 점수가 부여된다. 개인별 점수는 발표되지 않고 팀 점수만 발표되므로 팀 내의 협동을 유발하는 특징이 있다.

둘째, 팀게임토너먼트(TGT)이다. 이 구조는 먼저 학생들을 팀별로 나누고, 팀별로 학습 과제를 1차 연습한다. 1차 연습이 끝나면 팀별로 시험을 치른다. 각 팀에서 1등, 2등, 3등, 4등으로 점수를 받은 사람은 다른 팀에서 같은 등수인 학생의 점수와 비교한다. 1등은 1등끼리, 2등은 2등끼리, 3등은 3등끼리 순으로 점수를 비교한다. 각 비교 쌍별로 높은 점수를 얻은 학생에게 상점을 부여한 후 2차 연습을 한다. 연습 후에 다시 평가를 하고, 1차 때와 마찬가지로 같은 등수끼리 점수를 비교한다. 게임이 끝난 후에 가장 높은 점수를 받은 팀이 승리한다. 그 과정에서 팀원 사이의 협동이 조장된다. 이 방법은 운동기능이 낮은 학생들도 자신의 팀 성취를 위해 무엇인가를 공헌한다는 장점이 있다.

셋째, 직소(Jigsaw) 방식이다. 직소 방식은 직소 I 과 직소 II 로 나뉜다. 직소 I 은 먼저 학생들을 팀으로 나누고, 팀별로 여러 과제(기술, 지식 영역, 또는 게임)를 익히도록 한다. 테니스 단원의 경우 A

팀은 포핸드 드라이브의 요소와 단서를 학습하고, B팀은 백핸드 드라이브, C팀은 게임 규칙과 점수 계산법 등을 학습한다. 모든 팀원은 자신의 팀에 할당된 과제를 익힌 후에 교사가 되어 다른 팀에게 그 내용을 가르쳐 준다. 포핸드 드라이브를 익힐 때 A팀이 교사가 되어 B팀과 C팀에게 가르쳐 준다. 평가는 다른 팀을 지도하는 지도 능력에 기초하여 이루어진다.

직소Ⅱ는 각 팀원이 주제나 기술에 대한 전문가가 되기 위해 세부 요소를 익힌다. A팀에서 학생 1은 포핸드 드라이브를, 학생 2는 백핸드 드라이브를, 학생 3은 게임 규칙과 점수 계산법 등을 익힌다. B팀과 C팀도 같은 방식으로 학습이 이루어진다. 팀원이 주어진 학습 내용을 모두 익히면 각 팀에서 동일한 주제나 기술을 학습한 학생들끼리 모여 전문가 집단을 구성한다. 전문가 집단은 자신이 배운 내용을 서로 공유한다. 전문가 집단의 모임 후 전문가들은 자신의 집단으로 돌아가 배운 것을 팀원들에게 가르쳐 준다. 이러한 방법은 동료 교수를 통하여 다른 학생을 가르칠 수 있다.

제3장

초등 예비교사의
체육 하는 삶을 말하다

초등 예비교사의 인식을 이해하는 것은 그들의 삶의 구성 방식을 이해하는 좋은 방안이다. 초등 예비교사의 시점에서 그들이 바라본 학교 운동장의 일상 속과 수업 속의 모습은 어떠한지, 운동장이 갖고 있는 교육적 의미는 무엇인지 등을 이해한다면 신체활동이 이루어지는 시설공간인 운동장을 바르게 이해할 수 있을 것이다. 또한 초등 예비교사가 체육수업에 참여한다는 것의 의미를 모둠 속의 나와 수업 참여의 내적 동력과 외적 동력으로 나누어 살펴보는 것도 그들이 수업 속에서 무엇을 하고, 어떤 경험을 통해 성장하는지를 확인하는 좋은 기회가 될 수 있다. 무엇보다 수업 속의 나 자신에 대한 바른 이해를 가져올 것이다.

초등 예비교사는 학교 운동장을 어떻게 바라보는가*

> 나는 운동장에서 꿈을 키웠다. 일상생활 속에서는 걷기와 잡기 등의 놀이를 하였다. 수업 속에서는 스포츠 활동을 통해 기본 운동기능과 전략들을 습득하였다. 방과 후에는 또 가고 싶은 추억의 장소라는 생각을 하도록 만들었다. 교직 생활 중 여러 차례 체육 전담 교사를 하였기 때문에 운동장에서 많은 시간을 보내면서 학생들의 성장과 변화를 살펴볼 수 있었다. 운동장은 교실과 달리 학생들의 정서가 그대로 드러나는 특징이 있다. 적극적인 학생, 소극적인 학생, 이기적인 학생, 이타적인 학생의 실상을 확인할 수 있는 공간이다. 운동장은 역동적인 움직임 속에서 주어진 다양한 문제들을 해결해야 하므로 학생들의 신체적·인지적·정의적 측면의 종합성이 그대로 드러나는 공간이 되었다. 운동장은 교사였던 나에게 반 학생들의 성향을 이해하는 통로였고, 신체활동을 통해 학생들과의 관계를 새롭게 형성하는 장소적 특수성을 지닌 공간으로 기억된다. <필자의 운동장 일지/2019.10.20.>

위의 내용에서 알 수 있듯이 운동장은 '나' 자신의 과거 삶의 기억과 흔적들을 끄집어내는 역할을 하였다. 운동장은 학교에 대한 추억과 기억을 더듬는 의미 있는 공간이 되었다. 나는 이러한 기억과 추억의 흔적을 초등 예비교사들과 함께 공유하고자 한다. 초등 예비교사는 향후 현장에서 초등학생들을 가르칠 사람들이다. 이들은 교육대학이나 일반대학의 초등교육과에 입학하여 4년의 정규교육과정을 마친 후 임용시험이라는 절차를 거쳐 초등 현장에 발령을 받게 된다. 이들이 학교 현장에 발령을 받게 되면 학교 공간(시설) 중 가장 먼저 접하는 곳이 운동장이다. 물론 3~4층의 교사(校舍)

---

* 고문수(2020), 「초등 예비교사가 바라본 학교 운동장의 속성과 문화적 의미」를 주제로 『학습자중심교과교육연구』에 투고한 내용을 수정·보완하였다.

를 볼 수도 있지만, 그 교사를 향해 발길을 옮기기 위해 학교의 정문을 통과하다 보면 먼저 운동장이 눈에 들어온다. 그 운동장이 바로 이 글의 주제이다. 학생들은 운동장에서 다양한 교육과정에 기반을 둔 프로그램과 교육과정 이외의 활동들에 참여하면서 성장한다. 초등 예비교사들이 향후 현장에서 학생들과 체육수업이나 각종 단체활동을 위해 활용하는 공간이 운동장인 만큼 이들이 생각하는 운동장의 모습과 문화적 의미를 탐색하는 것은 유의미한 가치를 제공할 것이다.

학교 운동장의 규모는 나라마다 다르다. 스포츠 천국인 미국과 영국은 넓은 운동장을 사용하지만 체조 위주로 학교체육이 전개됐던 독일은 미국이나 영국과 비교하면 상대적으로 협소한 운동장의 기준을 갖고 있다. 운동장의 넓이도 학교에서 시행하는 운동 종목, 학급 수 및 학생 수, 체육 그리고 방과 후 체육 시간 등을 고려하여 규정을 달리하고 있다. 그럼에도 불구하고 학교 운동장은 운동학습을 지탱하는 중요한 물적 조건임은 분명하다.

학교 운동장은 학생들에게 추억이 서려 있는 장소이다. 과거 학창 시절을 되돌아보면 상당히 큰 규모의 운동장 [성인이 된 지금은 그 운동장을 바라보았을 때, 공간의 크기가 매우 작게 보임은 다양한 경험의 폭 증대와 성장으로 인해 그런 것은 아닌지……]이 교사(校舍) 앞에 자리 잡고 있었다. 우리는 그곳에서 건강과 체력 향상은 물론 친구들과 상호작용을 하면서 역동적인 움직임을 제공했던 공간으로 기억된다.

필자에게도 학교 운동장은 추억이 서려 있는 장소이다. 초등학교 시절에는 달리기와 멀리뛰기 선수를 했기 때문에 그 공간에서 많은 시간을 보내면서 생활을 하였고, 학교라는 말만 들으면 운동장이라는 단어가 먼저 떠오르곤 한다. 학교 운동장은 이 시대를 사는 많은 사람들에게 추억과 긍정적 정서 및 자신만의 독특한 문화를 형성해 왔던 장소이다. 학교 운동장은 스포츠 경기 문화의 장, 개성을 펼치는 장 그리고 놀이와 스포츠의 장으로써 교육적 의미가 있다. 나는 운동장과 관련하여 한 가지 궁금한 점이 생겼다. 세대 간의 차이에 따라 운동장이라는 장소가 어떻게 인식되는지가 바로 그것이다. 과거에 운동장을 경험한 필자와 달리 지금 20대 초반인 초등 예비교사들은 운동장을 어떻게 생각하는지가 궁금하였다. 이 글에서는 초등 예비교사가 학교 운동장의 속성을 어떻게 생각하는지, 그 속에 담긴 문화적 의미는 무엇인지를 알아보고자 한다.

학교 운동장의 속성

일상 속 운동장

길

학교 운동장은 수업 장소가 되기도 하고 학생들이 지나다니는 공간으로 활용된다. 아침에는 등굣길이 된다. 혼자서 터벅터벅 걷는 공간이 되거나 친구들과 함께 오순도순 이야기를 나누면서 거니는 일정한 너비의 공간으로 활용된다. 학생들은 그곳에서 우정을 쌓기도 하고 친구들 간의 갈등 해결과 약속을 정하는 장소로 활용하였다. 방과 후에는 하굣길이 된다. 수업을 마치고 가정으로 돌아가기 위해 교문을 빠져나가는 가장 빠른 길이다. 학생들이 이동하는 모습을 보면 운동장 바닥에 있는 모래를 발로 차면서 목적 없이 걷는 길을 만들기도 하고, 여러 명이 손을 잡고 걷거나 뛰어서 정문으로 향하는 통로의 길을 만들기도 한다.

> 운동장은 정문으로 가는 지름길입니다. 저는 수업이 끝나서 집으로 갈 때, 운동장으로 뛰어 내려가곤 했습니다. 운동장은 집에 가기 위해 혼자서 아니면 친구들과 함께 지나가는 곳이었습니다. <조정아와의 인터뷰/2019.10.16.>

> 집에서 출발하여 학교에 도착하면 제일 먼저 운동장이 나온다. 운동장은 교실로 가는 가장 가까운 길이 된다. 그곳에서 친구를 만나 이야기도 나눈다. 방과 후에도 운동장은 길의 역할을 한다. 정문까지 가는 가장 빠른 지름길이다. <장지희의 개방형 설문지/2019.10.12.>

아이들의 웃음 창고

우리는 학교에서 얼마나 자주 웃음을 짓는가? 아침부터 수업이 마무리되는 시점까지 긍정적 정서를 표출하는 웃음이 자주 발생하는 것은 의미 있는 일이다. 웃음은 웃는 일에 대한 소리일 뿐만 아니라 한 개인의 긍정적 표정이기도 하다. 그래서 억지로라도 웃는다면 주변 사람들에게 전파되어 웃음의 바이러스를 전달할 수 있다. 학교라는 정형화된 틀 속에서 이러한 웃음이 발생한다는 것은 의미 있는 일일 뿐만 아니라 자신에게 주어진 일들을 처리해 나가는 활력소가 될 수 있다.

우리는 일상 속 운동장에서 학생들이 박장대소하는 모습을 자주 목격할 수 있다. 이는 놀이의 과정에서 자주 발생한다. 놀이는 일정한 규칙이나 방법이 정해져 있기는 하지만 강제성이 약하기 때문에 학생들이 좋아하는 활동이다. 학생들은 게임보다 놀이를 더 선호하는 특징이 있다. 게임은 놀이보다 규칙이나 방법이 더 철저하므로 아이들을 규제하는 경우가 많다. 학생들은 규제 속에서 일들을 처리하다 보니 나와 다른 사람들과의 관계에서 비교되는 경우가 더 많다. 그 결과 게임은 놀이보다 나와 타인과 구별 짓는 특성이 더 강하다. 그리고 그 속에서 학생들의 움직임은 제약을 받고, 신체활동에 대한 긍정적 정서인 웃음은 상대적으로 줄어드는 모습이다.

한편 놀이는 학습자의 자율성이 강하고, 기본 규칙만 지키면 되기 때문에 학습자의 참여도가 상대적으로 높다. 이 과정에서 학생들은 다양한 웃음을 표출하면서 신체활동에 참여한다. 이들은 놀이를 여가로 인식하고, 적극성을 보이며, 그 과정에서 또래 친구들과의 상호작용을 활발히 하면서 긍정적 정서인 다양한 웃음을 내비치곤 한다.

> 운동장은 뛰어놀면서 여가활동을 즐기는 공간이다. 아이들은 그 속에서 환한 웃음을 짓기도 하고, 때로는 슬퍼도 한다. 학교 운동장이 다른 공간보다 아이들의 웃음을 터트릴 수 있는 행복한 공간이다. <곽지현의 개방형 설문지/2019.10.11.>

쉬는 곳: 자유가 존재하는 곳

일상 속 운동장에서 학생의 모습을 보면 이리저리 뛰어다니거나 친구들과 만나서 이야기하는 것을 종종 목격할 수 있다. 때로는 그늘진 곳에서 친구들이 삼삼오오 모여서 모래를 갖고 놀이에 참여한다. 그곳에 있는 학생의 얼굴빛은 대체로 환하다. 그러다 보니 일상 속 운동장은 많은 아이들이 모여 있는 공간적인 모습이 나타난다. 초등 예비교사들은 일상 속 운동장에서 아이들이 뛰어다니거나 움직이는 모습 그 자체에 대해서도 쉬는 것으로 인식하였다. 이는 수업 속 운동장에서의 신체활동과 일상 속 운동장에서의 신체활동이 서로 다름이 내포되어 있음을 확인할 수 있는 부분이다.

> 운동장은 놀이터입니다. 어린아이들이 놀이터에서 움직이는 모습을 보면 자유롭게 앉거나 서서 재미있다는 표정을 짓는 것과 마찬가지로 저도 운동장에서 자유롭게 움직였고, 쉬는 장소라는 인식을 하고 있습니다. 수업이 아닌 일상 속 운동장은 자유가 넘칩니다. <김재설과의 인터뷰/2019.10.14.>

넓은 바다: 동경의 장소

학생들에게 일상 속 운동장은 희비가 엇갈리는 장소로 기억된다. 운동을 잘하거나 신체활동을 좋아하는 학생들은 친구와의 상호작용 과정에서 만들어지는 웃음 창고가 되기도 하고, 쉼터 역할을 제공하기도 한다. 운동에 소극적으로 참여하는 학생들에게는 웃음 창고나 쉼터가 되기보다는 학생이 자신감을 표출하거나 친구들과 함께 어울려 지낼 수 있는 공간적 역할이 되지 못하는 장소였다. 이들에게는 넓은 바닷속 망망대해와 흡사함을 이해할 수 있다.

> 운동장은 넓은 바다이다. 나는 그곳에서 무엇을 어떻게 해야 할지를 찾지 못했던 기억이 난다. 운동장이 무척 넓은데도 내가 있어야 할 공간을 찾기가 힘들었다는 생각을 해본다. <고예지의 개방형 설문지/2019.10.12.>

어떤 학생에게 일상 속 운동장은 수업 속 운동장과 마찬가지로 즐거움과 소통의 공간보다는 마치 넓은 바다에 자신이 혼자 있다는 인식을 심어주었다. 학교라는 공간이 행복함을 주기보다는 답답함과 외로움 또는 불편함을 제공하는 공간으로 작용하였다. 학생들에게 일상 속 운동장이 쉼터와 즐거움의 터가 된 것과는 달리 고예지 학생에게는 운동장이 바다에 표류하는 선박의 모습이 된 듯한 인상을 남긴다.

테트리스: 꽉 차 있는 공간

수업 속 운동장과 달리 점심시간의 운동장은 꽉 찬 테트리스 모양을 하고 있다. 테트리스는 컴퓨터 게임의 한 종류이다. 그 게임은 각기 다른 모양의 블록이 위에서 아래로 떨어질 때 벌어진 틈에 맞는 블록을 그 틈에 끼우는 방식으로 진행된다. 어느 한 곳도 빈 곳이 없다. 축구 경기를 하는 아이들, 줄넘기하는 아이들, 피구 게임하는 아이들, 노래를 부르는 아이들, 술래잡기하는 아이들, 무작정 뛰는 아이들의 모습 등이 존재하는 곳이다. 그러다 보니 조금이라도 옆으로 이동하게 된다면 다른 학생들과 부딪치기 일쑤다.

> 운동장은 많은 학생이 빈자리 없이 채운 테트리스의 모습을 갖고 있습니다. 저도 그곳에서 한 자리를 차지하면서 테트리스의 한 조각의 역할을 해왔다고 생각합니다. <이서윤과의 인터뷰/2019.10.12.>

> 넓은 운동장에는 아이들로 가득하다. 마치 테트리스 게임에서 보듯이 빈 곳이 하나도 없다. 나도 그곳에서 자주 친구들과 이야기를 하거나 달리고, 걷기 등을 한다. <왕현철의 개방형 설문지/2019.10.13.>

일상 속 운동장을 멀리서 바라보면 질서 정연하게 움직이는 규격화된 테트리스 조각과 같다. 하지만 가까이 다가가서 보면 다양한 모양의 테트리스 조각들이 각기 다른 모습을 하고 있지만 움직임을 통해 빈자리를 지속해서 메꾸는 모양새를 하고 있다. 일상 속 운동장은 수업 속 운동장보다 복잡하지만 자유롭게 움직이는 가운데 빈곳을 꽉 채우는 빈틈없는 다양한 모양을 연출한다.

수업 속 운동장

운동수행 능력 증진의 장

그동안 체육수업은 신체활동을 중심에 두고 진행하는 수업이었다. 그러다 보니 운동수행 능력을 증진하기 위한 활동이 수업의 주활동이 되었다. 수업 속 운동장에서는 가르치는 사람이 학생들에게 학습자 자신의 역량을 드러내는 데 적합한 교수 방법의 선정과 교수전략 그리고 신체활동에 적절한 수업 모형의 활용이 이루어지는 공간으로 활용하였다. 이 과정에서 학생들은 적극성과 자신감을 드러내면서 성취감을 경험하기도 하였고, 소극적인 참여자의 모습을 보이면서 신체활동에 대한 무기력감을 경험한 측면도 없지 않다.

초등 예비교사들은 운동장 수업이 신체활동의 움직임과 움직임의 질을 높이는 방안에 집중하였다는 반응을 보였다. 교사는 학생들이 기법적 측면인 운동능(運動能)을 신장하려는 방안에 관심을 기울였고, 학습자 개인의 신체적 수월성을 드러내는 부분에 초점이 맞추어졌다고 주장하였다.

> 수업 속 운동장은 운동기능을 가르쳐 주는 곳입니다. 잘하지 못하는 기능을 잘할 수 있도록 안내하고, 잘할 수 있도록 기본 운동 방법과 기능을 안내하는 장소입니다. <전민정과의 인터뷰/2019.11.7.>

신체활동의 전략과 전술 발휘의 장

초등 예비교사들은 수업 속 학교 운동장에서 다양한 전략과 전술 발휘의 경험을 갖고 있었다. 축구 게임이나 농구 게임을 할 때는 학생들이 빈 곳으로 움직이면서 공을 받기 위해 노력하였다. 물론 게임에서 전략과 전술은 기본운동수행 능력의 증진과 동떨어져서 생각할 수 있는 부분은 아니다. 기본운동수행 능력과 전략 및 전술은 하나의 신체활동 속에서 이루어지는 통합적인 과정임을 이해해야 한다. 수업 속 운동장에서 이루어진 신체활동에 대한 전략과 전술은 인지적인 측면에서 게임에 대한 이해력과 밀접히 관련되어 있다. 공격자는 수비자의 움직임에 따라 공격자들끼리 협업을 해야 하고, 수비자들은 공격자들의 움직임에 따라 수비자들끼리 협력을 해야만 한다. 우리는 위의 내용이 매끄럽게 잘 진행되었을 때, 전략과 전술 측면을 잘 활용하였다고 말한다.

> 수업 속 운동장은 움직임의 중요성을 이해하도록 안내하는 공간입니다. 게임에서 공격수는 어디로 어떻게 움직여야 하는지, 수비수는 공격수의 움직임을 차단하기 위해 어느 공간으로 이동해야 하는지를 알려주는 공간입니다. <황다경과의 인터뷰/2019.10.12.>

> 무엇보다 수업 속 운동장은 전략의 활용을 통해 공동체 역량을 키워주는 장소가 되었다. <유혜진의 개방형 설문지/2019.11.14.>

학생들과의 적극적 상호작용의 장

수업 속 운동장에서는 일상 속 운동장보다 모둠원들이 의도적이고 계획적인 활동 속에서 협력하는 모습을 자주 엿볼 수 있다. 수업 속 운동장은 교수자가 의도한 수업 목표를 달성하기 위한 일련의 체제가 존재하기 때문에 일상 속 운동장의 모습보다 의도성이 포함된 구조가 강하다. 직소수업이나 협동학습의 구조를 활용한 수업은 학생들이 서로 협력하면서 참여할 수밖에 없는 구조를 갖고 있다. 초등 예비교사들은 자신의 점수와 친구와의 점수 합이 모둠의 성취가 되고, 다른 모둠과의 경쟁 구조로 되어 있어서 적극적 상호작용이 이루어질 수밖에 없었다고 하였다. 수업 속 운동장은 의도성과 계획성이 내포된 이유로 교수자의 의도에 따른 수업의 성과가 도출될 수 있는 구조적 특징이 있다.

> 수업 속 운동장은 학생의 신체적 건강과 협동심을 기르는 데 도움을 주기도 하지만 친구들과 함께 게임이나 방법을 찾는 부분에서 상호작용의 기회를 제공해 주는 공간적 역할을 합니다. <조정우와의 인터뷰/2019.10.11.>

규칙의 엄격성이 존재하는 곳

수업 속 운동장은 일상 속 운동장보다 규칙의 적용 측면에서 강제성이 강하다. 일상 속에서는 학생들이 자유롭게 공을 가지고 이동한다거나 상대방의 문전에 서 있다가 그곳에서 전달되는 공을 받아서 골을 넣을 수도 있지만, 수업 속 운동장에서는 상대 골대의 근방에 수비가 없을 때 공격자가 전진하여 서 있을 수 없다. 이는 게임의 규칙으로 오프사이드 규칙이 적용되기 때문이다. 수업 속 운동장에서 규칙의 엄격성이 존재하는 것은 교육적 차원에서 의도적인 결과를 가져오려는 방안으로 이해할 수 있다. 학생들은 운동장에서 신체활동 과정에서 지켜야 할 규칙과 태도 등의 규범실천 능력을 증진하는 방법을 배운다.

신체활동을 잘하기 위해서는 학생들이 '아는 것'과 '하는 것'의 통합성을 유지하는 것이 필요하다. '아는 것'은 게임의 방법과 규칙 및 예절 등에 대한 안목을 높이는 것이다. 그리고 '하는 것'은 게임에서 직접적인 체험 활동을 통해 경기의 흐름을 읽어내는 능력을 말한다. 수업 속 운동장은 일상 속 운동장의 모습보다 학습자들이 신체활동의 과정에서 안목을 갖고 신체활동에 참여하는 부분을 더욱더 강조한다고 볼 수 있다.

> 수업 속 운동장은 교실이 됩니다. 교실에서는 정해진 규칙을 따르면서 수업에 참여하듯이 운동장에서도 신체활동에 필요한 규칙들을 준수하면서 수업에 참여하기 때문에 교실의 역할과 똑같다고 봅니다. <성주은과의 인터뷰/2019.11.12.>

운동장의 문화적 의미

운동장은 체조, 운동경기, 놀이 따위를 할 수 있도록 여러 가지 기구나 설비를 갖춘 넓은 마당이다. 학생들은 그곳에서 친구들과 만나서 이야기를 한다. 때로는 체육 이외의 교과를 공부하는 장소가 된다. 친구들과 서로 정서를 공유하는 힐링의 공간이 되기도 한다. 학생들은 유년기부터 청소년기까지 공식적인 교육과정의 하나로 체육교과를 운동장이라는 공간에서 배운다. 이 과정에서 학생들은 자신의 꿈을 펼치는 공간으로 활용한다. 학생들은 운동장에서 다양한 문화적 의미를 표출하였다. 문화적 의미는 학생들이 운동장에서 공유하는 가치관, 언어, 생활양식 등을 전달하는 과정이나 그 과정에서 생산된 결과에 내재한 의미를 일컫는다. 학생들은 운동장이라는 공간을 통해 교사와 친구들과 만남을 통한 상호작용, 교실, 힐링 그리고 도화지 역할 등의 문화적 의미를 표출하였다.

만남: 소통의 공간

운동장은 장소적 특징이 있다. 하나의 공간으로써 학생들을 그곳으로 유인하여 상호작용의 기회를 제공한다. 학생들이 수업하든, 친구를 기다리든, 놀이하든지 간에 운동장은 만남의 장소가 되었다. 운동장은 수업할 때도, 길을 걸을 때도, 쉬는 시간에도 나와 네가 만나서 우리가 되는 공간적 역할을 하였다. 운동장은 교실에서의 만남과 다른 특징을 보였다. 교실은 학생들의 자율성과 활동성을 제약하는 역할을 하지만 운동장은 학생들이 자유롭게 이동하는 움직임의 장소가 되었다. 자율성과 활동성 측면에서도 자유로운 장소였을 뿐만 아니라 교실수업의 탈출구 역할도 하였다. 운동장은 공통된 활동에 적극적으로 참여하면서 서로를 격려하고 응원하면서 개인이 모여 하나로 통일된 모습을 보이는 역동적인 장소였다.

> 교실은 움직임이 제한되었지만, 운동장은 교실에서 못다 한 신체 움직임을 구애받지 않고 자유롭게 할 수 있는 장소입니다. 누구나 나가서 움직일 수 있는 곳이고, 크게 제약도 받지 않기 때문에 자유로운 공간입니다. <임수성과의 인터뷰/2019.11.20.>

위의 인터뷰에서도 알 수 있듯이 운동장은 학생들이 자유롭게 움직이는 공간적 속성을 포함한다. 교실과 달리 운동장은 움직임이 제공되는 공간이다 보니 상대적으로 교사의 움직임에 대한 제약이 적을 뿐만 아니라, 학생들의 자율성이 존재하는 공간이다. 이는 학생들이 언급한 것처럼 자유로운 공간으로써 운동장의 의미를 부여한 것으로 확인할 수 있다.

교실: 제2의 수업 공간

운동장은 학생들에게 쉼터, 노는 공간이라는 특성도 있지만 수업하는 장소적 특성이 있다. 이는 운동장이 학생들에게 교육 장소가 되고 있음을 의미한다. 운동장은 운동하는 공간도 되지만 수업하는 장소적 공간이 되기도 한다. 주로 교과 수업이 이루어지는 공간은 교실이다. 학생들은 이곳에서 일련의 약속된 절차에 따라 이동이 제한되기도 하고, 모둠 편성을 위해 책상을 움직이는 측면의 공간 구성이 허락되기도 한다. 학생들은 교실에서 교사와 학생들과의 상호작용을 경험하면서 교과학습에 참여한다. 운동장도 교실과 마찬가지로 체육 교과를 학습하는 공간적 속성이 포함되어 있다. 하지만 대부분 학생은 운동장을 교실의 속성과 달리 움직임이 제공되는 역동적인 활동 장소로 인식하는 모습을 보여왔다. 이는 결국 교과교육을 위한 교실과 다른 특징을 부여하는 장소로 인식될 수 있음을 확인할 수 있다.

초등 예비교사들은 운동장에 대한 일반적인 인식의 틀과 약간 다른 반응을 보였다. 운동장은 움직임이나 놀이의 공간 이외에도 수업과 생활의 공간이 포함된 교실이라는 것이었다. 이는 학생들이 운동장에서 여러 친구와 함께 움직이고, 이야기하며, 상호작용을 통해 교육적 의미를 드러내는 문화적 의미의 관점에서 수업의 공간이 되고 있음을 피력한 부분으로 이해할 수 있다. 운동장은 교실과 같이 배움이 있는 수업 공간이 되었다.

운동장은 놀기만 하는 공간이 아니라 배움이 일어나는 공간이기도 합니다. 친구들과 함께 움직이고, 대화하면서 게임에 참여하기도 하고, 실제적인 전략과 전술 등의 가치도 익히는 공간적 특징이 있습니다. 운동장은 수업이 이루어지는 교실과 똑같은 장소입니다. <김민성과의 인터뷰/2019.11.26.>

힐링: 치유와 성장의 공간

운동장은 때로는 규칙을 지키기 위해 교사의 강요가 존재하고, 엄격성이 내비쳐지지만 한편으로는 학생들이 자유롭게 움직이고, 신체활동의 귀찮음으로부터 일탈을 만드는 공간적 특징을 보여주는 곳이다. 운동장은 교실과는 다른 특징적 모습이 존재한다. 학생들은 교실에서 일탈하는 행동이 강하게 제재(制裁)되지만 운동장은 교실보다는 일탈과 관련하여 어느 정도 허용적인 모습이 드러나는 장소로도 작용한다. 이는 한 학급의 학생들을 한눈에 바라보기에는 너무 큰 공간으로 구성되는 속성 때문이다. 학생들은 운동장에서 자신의 부정적 정서를 치유하면서 성장하는 공간의 역할 수행, 즉 힐링을 경험하는 장소로 활용하였다.

운동장은 걷는 것 그 자체만으로도 상쾌함과 쾌감을 느끼도록 합니다. 교육 장소 중 저희들에게 쾌감을 주는 공간은 그리 많지 않습니다. 학교에서는 운동장이나 도서관 정도가 쾌감을 주지 않나 생각됩니다. <김이래와의 인터뷰/2019.11.14.>

좁은 교실에서 못다 한 신체 움직임을 구애받지 않고 자유롭게 행할 수 있는 드넓은 장소이다. <임수성의 개방형 설문지/2019.10.9.>

운동장은 교실과 달리 넓은 공간으로 구성된다. 학생들은 그곳에서 자신의 신체 움직임을 자유롭게 펼치는 부분에 대해 만족감을 드러냈다. 그곳은 움직임을 펼치는 과정에서 교사의 구속이 상대적으로 적다. 이렇다 보니 학생들은 운동장이라는 공간 그 자체에 대해서도 긍정적 감정을 지니고 있었다. 학생들은 정규교육과정 속에서 교실이나 규격화된 공간에 장시간 머무르면서 답답함을 느끼는 것으로 나타났다. 학교에서 학생들이 체육을 좋아하는 이유도 체육 그 자체의 즐거움도 있지만, 어떻게 보면 정형화된 틀로 구성된 공간으로부터 탈출하는 것 그 자체에 대해서도 만족감과 치유의 모습을 보이는 것은 아닌지 생각해 보게 된다. 이는 학습 공간의 환경과 학습자의 자율성의 방향을 탐색하는 실마리가 될 수 있다.

도화지: 잠재성 발휘의 공간

학생들은 운동장에서 통합적인 성장을 한다. 신체 움직임을 하는 과정에서도 단순히 신체활동만을 하는 것이 아니라, 주어진 신체활동의 움직임을 잘 수행하기 위해 아이디어를 생산하기도 하고, 타인과 소통하면서 긍정적 상호작용을 발휘하기도 한다. 즉 움직임이라는 신체활동 속에서 인지적인 부분과 정서적인 부분을 동시에 활용하는 통합적인 모습을 보인다. 우리는 빈 도화지를 활용하여 학습자의 다양한 경험 세계의 모습을 그릴 수 있다. 운동장도 학습자의 생각과 의지에 따라 경험의 세계를 표출하는 도화지의 속성이 있다. 김보경 학생의 이야기는 운동장이 지니는 교육적 가치를 유감없이 드러낸다. 운동장은 교실에서 할 수 없었던 경험들을 구현할 수 있는 장소적 특징이 포함되어 있다. 이 공간에서는 학생들의 참여가 빈 도화지에 멋진 그림을 그려내듯이 학습자들이 자신의 잠재성을 발휘해 나가는 공간으로 활용될 수 있다는 긍정적 메시지가 포함되어 있다.

운동장 그 자체만으로는 아무것도 없이 텅 빈 모래밭이지만 그 위에 스포츠 경기장을 만들 수도 있고, 우리가 만들어낸 게임을 펼칠 수 있는 장소이다. 그 공간은 실내에서는 할 수 없었던 다양한 경험을 할 수 있다. 운동장은 나의 삶과 다양한 경험을 그려낼 수 있는 도화지가 되었다. <김보경의 개방형 설문지/2019.10.1.>

학생들의 참여 모습에 따라 한 폭의 멋있는 그림이 되기도 하고, 황량한 흰색의 종이가 되기도 합니다. <심수진과의 인터뷰/2019.11.13.>

위의 인용문에서도 알 수 있듯이 운동장은 그 자체로도 학습자의 가능성을 발휘하는 공간이지만 학생들의 참여와 경험이 어떻게 드러나느냐에 따라 그 의미는 크게 달라질 수 있다. 심수진 학생이 언급했듯이 학생들은 운동장에서 한 폭의 멋있는 그림을 만들 수도 있고, 어려움을 겪을 수도 있다. 전제는 학습자의 특성을 고려한 수준별 수업이 어떻게 진행되는가이다. 교사는 학생이 수업 속에서 적극적인 참여를 가져올 수 있도록 수업 환경을 효율적으로 구성하여 운영해야 한다.

학교 운동장의 미래 측면을 말하다

학교 운동장의 속성과 문화적 의미에서도 알 수 있듯이 운동장은 신체활동, 인지활동 그리고 정서적인 측면에서 긍정적 가치를 제공하는 것으로 나타났다. 신체활동 측면에서는 운동장이 학생들의 신체활동과 정서를 표출하는 리허설의 장이 되었다. 인지활동 측면에서도 운동장은 전략과 전술 탐색을 통해 수업의 질을 확장해 나가는 공간으로 활용되었다. 정서적인 측면에서는 또래와의 만남과 상호작용을 통해 사고를 확장하고, 교우 관계를 개선하는 장의 역할을 하고 있다. 학교 운동장의 속성과 문화적 의미와 관련하여 학교 운동장의 미래 측면을 신체활동 체험의 장, 또래와의 만남이 이루어지는 대인관계적 역할과 관련하여 교육적 측면의 가치를 이야기하고자 한다.

첫째, 학교 운동장은 신체활동 체험의 장 역할을 한다. 우리들은 다양한 공간에서 신체활동을 한다. 운동장, 체육관, 놀이터, 다목적실, 공터 그리고 공원 등에서 움직임을 경험한다. 그곳에서의 움직임은 학생들의 건강과 체력은 물론 타인들과의 상호작용을 통해 교우 관계를 개선하도록 한다. 우리는 학교 운동장이 제공하는 교육적 측면의 가치를 엿볼 수 있다. 학교 운동장은 움직임의 측면에서 심동적·인지적·정의적 측면의 교육적 가치를 발현하는 장으로써의 역할을 한다. 무엇보다 중요한 것은 신체활동 그 자체의 움직임이 신체활동으로 끝나는 것이 아니라 인지적인 측면과 정의적인 측면의 역할까지를 함의한다는 점이다. 학교 운동장이 학생들에게 스포츠 경험의 장을 제공하고, 또래와의 소통의 장이 되고 있음은 물론 개인적 인성과 사회적 인성의 터가 되고 있다는 측면으로 확인할 수 있다. 그동안 학교 운동장은 학생들에게 신체활동을 통한 기본 운동기능의 향상에 기여를 해왔다.

학교 운동장에서 신체활동은 학생들에게 인지적·사회심리적·신체적 측면에서 긍정적으로 기여하였다. 그동안 많은 연구가 학교 체육 참여가 학생들 개인의 건강뿐 아니라 자신감과 자아존중감을 향상하고, 사회심리적·인지적 발달 및 학업성취에 도움이 되었다는 사실을 보고하였다. 학교 운동장은 교육을 받는 학생들이 다양한 움직임과 인지적 역할 그리고 사회심리적 역할을 담당하는 것으로 나타났다.

위의 교육적 측면을 고려해 볼 때, 미래에도 학교 운동장은 신체활동이라는 움직임을 제공하는 의미 있는 장소가 될 것이다. 물론 학생 수의 변화와 체육관 건립 등 공간 활용도에 따라 학교 운동장의 규모는 다소 유동적일 수 있다. 확실한 것은 미래사회 속에서 학교 운동장이라는 공간은 학습자의 움직임을 제공하고, 또래와의 상호작용을 이끌어내는 의미 있는 공간적 역할 수행을 한다는 점이다.

둘째, 학교 운동장은 또래와의 만남이 이루어지는 대인관계적 역할을 한다. 우리가 학생들을 학교체육에 참여시키는 목적 중 하나는 학생의 긍정적인 친사회적 행동(개인적 책임감, 협동, 공감 등)을 발달시키고 우울증, 범죄, 알코올 중독과 약물 남용 등과 같은 부정적 행동을 감소시키는 데 있다. 그동안 운동장에서 이루어지는 학교체육은 신뢰감, 소속감, 책임감, 협동심, 친사회적 행동, 학교생활 적응 등에 긍정적 역할을 하였다. 학교체육은 대인관계의 긍정적 증진 측면에서 초등학생의 개인적·사회적 발달에 중요한 교육적 수단이 되었다. 위의 긍정적 효과는 학교 운동장이라는 공간 속에서 꽃피운 결과물들이다. 앞으로도 위의 가치를 피력할 수 있는 학교 운동장은 그 존재 가치가 충분하다고 볼 수 있다.

과거가 그랬듯이 미래에도 학교 운동장은 학생들이 친구와 만나서 이야기하는 소통의 장소적 역할을 할 것이다. 학교에서 학생들은 규격화되어 있는 공간인 교실에서 많은 시간을 보낸다. 그러다가 친구들과 이야기하거나 놀이를 위해 넓은 공간으로 자연스럽게 이동하는 모습을 확인할 수 있다. 이러한 모습은 학교가 존재하는 상태에서는 크게 변함이 없을 것으로 보인다. 학생들은 술래잡기, 그네 타기, 굴렁쇠 굴리기, 달리기, 공놀이 등을 위해 넓은 공간인 운동장을 활용할 것이다. 시간이 많이 흘러서 학창 시절의 친구를 만날 때도 운동장은 추억의 장소가 되는 동시에 만남의 광장 역할을 하는 중추가 될 수 있다. 이는 심리적으로 좁은 공간보다 넓은 공간 속에서 자율성을 발휘하는 일반적인 특징을 반영한 모습과 일맥상통한다.

못다 한 이야기

미래 학교 운동장은 학생들에게 의미 있는 교육적 가치를 제공하기도 하지만 한편으로는 활용되지 않는 공간이 될 수도 있다. 학교 운동장이 아무것도 없는 황량한 곳이 되어서는 안 되겠지만 환경적 측면에서 미세먼지라든지, 환경오염 또는 황사현상이 장기화할 경우 운동장의 역할은 유명무실해질 수도 있다는 것이다. 학교 운동장은 앞에서 살펴보았듯이 학생들에게 유의미한 가치를 제공하는 것으로 나타났다. 따라서 학교 운동장이 잘 활용될 수 있는 방안에 대해 많은 고민이 있어야 할 것이다. 환경적인 측면에서 학교 운동장의 낮은 활용도나 시설 미사용의 문제를 예방하기 위해서는 다양한 시설들이 포함된 다목적 체육관의 건립이 요청된다. 초등 예비교사들은 학교 운동장이 교육적 가치가 있지만 다양한 변화로 인해 학교 운동장 사용의 제한이 도래될 수 있음을 우려하였다. 우리는 운동장이 텅 비어 있는 공간이 되지 않도록 다양한 관점에서 신체활동 공간에 대한 방안들을 고민해야 한다. 시설에 대한 문제를 문제로 남겨두기보다는 시설의 부정적 문제를 예방하고, 해결하려는 적극적인 자세가 필요하다.

초등 예비교사들은 학교 운동장이 학생들의 건강과 체력, 전략과 전술의 형성 그리고 모둠원들과 만남을 통한 상호작용 등 교육적 측면에서 가치가 있음을 언급하였다. 학교 운동장이 교육적으로 활용되고 의미 있는 공간이 되기 위해서는 관심이 필요하다. 학생들에게 운동장이 어떠한 의미를 제공하는지, 학생이 운동장에서 하루 동안 어떻게 생활하는지 등을 종합적으로 검토하는 연구를 수행해야 한다. 교사의 운동장에서의 삶에 관한 자서전적 연구, 운동장에서 학생들이 경험하는 교육적 의미와 가치 등을 셀프 연구로 수행하는 것도 좋은 방안이다. 운동장이라는 공간 속에 존재하는 다양한 시설물의 중요성과 가치를 탐색하는 연구도 필요해 보인다.

최근 일부 신설학교에서 운동장을 아예 없애거나 협소한 공간을 활용하여 학습자들이 신체활동에 참여하도록 하는 것은 많은 아쉬움이 있다. 학생들이 일상 속 운동장과 수업 속 운동장에서 다양한 신체활동의 경험과 성장을 하도록 지원해 주기 위해서는 학습자들이 뛰어놀 충분한 공간을 확보해야 한다. 수업 운영과 관련하여 교사들은 체육수업에서 소수의 기본 운동기능이 뛰어난 학생들이 수업의 주도권을 행사하기보다는 다수의 학생이 의미 있는 체육교육의 환경 속에서 자신의 역량을 함양할 수 있도록 지원해 주어야 한다.

초등 예비교사는 체육수업의 참여함에 관해 어떻게 생각하는가[*]

  오후 4시에 뉴스포츠 수업이 진행된다. 학생들은 3시 30분부터 체육관에 한두 명씩 들어왔다. 이들 중 몇 명은 삼삼오오 모여서 체육관 주변을 거닐었다. 나는 늘 그랬듯이 실기수업이 있는 날이면 30~40분 전에 수업 준비를 시작한다. 수업에서 신체활동과 관련된 다양한 교구 배치와 '이해, 체험, 소통'의 순서로 진행하는 수업 전개구조를 활용한 목표 중심의 수업을 운영하다 보니 강의 준비에 많은 시간을 보내게 된다. 나는 수업이 진행되기 전에 생각하는 것이 있다. 학생들이 수업에 참여한다는 것은 어떤 의미일까? 교수자는 학습자들이 수업에 적극적으로 참여할 수 있도록 어떠한 노력을 기울여야 할까? 등을 고민한다.

  하지만 '나' 자신의 과거 교사 시절을 떠올려보면 초임 교사 시절부터 체육수업에 대해 이런저런 고민을 해왔던 것은 아니다. 주간학습 안내와 체육 교과서에 나와 있는 내용을 안내하거나 내가 좋아하는 신체활동을 운영한 적도 있었다. 무엇보다 수업 활동에 대해 크게 의미를 두지 않았고, 학생들이 수업에 참여하는 것만으로도 좋은 수업이 될 수 있다고 생각하였다. 하지만 대학원 박사과정에서 스포츠교육학을 전공하면서부터 교수 방법의 중요성과 학습자 특성을 고려한 수준별 수업 그리고 국가 수준의 교육과정과 현장 적합성이 드러나는 수업에 대한 안목을 갖게 되면서부터 체육수

---

[*] 고문수(2020), 「초등 예비교사의 체육수업 참여함의 속성과 의미」를 주제로 『학습자중심교과교육연구』에 투고한 내용을 수정·보완하였다.

업을 바라보는 시야를 넓히게 되었다. 이론과 실천의 괴리가 아니라 둘 간의 통합성에 관심을 두게 되었다.

필자는 대학의 초등 예비교사교육자로서 스포츠 교육은 물론 현장의 체육수업이 어떻게 진행되어야 하는지, 체육활동이 갖는 교육적 의미와 가치를 지향하기 위한 체육수업의 방향에 관심을 두고 있다. 많은 교사 또는 연구자들도 '좋은 수업'을 만들기 위해 노력하고 있다. 교사들은 교육 관련 연구, 교사단체 연수, 수업 연구, 인성 프로그램 개발 및 적용, 교수학습공동체 구성 및 참여 그리고 독서 등을 통해 '화이불류(和而不流)' 하려는 모습으로 수업 개선과 성찰을 한다. 대부분의 연구가 교수자 중심의 연구를 통해 수업 현상을 바라보려는 경향이 있다. 위의 연구와 관련하여 서근원과 전현욱은 교사의 관점이 아니라 학생의 관점, 즉 '학생의 눈'으로 바라보는 수업이 간과되고 있음을 지적하였다. 학생들은 수업의 제1선에서 교수자와 함께하기 때문에 위의 지적은 절절해 보인다. 수업 개선을 위해서는 수업 상황을 정의하고 의미화하는 '학생의 눈'을 어떻게 이해하고 반영할 것인지가 중요하다는 부분에 주목해야 한다.

그동안 수업은 '학생의 눈'보다는 '교사의 눈'에 관심을 기울이면서 수업을 설계하였고, 실제적인 측면에서 수업 운영도 그렇게 해왔다. 이는 전통적인 관점에서 수업을 바라보는 측면에 기인한 것으로 보인다. 과거에도 그랬고, 지금도 교사 중심의 수업에서는 의사결정의 권한이 학생의 관점보다는 교사의 관점과 초점에 따라 움직이는 경향이 있다. 이 과정에서는 학습자의 목소리에 관심을 기울이기 어렵다. 결국 수업이 학습자의 눈에 어떻게 비치는지는 생각지 못한 채, 교수자의 의도만 반영된 모습을 지향해 낼 수밖에 없을 것이다.

이 글은 학습자의 관점에서 수업에 참여한다는 것이 무엇을 의미하는지, 그것이 수업과 관련하여 학습자의 수업 지속성과 어떻게 연결되는지 그리고 수업 참여의 의미가 교수·학습에서 어떤 지향성을 내재하는지를 알아보았다.

수업 속의 '나'

수업은 교육 내용에 대한 현상을 바탕으로 알아야 할 것과 알고 있는 것 사이의 관계를 조망하기 위해 나누는 끊임없는 대화의 과정이다. 수업에서 교수자와 학습자는 수업 내용을 놓고 서로의 의견을 받아들이기도 하고, 상호 간에 이견을 드러내면서 상호작용을 한다. 초등 예비교사들은 수업에서 '모둠의 구성원 되기', '역할 수행하기' 그리고 '팀 성취에 도움 주기'를 통해 자신의 존재감을 드러내었다.

모둠의 구성원 되기

모둠은 효율적인 학습을 위해 학생을 작은 규모로 묶은 모임이다. 수업에 참여하는 학생들을 하나의 팀으로 구성하도록 하는 구속력을 갖게 된다. 학생들은 자신이 속한 모둠 속에서 소속감을 느끼면서 다양한 활동을 경험하였다. 아래의 내용은 학생들이 모둠을 구성하였을 때 보여주는 수업 참여의 속성과 관련된 부분이다.

수업에서 일원이 되거나 함께한다는 것을 느꼈다. <이은혜>

친구들과 즐겁게 참여하고 소속감을 느끼게 되었다. <손주현>

초등 예비교사들은 친구들과 함께하면서 해냈다는 성취감과 상대방 [가르치는 사람]을 기쁘게 하였다는 것에 대해 긍정적으로 인식하였다. 은혜와 주현이는 수업에 즐겁게 참여하는 동인의 하나로 모둠을 가치 있게 생각하였다. 수업에 참여한 다른 학생들도 구성된 모둠을 통해 주어진 문제를 해결하고, 성취감을 높였으며, 실패하더라도 여러 학생이 함께 부담을 공유하기 때문에 고통을 덜 느끼게 된다고 생각하였다. 신체활동에서는 기본 운동기능이 상대적으로 부족한 학생들이 모둠 구성을 통해 하나의 팀 [모둠]이 되는 것에 대해 더 긍정적으로 생각하는 것으로 나타났다. 반면, 운동기능이 좋은 학생들은 운동기능이 낮은 학생들에 비해 팀의 소속감에 대해 적극적이지 못하였다.

모둠은 팀의 성취를 극대화하고, 하나 되는 소속감을 이끈다. 반면, 운동기능이 좋은 학생들에게 모둠은 개인의 자율성을 제한받는 일이기도 하다. <장세영>

세영이의 이야기에서 알 수 있듯이 운동기능이 좋은 학생들은 모둠이 개인의 자율성을 제약하는 특징이 있다는 부분을 내비치고 있다. 자신의 능력을 뽐내거나 상대방보다 잘한다는 인식 부분에서는 개인의 자율성, 즉 공간을 이리저리 누빌 수 있는 자유가 어느 정도 제한을 받는 특징이 있다고 생각하였다. 이러한 측면을 고려해 볼 때, 수업 상황에서 모둠원들과 협력을 할 때와 개인플레이를 하면서 기능을 표출하는 상황이 적절히 공유되는 부분을 통해 운동기능의 소유 여부에 따른 학습자들의 움직임과 참여 기회를 제공할 필요가 있다.

역할 수행하기

수업에서 학생에게 맡겨진 역할 또는 학생들이 스스로 수행한 역할은 책임감을 키워주는 데 도움이 된다. 학생이 자신의 역할을 충실히 구현했을 때와 구현하지 못했을 때를 비교해 보면 그 부분은 더욱 명확해진다. 한 학생이 주어진 활동에서 역할을 잘 수행하면 자신과 모둠원들에게도 큰 도움이 된다. 여기서 도움은 개인의 성취 목표 달성과 팀의 성취로 귀결되는 특징이 있다.

> 의도적으로 부족한 면을 채우기 위해 최선을 다하면서 경기의 흐름을 읽어야 한다. 가르치는 사람이 배우는 사람에게 역할을 더 잘할 수 있도록 이끌어주어야 한다. <제용욱>

> 수업에서 역할은 의지와 행동을 보여주는 책임감이고, 친구들과 함께하는 성취의 한 종류이다. <이주현>

필자는 뉴스포츠 수업에서 학생들이 자신의 역할을 충실히 구현할 것을 당부하였다. 하지만 학생들이 자신의 의지와 행동을 보여주기 위해서는 가르치는 사람과 학습자가 상호작용을 하거나 잘 이끌어주어야 한다는 이야기를 하였을 때, 나는 적잖이 놀라지 않을 수 없었다. '나' 자신이 그동안 학생들이 수업에서 자신의 역할을 잘 수행할 것을 당부만 하였지 어떠한 방법을 통해 학습자들이 자신의 역할을 수행할 것인지에 대한 구체적인 정보를 제공하지 못했기 때문이다. 교수자는 모둠원들이 자신의 역할을 충실히 수행할 방안을 고민해야 한다. 학생들이 역할 수행을 통해 책임감을 높이기 위해서는 의도적이고 계획적으로 해야 할 것과 하지 말아야 할 것에 대한 구분 짓기를 분명히 해주어야 함을 알게 되었다.

팀 성취에 도움 주기

수업에 참여하는 학생의 모습은 참으로 다양하다. 모둠의 성취에 도움이 되는 학생도 있고, 친구와 갈등을 벌이거나 혼자서 자신의 의지대로 개인적인 활동을 하는 학생도 엿볼 수 있기 때문이다. 초등 예비교사들은 수업에 참여한다는 것에 대해 부정적인 측면보다는 긍정적인 측면에서 교육적 가치를 표출하였다. 즉 수업에서 공동의 목표 달성에 도움이 되는 활동과 팀 성취에 도움을 주었다는 측면을 중요하게 생각하였다.

> 컬링 게임에서 팀게임토너먼트 활동을 할 때, 모둠에서 낮은 점수를 받았지만, 다른 모둠원과 비교하였을 때, 상대적으로 높은 점수를 받아서 그 친구를 이기면서 팀에 도움을 주었다. <이주현>

> 킨볼에서 내 차례가 되었을 때, 공치기와 밀기를 잘했고, 수비 역할을 할 때, 민첩하게 움직이면서 공을 잘 받아냈다. 그런 나는 자랑스럽다. <박세연>

초등 예비교사들은 수업 참여와 관련하여 개인적인 성취보다 모둠원들이 함께하는 과정에서 얻게 될 팀 점수의 향상을 위해 분주히 움직였다. 학생들은 팀 활동으로 이루어진 디스크 골프, 킨볼 그리고 컬링 게임에서 모둠원들을 격려하였다. 소리를 지르면서 응원을 하기도 하였다. 수업에 참여한다는 것에 대해 가르치는 사람이 안내만 하고, 학생들이 따라만 하는 수업의 전개구조가 아니라 학습자들이 서로 의논하고, 수업 과정에서 도출된 문제들을 서로 이야기하면서 당면한 문제를 줄여 나가는 것에 대하여 긍정적으로 평가하였다.

존재감 드러내기

학생들은 자신이 실제로 수업에 참여하고 있다고 느낄 때, 존재감을 드러낸다. 수업에서 존재감은 참여와 적극성을 유인하고, 모둠원들과 상호작용을 하면서 수업의 활력을 불어넣는다. 반면, 수업에서 자신이 참여하고 있다는 느낌을 받지 못할 때, 존재감은 사라지고 이방인이 되어 수업의 참여로부터 멀어지는 속성이 있다. 초등 예비교사들은 수업에서 '상호작용', '주목받기' 그리고 '또 다른 도전'을 통해 존재감을 드러냈다.

상호작용

수업에서 상호작용은 구성원들의 참여를 높이고 분위기를 북돋워 주는 좋은 방안이다. 학생들이 교수자와 상호작용을 하는 것은 수업의 교육적 의미를 높이고, 수업 분위기를 좋게 만들 수 있다. 상호작용은 학습자들끼리 서로 간의 긍정적인 관계를 조성하도록 한다. 수업에서 이루어지는 상호작용은 학습자 자신의 소중함을 인정하도록 하고, 존재의 가치를 부각하는 의미 있는 방안임이 확인 되었다.

> 친구들과 함께 땀 흘리고, 잘 안 되는 친구는 다독여 주었다. <신수영>
>
> 친구들과 즐겁게 활동에 참여하였다. <손주현>

수영이와 주현이의 일기 글에서 확인할 수 있듯이 친구들과 함께 한다는 것은 수업에서 자신이 주변인으로 머무는 것이 아니라 주연 배우로 등장하는 계기가 된다. 이 과정에서 학습자들은 존재감을 드러냈고, 학습자 자신이 스스로 존재 가치가 있음을 깨달았다. 게 임 과정에서 상호작용은 친구 간의 관계를 연결하는 교량 역할을 한다. 게임을 할 때는 공동의 목표인 점수를 얻기 위한 속삭임이고, 거리도전에서 활용된 디스크 날리기는 기록을 단축하기 위한 서로 간의 밀고 당김이 오가는 과정이었다. 특히 플라잉 디스크를 목표 물을 향해 멀리 던지기 위해서 활용하는 다양한 던지는 방법의 교 류와 수업에 참여한 학생들의 칭찬 릴레이는 학습자 간의 관계를 더욱 강하게 결속시켜 주었다.

주목받기

운동장과 체육관은 학습자 자신을 잘 드러내는 공간적 속성이 포함되어 있다. 수업에 참여하는 학생들뿐만 아니라 이 공간을 거 니는 사람들도 학습자들의 참여를 쉽게 확인할 수 있다. 초등 예비 교사들은 신체활동에서 주목받는 것을 긍정적으로 생각하였다. 타 인의 시선을 받을 때, 부끄럽기는 하였지만 '나' 자신의 존재감을 드러내는 소중한 기회가 된다고 생각하였다. 여기서 존재감은 자신을 알리고, 가치 있음을 드러내는 통로 역할인 동시에 성장의 관문이다.

> 다른 사람들의 시선을 받으면서 성장하는 것이 좋다. <오주현>
>
> 참여는 해낼 수 있다는 자신감과 더 열심히 노력하면 더 좋은 점수를 얻을 수 있는 기회가 되었다. <최재호>

학생들이 수업 속에서 주목을 받지 못하는 것은 아쉬운 일이다. 수업에 참여하는 모든 학생이 주목을 받고, 학생 각 개인이 존재적인 속성을 지닐 수 있도록 해야 한다. 초등 예비교사들이 초등학생들과 다름이 있을 수는 있지만 주목을 받는다는 것은 존재감을 느끼는 것이고, 타인의 시선으로부터 주목받게 되어 인정과 관심의 주체임을 자각하는 계기가 된다. 디스크 골프나 컬링 게임에 지속해서 참여하는 가운데 생성되는 노력의 성과는 자신감이라는 긍정적 정서를 유발시켰다.

또 다른 도전

수업에서 쫓겨남은 학습자들이 학교생활이나 수업에서 갈등을 일으키는 원동력으로 작용한다. 학생들이 무슨 잘못이 있는지도 모른 채 수업에서 참여의 제한을 받는다면 그들의 슬픔은 더욱더 클 것이다. 이와 반대로 수업에 참여함은 학생들이 소속감과 책임감 그리고 긍정적 정서를 경험하는 원동력이 된다. 학생들이 신체활동을 통해 경험하는 성공의 체험은 '더 하고 싶다'라는 의지가 담긴 배움의 욕구를 만들었다.

> 성공할 때는 또 다른 것을 더 하고 싶은 의지가 생겨났다. <신수영>

> 나를 드러낼 수 있는 또 다른 것을 하면서 다른 친구들에게 나를 뽐냈다.
> <박세연>

일반적으로 체육수업에서 여학생들이 자신감을 얻는 것은 쉬운 일이 아니다. 이는 체육활동이 신체활동 위주이고, 경쟁적인 활동이 수반된 결과에 기인한다. 하지만 위의 상황에서도 여학생들이 신체활동을 잘 수행하거나 성공 또는 다른 친구들에게 눈에 띄는 모습은 또 다른 활동에 참여하고자 하는 의지와 욕구를 불러일으켜 주었다. 한 개인이 느끼는 존재감은 할 수 있다는 가능성과 성공 그리고 새로운 그 무엇을 찾아 나가는 계기를 통해 형성된다. 초등 예비교사들이 '또 다른 도전'을 할 수 있는 계기는 가르치는 사람들이 학생들에게 존재감을 드러낼 수 있는 적절한 방법의 활용을 통해 가능해진다. 따라서 학생들이 수업에서 성공을 경험하거나 '하는 것'과 '아는 것'의 조화로운 만남을 통해 활동에 긍정적인 참여를 유인할 수 있도록 수업을 운영해야 한다.

수업 참여의 동력(1): 내적인 측면으로 들여다보기

애덤 브룩스(Adam Brooks)는 "교육의 질은 교사의 질을 능가할 수 없다."라고 하였다. 이와 마찬가지로 학생의 수업 참여 동력도 교사의 수업 참여 의도가 어떻게 반영되느냐에 따라서 다르게 나타날 수 있다. 학생의 체육수업에 대한 참여 동력은 내적인 측면과 외적인 측면이 공존하였다. 내적인 측면의 수업 참여 동력(1)으로는 좋은 운동기능, 즐기는 힘 그리고 흥미가 있다.

좋은 운동기능

필자의 경험으로 볼 때 체육수업 참여의 동력은 운동을 잘하는 것이었다. 주어진 신체활동 과제가 어렵지 않고, 조금만 연습해도 실패보다는 성공을 맛볼 수 있는 경험의 기회가 증가할 때마다 그 활동에 몰입할 수 있었다. 초등 예비교사들도 자신이 운동을 잘 수행할 때, 수업에 적극적으로 참여하였다.

> 킨볼을 잘하는 기본 운동기능과 신체활동에 대한 호기심이 참여를 이끌었다. <서현우>

> 점차 나아지는 컬링 기능과 디스크 골프를 잘하기 위한 발전 가능성이 수업의 만족도를 높였다. <이주현>

초등 예비교사들은 수업에 흥미를 갖고 참여하였다. 기본 운동기능이 향상되었다는 생각과 더 잘할 수 있다는 기대감이 수업 참여를 높였다. 우리가 늘 경험하는 것이지만 하지 못하면 불안감과 패배의식을 갖도록 하고, 잘한다는 것은 그것에 대한 가능성과 기대감 그리고 자신감을 샘솟도록 한다. 체육수업이 신체활동을 하는 수업이기 때문에 신체적인 측면에서 목적적 가치 [신체활동에 참여하는 활동 그 자체]와 내용적 가치 [디스크 골프, 컬링, 피구 등의 신체활동 결과로 얻게 되는 해당 스포츠 지식, 기능, 경험, 예절 등의 총체]를 경험하도록 하는 것은 수업 참여의 동기 형성에 중요한 요소가 된다.

학습자들이 좋은 운동기능을 지니도록 하기 위해서는 공간의 크기를 작게 하여 참여의 기회를 주고, 그 과정에서 자신의 움직임의 질을 높여 나가도록 해야 한다. 비고츠키(Vygotsky)의 근접 발달이론 중 협동학습을 활용할 필요가 있다. 신체활동을 잘하는 학생과 잘하지 못하는 학생을 한 팀으로 구성하여 신체활동을 잘하는 학생은 연습의 기회를 그리고 신체 움직임을 잘하지 못하는 학생은 상대방의 도움을 받아 성장할 수 있도록 해야 한다. 협동학습은 움직임에서 소극적인 학생들이 멘토 역할을 하는 기능이 좋은 학생들과의 상호작용을 통해 신체활동에 대한 긍정적인 경험과 성장을 촉진하도록 한다.

즐기는 힘

수업 참여는 힘을 갖고 있다. 어떤 일이나 활동에 참여하는 것은 한 개인의 의지를 만드는 원동력이다. 필자는 그동안 테니스와 골프에 지속해서 참여하면서 내적 동기와 의지를 갖게 되었다. 초등예비교사들도 킨볼, 컬링, 디스크 골프 그리고 스포츠 피구에 참여하면서 성취감을 얻었고, 그 결과 그러한 행동을 지속하는 끈기와 의지를 경험하였다.

> 컬링 자체를 즐기면서 재미를 경험하였다. <제용욱>

> 킨볼 게임을 즐기다 보니 끈기도 생겼고, 참여 의지를 갖게 되었다. <오주현>

초등 예비교사들에게 신체활동 속의 재미는 즐거운 기분이나 느낌이 들도록 하고, 신체활동에 지속하도록 하는 계기가 되었다. 수업에서 재미는 학생 스스로가 만드는 것이 아니라, 교수자와 학습자와의 상호작용을 통해 형성되는 만큼 교수자의 관심을 무시할 수 없다. 교수자가 어떠한 취지를 갖고 어떠한 방법으로 활동을 안내하느냐에 따라 학습자들의 재미 요소는 달라질 수 있기 때문에 교수 방법적인 측면에도 지속적인 관심이 필요하다.

흥미

초등 예비교사들이 신체활동에 지속해서 참여하는 강력한 동기적 기제에는 흥미가 있다. 흥미는 어떤 대상에 마음이 끌린다는 감정을 수반하는 관심이다. "정서는 머리보다 앞선다."라는 이야기에서 알 수 있듯이 학생의 긍정적 정서는 신체활동을 담는 감정의 그릇이다. 학생의 흥미는 신체활동에 참여하는 강력한 정서적 측면의 동기로 작용하였다. 학생의 외부적 요인보다는 활동하는 그 자체의 내적인 활동의 움직임을 유발하였다.

> 스포츠 피구에 흥미를 느끼면서 계속 참여하였다. <손주현>

> 디스크 골프를 하고 나서 마음이 있으면 아무리 어려운 신체활동이라 하더라도 잘 버틸 수 있다는 사실을 알게 되었다. <백승주>

그동안 체육교육에서 흥미는 학습자의 참여를 가져오는 중요한 동기적 요소가 되었다. 교사들은 흥미를 학습 목표에 도달하기 위한 도구적인 수단으로 인식했지만 학생들은 수업 속에서 최종 목표로서의 가치를 부여하였다. 다만, 여기서 중요하게 생각해야 할 점은 내적인 측면에서 동기가 수업 참여의 중요한 요소이기는 하지만 체육교육에서 흥미 요인은 그 자체가 목표는 아니고, 수업 목표에 도달하기 위한 수단적인 요소임을 알아야 한다.

수업 참여의 동력(2): 외적인 측면으로 들여다보기

내적 동력이 학생 각 개인의 정신이나 마음의 작용에 관한 것이라면 외적 동력은 개인의 정신과 마음의 작용 이외에도 타인과의 관계 속에서 형성되는 다양한 요인들을 포함한다. 학생의 체육 수업 참여에 대한 외적인 동력(2)으로는 팀 구성, 승부욕과 성적 반영, 긍정적 피드백과 칭찬, 기회의 균등, 모델링의 대상: 교사 등이 있다.

팀 구성

팀은 운동경기의 단체, 즉 두 모둠으로 나누어 행하는 경기 [게임]의 한 모둠을 일컫는다. 이 과정에서 학생들은 팀 구성원으로서 소속감을 느끼게 된다. 소속감은 곧 여러 명의 구성원이 하나라는 인식을 심어준다. 팀의 소속감은 자신이 어떤 집단에 소속되어 있다는 느낌을 제공하는 강력한 외적 동인이다.

> '친구 따라 강남 간다.'라는 인식보다는 스포츠 피구를 할 때, 팀에 소속되면서 친구와 함께한다는 인식이 생겨났다. <김주한>

좋아하는 친구들과 킨볼 수업에서 팀이 되었고, 게임을 하면서 책임감을 느끼게 되었다. <이윤자>

우리가 알고 있는 "친구 따라 강남 간다."라는 말은 자신이 하고 싶지 아니하나 남에게 이끌려서 덩달아 하게 됨을 이르는 말이다. 주한이는 과거 신체활동의 참여가 타인의 손에 이끌려 참여하였다면 최근에는 팀원으로서 소속감을 느끼면서 친구들과 함께하면서 책임감 있게 자신의 역할을 수행해야 한다는 사실을 알게 되었다. 윤지의 이야기에서도 알 수 있듯이 팀은 책임감을 느끼고 신체활동에 참여하는 강력한 규제가 되었다. 팀 구성은 자신의 역할 수행은 물론 타인과의 관계 속에서 자신의 역할을 충실히 구현하도록 한다.

승부욕과 성적 반영

승부욕은 신체활동에서 상대와 경쟁하여 승부를 내거나 이기려고 하는 욕구나 욕심이다. 신체활동은 팀을 구성하여 움직이는 활동이 많다 보니 상대와의 경쟁 [게임] 활동이 주를 이루게 된다. 상대와의 경쟁에서 발생하는 승부에 집착하는 모습은 신체활동이 게임의 형태로 운영되는 과정에서 발생하는 자연스러운 측면이다. 초등 예비교사들은 자신의 노력을 기울이는 신체적·인지적 측면과 관련하여 타인과의 경쟁 속에서 빠른 움직임을 실천하면서 상대방보다 앞서기 위해 자신의 욕구를 표출하였다.

뉴스포츠 수업에서 승리에 대한 열망이 참여의 열정을 가져오도록 하였다. <구승모>

초등 예비교사들이 보여준 승부욕은 팀원에게는 팀의 성취를 위
한 활력소가 되었고, 상대 팀원들에게는 상대와 겨루기 위해 팀원
끼리 협력해야 하는 동기가 되었다. 승부욕은 타인과의 관계에서
자신의 성취는 물론 팀 성취를 위해 노력하는 외재적 측면의 동기
전략이다. 한편 성적을 반영하는 것도 수업에 참여하는 주원인으로
작용하였다. 학생들은 성적과 관련하여 높은 평가 점수를 얻기 위
해 활동에 지속하는 모습을 보였다.

학생의 수업 참여는 성적과 밀접한 관련을 맺는다. 교수자들이
평가와 관련하여 전달하는 한마디는 학습자들이 수업에 참여하는
외적 동력이 되었다. 물론 학생들이 자발적인 의지를 갖고 수업에
참여하지만 높은 점수나 성적을 얻기 위한 목표도 동기가 되어 수
업에 관심을 기울이도록 한다. 이는 학습자의 신체활동에 대한 참
여가 외적 요인의 작용으로 움직임을 유인한다는 것을 의미한다.
성적 반영과 관련된 외적 요인은 성적 산출 이외에도 자신의 성장
과 진보의 정도를 확인하면서 내면적인 변화를 가져오도록 해야
한다.

긍정적 피드백과 칭찬

피드백은 운동수행의 결과적인 정보인 동시에 운동수행의 질을 높이기 위해 제공하는 언어적·비언어적 메시지이다. 교수자는 학생들에게 운동수행과 관련하여 적절한 피드백을 제공해야 한다. 학생은 부정적인 피드백보다 긍정적인 피드백을 선호하는 경향이 있다. 학생은 칭찬을 받을 때, 해당 활동을 더 지속하기 위해 노력한다. 한편 꾸중을 듣거나 상대방으로부터 잘못했다는 비난의 이야기를 듣기라도 하는 날이면 활동으로부터 멀어지기 위해 이런저런 변명거리를 찾아낸다.

> 뉴스포츠 수업에서 잘된 점에 대해 긍정적 피드백을 받아서 좋았고, 활동에 더 열심히 참여하게 되었다. <백승주>

> 킨볼 게임을 잘하지 못했을 때도 격려를 받았고, 잘했을 때는 칭찬을 받아서 운동할 맛이 났다. <김주한>

초등 예비교사들은 긍정적 피드백과 칭찬을 받으면서 활동을 지속하였다. 교수자의 피드백과 칭찬은 학생들의 활동을 보고 제공하는 메시지이다. 학생들에게 어떤 메시지가 전달되느냐의 유무가 학습자의 움직임을 멈추게도 하고, 지속하게 만들기도 한다. 교수자는 학습자에게 비난보다는 할 수 있다는 격려와 칭찬을 통해 마음의 근육을 단련시켜 주어야 한다.

기회의 균등

수업 환경은 학습자들의 수업 참여에 큰 영향을 미친다. 교수자는 수업에서 학생들에게 학습자의 특성을 고려한 수준별 수업이나 모든 학생들이 참여할 수 있는 자기 주도적 학습 환경을 조성한다면 높은 성과를 가져올 수 있을 것이다. 초등 예비교사들은 수업에서 기회의 균등이 자신의 동기를 형성하고, 지속적인 참여를 통해 자신이 설정한 목표를 이루는 데 도움이 된다고 하였다. 기회의 균등은 학습자가 주어진 환경 속에서 동등하게 보장받을 수 있는 권리이다.

> 뉴스포츠 수업에서 모든 친구가 똑같이 참여할 기회를 줘서 좋았다.
> <신수영>

> 스포츠 피구를 할 때, 잘하는 애들만 참여하지 않고, 모든 친구가 참여할 기회가 주어져서 적극적으로 변할 수 있었다. <박세연>

초등 예비교사들은 운동을 잘하는 친구들만 수업에 참여하는 것이 아니라 모든 학생이 수업에 참여할 기회가 제공되는 것에 대해 큰 의미를 두었다. 수업 참여는 내적 측면도 있지만 외적 측면에서 기회가 주어진 것 그 자체만으로도 학생에게 가치를 부여하였다. 이러한 점을 고려해 볼 때, 기회는 곧 참여의 속성이 포함되어 있다는 점을 확인할 수 있다.

모델링의 대상, 교사

비고츠키(Vygotsky)는 아동의 인지발달과 관련하여 실제적인 발달 수준과 잠재적인 발달 수준 사이의 영역인 근접발달 영역을 제안하였다. 학생들은 뛰어나거나 성숙한 부모, 교사, 동료들과의 상호작용을 통해 높은 발달 수준에 도달할 수 있다. 교사의 역할은 학습자의 참여를 유인하는 좋은 방안이다. 수업에서 모델링은 교사의 역할이 학습자에게 전달되는 교육적 모습의 성과이다. 교수자는 학습자의 특성을 고려한 시범을 활용하면서 수업을 진행해야 한다. 무엇보다 학생들은 교수자를 역할모델로 인식할 때, 수업 참여의 지속성을 가져오게 된다. 교사가 수업에서 긍정적인 모습과 적절한 시범을 보이고, 학습자의 참여를 지속하는 수업 방식을 활용한다면 학생은 교사를 모델링의 대상으로 생각하면서 수업에 지속할 힘을 갖게 될 것이다.

> 교수님께서는 뉴스포츠 수업에서 우리 수준에 맞게 다양한 방법으로 시범을 보여주었다. <김주한>

> 디스크 골프 수업을 할 때, 던지기와 받기에서 쉬운 것부터 점차 어려운 활동으로 진행을 하였다. 단계적이고 점진적인 난이도 향상은 수업에 지속하는 힘이 되었다. 기능을 가르칠 때는 적절한 시범을 통해 우리를 수업 속으로 끌어들인 것이 좋다. <백승주>

초등 예비교사들은 교수자의 긍정적인 수업 분위기 조성과 학습자의 참여를 유인하는 수업 방식이 학습자의 역할모델에 중요한 단서가 된다고 하였다. 학습자 자신도 수업 참여를 가져오지만 외부적인 차원에서 교수자의 역량과 외적인 모습도 수업 참여를 이끌게 된다는 점이다. 학습자들은 수업에서 단계적이고 점진적인 활동으로 전개되는 부분을 긍정적으로 평가하였다. 학습자의 수업 참여는 교수자의 역할 수행에 따라 변화의 폭과 크기를 달리할 수 있다.

목표를 향한 의지의 표출, 지향점을 말하다

교수·학습은 교수자가 의미 있는 내용을 전달하여 학습자들이 주어진 수업 목표에 도달할 수 있도록 이끄는 의미 있는 작업이다. 이 글에서 '수업 참여함'의 의미는 수업 속의 '나', 존재감의 원천, 수업 동력(내적·외적) 등으로 분류하였다. 각각 세 범주는 목표를 향한 의지의 표출, 즉 지향점과 관련하여 교수자와 학생과의 수평적 관계, 학습자 자신의 주체성 그리고 수업 공간의 활용 측면으로 구분된다. 여기서 지향점은 사람 [초등 예비교사들]이 어떤 대상에 의미를 부여하고자 할 때 삼고자 하는 궁극적인 근거를 말한다.

먼저 교수자와 학생과의 수평적 관계를 살펴보자. 학생들은 수업에 참여하면서 교수자의 수직적 구조 속에서 전달되는 상하관계보다는 수평적 구조 속에서 상호작용하는 동등한 모습을 보였다. 교수자는 학생들이 수업에 참여할 수 있도록 긍정적인 수업 분위기를 조성하였고, 모둠원들과의 상호작용을 유도하였다. 이는 학습자 자신이 타인과 상호작용하면서 수업에 참여할 수 있는 동인이 되었다. 학습자들은 다양한 역할을 부여받았고, 모둠원들과 협력하면서 수업에 참여하는 과정에서 자신의 존재감을 표출하였다. 학생들의 존재감은 타인과의 상호작용 과정에서 자신이 맡은 역할을 완수하면서 두각을 나타냈고, 타인의 주목받기를 통해 완성되었다. 수업은 관계성 속에서 이루어지는 작업이다. 교사와 학생과의 관계, 학생과 학생과의 관계 등이 수업 활력의 중요한 요인이다. 이 글에서는 교사와 학생과의 관계가 수직적인 관계가 아니라 수평적인 관계 구축이었고, 학생과 학생과의 관계도 서로가 함께 땀 흘리며 활동에 참여하면서 무르익었다.

교수자는 학습자들에게 팀 편성과 긍정적 피드백 그리고 모델링 (시범)의 대상이 된 부분이 수업에서 허용적인 분위기를 통해 학생들이 수업을 만끽할 수 있는 체험의 구조를 제공한 것으로 나타났다. 수업 참여는 다양한 동력이 영향을 미친다. 교수자와 학습자와의 관계 속에서 수업 환경과 긍정적 수업 분위기를 조성하는 외적인 측면은 학습자들이 수업에 지속할 수 있는 원천으로 작용한다. 신체활동에서 팀(모둠)은 소속감과 책임감을 증진하는 데 중요한 역할을 하였다. 내가 속한 곳은 어디이고, 자신이 속한 집단에서 무엇을 해야 한다는 역할 부여는 책임감을 느끼도록 하는 실마리가 되었다. 교수자의 긍정적 피드백과 주요 활동에 대한 학습자 수준에 맞는 시범은 학생들이 신체활동에 참여하는 동기로 작용하였다. 교수자가 학습자들에게 추구하는 목표를 향해 관심을 기울이는 모습은 학습자의 성장과 변화를 지향하는 부분이다. 결국 교수자가 학습자를 향해 내비치는 알력이나 상하관계의 지향성보다는 서로의 성장을 위해 노력하는 공동의 목표 추구 지향성임이 확인되었다.

다음은 학습자 자신의 주체성에 대해 살펴보자. 학생들이 경험한 주체성은 위에서 언급한 교수자와 학습자와의 수평적 관계구조와 무관하지 않다. 이 글에서는 교수자와 학습자와의 수평적 관계구조를 전제로 학습자 자신이 경험한 주체 인식 측면을 토대로 살펴보고자 한다. 학생들은 좋은 운동기능, 즐기는 힘 그리고 흥미를 통해 자신이 수업의 주체임을 자각하였다. 학습자가 수업에서 활력소를 경험하고, 신체활동에서 모둠원들과 상호작용을 지속하기 위해 자신의 기본 운동기능을 무시할 수는 없다. 이는 학생들이 기본 운동기능을 지니고 있을 때, 수업에 적극적으로 참여하는 계기가 된 것과 맥을 같이한다. 신체활동에서 중요한 것은 자신감이다. 자신감은 무엇인가를 할 수 있을 때 생성되는 마음의 동력이다. 그리고 자신감의 원천인 운동기능은 학습자들이 수업에 참여하고 있을 때 느끼는 최고의 기법적 측면의 역량이었다. 즐기는 힘과 흥미 또한 학생 각 개인의 내적인 측면으로 자신의 주체성을 높이는 동기 요소가 된다. 학생들이 수업 시간에 참여한다는 것은 수업의 권리를 누리는 것이고, 이는 학생으로서 지닌 교육의 본질을 찾아 나선 것이다.

끝으로 수업 공간의 활용 측면에 대해 살펴보자. 학습자들은 체육수업의 공간으로 운동장과 체육관을 선택한다. 이들은 그곳에서 자신의 신체를 자유롭게 움직이고, 왼쪽과 오른쪽 그리고 앞과 뒤 등의 방향으로 이동하면서 자신의 움직임 기량을 발휘한다. 위에서 언급한 교수자와 학습자의 수평적 관계 그리고 학습자의 주체성은 바로 수업 공간 속에서 결실을 거두게 된다. 학습자들은 수업 공간에서 모두가 평등한 존재로 인식된 가운데 학습 내용 발달 측면에서 단계적이고 점진적인 변화를 경험할 때, 수업 속에서 성장하게 된다. 학습자의 수업 성장은 운동장이나 체육관이라는 장소를 통해 이루어진다는 측면을 볼 때, 신체활동이 이루어지는 장소적 특성은 수업 참여와 관련하여 중요한 공간적 역할을 한다.

전현욱[1]의 연구에서 아이들이 수업의 주체로서 당연히 있어야 할 공간으로서 교실을 중요시하고, 그곳에 존재하기 위해 용서를 구하고, 살얼음판을 걷는 것과 같은 수업 현상이 드러나는 측면은

---

1) 전현욱(2017), 「수업 시간에 쫓겨남의 의미」, 『학습자중심교과교육연구』, 17(19), 381-406.

공간 속의 존재를 자각하고, 그 속에서 머물기 위한 간절함이 묻어난다. 이 글에서 수업 공간인 운동장과 체육관은 학습자들이 수업 참여의 의미를 느끼고, 존재감을 드러내며, 신체활동을 지속할 수 있는 내·외적인 동력의 원천이었다. 위에서 언급한 목표를 향한 의지의 표출인 지향점은 독립된 것이 아니라, 서로를 향해 지원하는 조력자의 역할을 한다는 점을 기억해야 한다. 체육수업은 인간 행동의 의도적인 결과를 지향하며, 교수자와 학습자, 교육 내용 그리고 체육의 공간적 특수성 [운동장 또는 체육관]이 반영된 상호작용의 산물이다.

지금까지 초등 예비교사들이 뉴스포츠 강좌에 참여하면서 기록한 체육 일기를 토대로 도출된 수업 참여의 의미와 목표를 향한 의지의 표출, 즉 지향점을 분석하고 해석하였다. 수업 속의 나에서는 모둠의 구성원, 역할 수행 그리고 팀 성취에 도움 주기 등이 도출되었다. 존재감 측면에서는 상호작용, 주목받기 그리고 또 다른 도전이 범주화되었다. 수업 참여의 내적 동력과 외적 동력 등으로 각각 범주화하였다. 그리고 초등 예비교사들은 '수업'과 '체육관'에 대해 교수자와 학생과의 수평적 관계, 학습자 자신의 주체성 그리고 수업 공간의 활용 측면이라는 지향점을 표출하였다. 이처럼 연구 수행 과정에서 학습자들이 수업에 참여하는 의미와 가치 그리고 그들이 추구하는 수업의 생생한 모습을 확인하였다.

나는 수업 참여가 갖는 의미에 관한 글을 쓰고 글쓰기를 회상하면서 그 당시 수업의 모습을 지금 이 순간으로 가지고 왔다. "나는 지금 뉴스포츠 강좌를 운영하고 있다. 학생들은 강좌 시간보다 30분 전에 체육관으로 한두 명씩 들어오고 있다. 나는 강좌가 시작되기 40분 전에 체육복을 입고 체육관으로 올라와서 수업 준비를 하고 있다. 오늘 진행될 수업의 전개구조 [수업 시작-수업에서의 주요 활동-수업 마무리의 내용이 포함된 수업 절차인 '이해, 체험, 소통'의 구조]를 확인한 후, 수업 교구 준비와 수업에서 학생들의 주된 활동으로 활용될 과제구조를 머릿속에 그려놓고, 학생이 들어오기를 기다렸다. 오후 4시 정각이 되자 모든 학생이 뉴스포츠 수업에 들어왔다. 이제부터 수업 시작이다." 필자는 이 글의 소재가 되었던 뉴스포츠 강좌를 운영하였던 내용과 똑같이 지금도 수업을 진행하고 싶다. 본 연구의 글쓰기를 토대로 이전에 찾지 못한 부분에서 다음을 주목하였다.

첫째, 이 글에서는 뉴스포츠 수업에 대한 참여함의 의미를 부정적 측면보다는 긍정적 측면에서 살펴보았다. 하지만 수업은 긍정적 측면 못지않게 부정적 측면도 내재되는 만큼 향후 글쓰기에서는 수업 속에 나타나는 수업 참여, 수업 일탈, 수업에서 쫓겨남 등과 관련된 다양한 측면을 탐색해야 한다. 이러한 글쓰기는 해당 수업이 지니는 교육적 또는 비교육적 측면을 이해하고, 학습자의 참여와 수업을 어떻게 지속할 수 있는지에 관한 방안을 제시할 것이다.

둘째, 교수자가 수업에서 무엇에 주목하는지를 탐색한다면 자신의 수업에 대한 의도와 의미를 확인하고, 학습자의 성장과 변화를 지향해낼 것이다. 수업에 대한 고민은 교수자 측면도 중요하지만 학습자 측면도 중요하다. 학생들이 수업에서 무엇에 주목하는지, 주목하는 이유는 무엇인지 그리고 학습자 자신의 수업 참여와 의미 있는 수업 진행을 위해 교수자가 무엇을 어떻게 해주기를 바라는지를 수업 주목하기의 관점에서 탐색하는 것도 의미 있을 것이다.

제4장

대학교수의 체육을 하는 삶과
경험을 말하다

대학교수는 교육, 연구 그리고 봉사하는 삶을 통해 변화하고 성장한다. 이 장에서는 대학교수가 초등 1정 연수를 운영하면서 주목한 내용은 무엇인지, 다른 많은 내용 중에 왜 그 부분에 주목했는지를 구체적으로 탐색하였다. 그리고 교수가 대학에서 기능을 익히기 어려운 골프수업에서 어느 부분에 초점을 두는지, 그러한 의도는 무엇이었는지를 통해 골프의 문화 속에 잠재한 내부 가치들을 확인하고자 한다.

대학교수는 초등 1정 연수에서
무엇에 주목했는가[*]

　나는 체육수업에서 활용하는 수업 전략과 수업 모형 그리고 다양한 교수 기술에 높은 관심을 두고 있다. 실제로 수업을 운영하는 과정에서도 위에서 제시한 수업 모형과 전략들을 활용한다. 그동안 교원연수나 스포츠 교육 관련 학술대회에서도 위의 내용은 많이 다루어졌다. 수업을 지도하는 교수자들은 효율적인 수업 운영을 위해 다양한 교수·학습 방안을 검토하고, 수업에 활용해야 한다. 수업 운영과 관련된 교수자들의 노력은 학습자의 학업성취와 밀접하게 연결된다. 가르치는 것과 관련하여 현장 교사들의 전문성은 전문적 학습 공동체나 각종 연수를 통해 고양된다. 교사들이 참여하는 연수 중 초등 1정 연수는 학교 현장에 부임한 후 3~4년이 되면 대상자가 되고, 연수를 받으면 초등 1급 정교사가 될 수 있다.

　학교에서 1급 정교사는 다양한 업무를 관할하는 부장이 될 수 있는 조건이다. 나는 이번에 위의 역할을 수행하게 될 2급 정교사들에게 전체 32개 강좌 중 한 강좌를 운영하였다. 강좌명은 '체육과 수업 전개구조와 수업 주목하기'이고 집합 연수로 진행되었다. 초등 1정 연수(초등 1급 정교사 자격연수의 줄임말)의 내용 중 4시간으로 이루어진 강좌이다. 이번 초등 1정 연수는 총 98시간으로 편성되었다(집합 연수 21시간, 원격 연수 54시간, 온라인 ZOOM 23시간). 과거 연수와 달리 '코로나 19' 팬데믹으로 인해 집합 연수를 최소화

---

[*] 고문수(2020), 「초등 1정 연수에서 주목한 교수 경험에 관한 셀프연구」를 주제로 『한국초등체육학회지』에 투고한 내용을 수정·보완하였다.

하고, 원격 연수와 온라인 연수를 대폭 확대 편성하여 운영되었다.

 이 글에서는 초등 1정 연수의 전반적인 운영과정이 어떻게 진행되었고, 그 과정에서 교수자가 연수의 시작부터 마무리되는 시점까지 어떤 측면에 중점을 두면서 연수를 운영하였는지를 탐색하였다. 그동안 초등 1정 연수 관련 연구에서는 1급 정교사 연수 문화의 개선 방안, 연수 만족도 분석, 연수 프로그램 분석 등이 수행되었다. 위 연구에서도 알 수 있듯이 기존 연수에서는 연수 프로그램이나 연수 문화 등을 통해 전반적인 연수의 방향을 이해할 수 있었다. 다만 세부적인 측면에서 연수 강좌의 내용이 어떻게 운영되는지, 그 과정에서 교수자는 무엇에 집중하고, 연수 참여자가 이해한 내용은 무엇이었는지 등 한 종류의 연수 강좌가 지니는 의미와 가치를 분석하지는 않았다. 만약, 강좌별로 어떤 부분에 주안점을 두었는지, 그렇게 한 이유를 밝히는 연구가 진행된다면 강좌별로 연수자의 취지를 이해할 수 있고, 연수에 참여하는 학습자의 반응을 확인할 수 있을 것이다. 나는 연수 프로그램의 한 강좌 [체육과 수업 전개구조와 수업 주목하기]가 초등 1정 연수에서 어떤 의미가 있는지, 연수자가 강좌의 운영 전반에 대해 고민하는 것은 무엇이고, 그러한 고민을 어떻게 녹여내는지를 두 가지 측면으로 탐색하였다.
 첫째, 체육과 수업을 이끄는 구조적인 틀인 '도입, 전개, 정리'의 흐름을 '이해, 체험, 소통'의 구조로 전환하는 것의 의도와 방향성을 탐색하였다. 그동안 학교에서 이루어지는 모든 수업은 일련의 단계를 갖고 진행되었다. 초등 현장에서는 40분 단위의 수업을 '도입, 전개, 정리'의 시간 단계 흐름에 초점을 두고 진행하였다. 결국 시간의 흐름에 따라 활동이 진행되면서 활동이 마무리되는 과정을 거쳤다. 그러다 보니 시작 단계에서 제시한 수업 목표와 교사의 의도가 수업과정에서 어떻게 생성되고, 수업의 마무리 단계에서 교사 의도가 수업 활동과 어떤 관련성을 맺는지를 확인하지 못하였다. 이러한 측면을 고려하여 수업이 이루어지는 절차 내지는 흐름을 목표 중심의 수업인 '이해, 체험, 소통'의 구조로 상정하고자 한다. 이는 시간 단계의 흐름에서 주목하지 못한 목표 중심의 수업을 지향하고, 교사의 의도가 수업의 전 과정에서 드러나도록 할 것이다.

둘째, 체육과 수업 전개구조에서 교수자가 '주목하는 수업 측면'을 확인하여 교수자와 학습자와의 상호작용과 긍정적 피드백을 제공하고, 교수자에게는 수업에 대한 반성적 성찰의 관점을 통해 좋은 수업을 만들고자 한다. 이 글에서는 가르치는 교사의 노력과 관심에 집중하고자 교수자가 수행하는 수업에 초점을 두었다. 수업 주목하기는 수업의 상호작용 과정에서 고안된 개념으로 교수자 측면에서 수업 과정에 선택적으로 관심을 둔다. 이때 교사는 자신의 수업 지식을 토대로 수업 상황을 해석하고 적절한 반응과 피드백을 제공한다. 교수자들은 수업하는 과정에서 학생과 수업 내용을 공유하면서 학습 분위기의 조성과 학생들의 참여를 유도하기 위해 노력한다. 수업 주목하기는 현직 또는 예비교사들이 학생들의 사고에 적합하면서도 반응하는 효과적인 수업을 할 수 있도록 학생들의 사고과정에 대한 교사의 수업 주목하기 능력을 향상하도록 한다.

그동안 수업 주목하기에서는 수업을 촬영한 영상을 보고, 교사가 수업에서 주목하는 측면의 범주 비율과 교사의 교수법 및 학생의 지식과 사고에 주목하였다. 다만 수업 영상을 토대로 수업에서 주목한 부분을 탐색하였기 때문에 교사들이 수업을 운영하는 실제적인 맥락과 의도를 파악하기가 쉽지 않았다. 연구자들이 수업을 비평하거나 인터뷰를 할 때, 실제 수업과는 다르게 수업 영상을 해석하고 주목할 수 있다는 문제점이 있었다. 수업 주목하기는 교수자들이 수업하는 자신의 교육적 실행에 대해 끊임없이 성찰하면서 수업을 반성할 때, 좋은 수업을 운영할 수 있는 실마리가 될 수 있다.

이 글에서는 대학교수가 초등 1급 정교사 자격연수에서 운영한 '체육과 수업 전개구조와 수업 주목하기'를 통해 초등교사에게 안내하는 교육적 취지와 방향 그리고 연수 과정에서 수업 주목하기를 하는 의도가 무엇인지를 탐색하였다.

연수의 흐름에 주목하다

교원연수1)는 학교에서 학생을 가르치는 교사가 전문성을 확보하여 학생들에게 도움이 되는 방안을 마련하기 위해 진행된다. 교원연수는 연수 대상자들에게 의미 있는 교육적 성취를 위해 일정한 구조를 담아서 운영되는 특징이 있다. 이때 교수자의 의도가 강하게 드러나기는 하지만 해당 연수생들에게 적합성이 높은 수업 지식을 제공하게 된다. 이는 향후 연수생들이 담당하는 학생들에게 의미 있는 내용 요소를 제공하여 그들의 성장에 도움을 준다. 연수는 교사 자신의 성장은 물론 교사들이 만나는 학생들의 성장에 도움을 줄 수 있는 내용 요소를 담고 있다.

---

1) 이 글에서 '교원연수'라는 용어는 문맥에 따라 '연수'라는 용어로 혼용하여 사용하였다.

필자 [나]는 연수의 전체적인 흐름에 주목하여 이 연수를 받는 현장 교사들이 수업의 안목을 증진할 수 있도록 하였다. 전체적인 구조의 흐름과 각각 흐름에서 다음을 주목하였다. 나는 연수의 도입에서 이 강좌의 의도를 설명하였고, 그 의도에 맞게 내용을 어떻게 구성하여 제시하였는지를 설명하였다. 연수생들이 해당 강좌의 운영 방안이나 탐색해야 할 관점을 알게 된다면 강사의 의도를 정확히 파악할 수 있고, 해당 내용이 전개될 때마다 연수 내용과 관련하여 주도성을 갖고 연수에 참여하게 될 것이다. 여기서 연수생의 주도성은 연수생 자신의 삶과 학습의 목표를 정하고 책임감 있게 참여하는 가운데 다양한 역량을 습득하는 데 도움이 된다. 이러한 역량은 학습자와의 상호작용으로 활용될 수 있다. 다음은 연수 내용 중 '들어가는 글'에서 주목한 부분이다.

(1) 오늘 연수에 함께 참여한 선생님도 자신의 수업이나 교육적 사고와 관련하여 본 강사와 유사한 상념에 잠겨 있을 것으로 생각한다는 의미를 전달하기
(2) 연수생들이 체육수업에서 어떤 목표를 설정하고 어떻게 달성할 것인가와 관련하여 동기를 유발하기 ① 체육과 핵심역량과 체육교육의 방향을 고려하여 수업의 내용을 구안해야 한다. ② 수업 전개 구조와 수업 주목하기는 좋은 수업을 만드는 출발점이다.

(1)은 자신의 수업과 교육적 사고에 대해 깊이 있는 고민의 흔적을 드러낼 때 수업이 더 잘 이루어질 수 있고, 그 과정을 거치면서 학생들이 교수자의 의도를 파악할 수 있으며, 수업 내용을 더 잘 이해하게 된다는 부분을 안내하기 위해 제시한 설명이다. '나'와 연수생이 서로 신뢰관계를 형성하여 주어진 강좌의 내용을 깊이 있게 이

해한다면 본 연수에서 의도한 부분과 관련하여 상호작용을 잘할 수 있을 것이라는 의도가 담겨 있다. 좋은 연수는 연수자의 고민과 연수 참여 교사의 고민이 함께 교류될 때, 의미 있는 방향이 될 수 있다.

> 처음에 연수의 취지와 연수에서 무엇이 중요한지를 언급하는 이야기를 듣고, 연수자가 많은 고민을 하고 있다는 생각이 들었습니다. 수업을 진행할 때, 필요한 부분을 언급해 주셨는데, 그것이 좋았습니다. <A교사와의 인터뷰>

(2)는 수업에서 목적의식과 관련된다. 가르치는 사람이 차시별로 어떤 목표를 갖고 있고, 그러한 목표를 달성하기 위해 무엇을 알고 실천해야 하는지에 대해 주목한 내용이다. (2)의 ①은 체육과 수업을 통해 학생들에게 무엇을 제공해야 하는지와 관련된 측면을 강조한 부분이다. 학생들이 체육수업 내용을 배우고 나서 얻게 되는 교육적 성취인 동시에 그 교육적 성취를 가져오기 위해 수업에서 학생들에게 어떤 내용을 포함하여 진행해야 하는가와 관련되어 있다. 이는 학생들에게 체육과 역량을 함양하는 데 체육교육에서 어떠한 교수법을 활용하면 좋은지의 방안을 제시하기 위한 관심사이다. (2)의 ②는 체육과 수업에서 목표 중심의 수업을 진행하는 데 필요한 수업 절차의 흐름과 학생들에게 가르치는 수업 내용 중 해당 내용을 선택한 의도가 무엇인지, 그 부분과 관련하여 학생들은 어떻게 참여하는지, 가르치는 사람은 학생의 성장을 지원하는지 등 반성적 관점을 탐색하기 위해 주목한 부분이다. (2)의 ② 내용 중 수업 주목하기는 체육수업에서 주목하기가 필요한 이유와 주목하기의 방법을 통한 학습자 및 교수자의 성장과 밀접하게 관련되어 있다.

체육과 핵심역량과 체육교육의 방향을 안내하다

이 글은 교수자와 학습자 간의 상호작용이 이루어질 때, 수업 효율성이 높아질 수 있다는 근거를 토대로 진행되었다. 교수자가 어떠한 의도를 갖고 연수를 진행하는지, 여러 내용 중 본 내용을 선정하여 운영한 의도는 무엇인지, 선정된 내용으로 지도한 것이 연수생들의 성장에 어떤 도움이 될 수 있는지, 교수자가 연수에 임하는 자세는 어떠해야 하는지 등을 탐색하였다.

체육 핵심역량

체육과 핵심역량은 체육을 통해 학습자들이 무엇을 배워야 하는가에 대한 나침반 역할을 한다. 체육의 핵심역량은 신체활동을 통해 얻는 지식, 기능, 태도적인 측면에서 내용 요소의 통합을 통해 해당 영역의 역량을 신장하는 데 필요하다. 2015 개정 체육과 교육과정에서는 체육과 역량을 영역별로 제시하였다. 건강 영역은 건강관리 능력을, 도전 영역은 신체수련 능력을, 경쟁 활동은 경기수행 능력을, 그리고 표현활동에서는 신체표현 능력을 제시하였다.

본 연수에서는 국가별로 핵심역량의 구성요소들이 다를 뿐만 아니라, 핵심역량의 구성요소를 상세히 제시할 경우 교과별 교육과정 재구성과 운영의 자율성을 침해할 수 있으므로 다양한 구성요소를 포괄하는 대범주를 다시 설정하여 핵심역량을 제시하였다. 이는 향후 학교나 교사가 총론이나 교과 교육과정 수준에서 관련된 주요 핵심역량을 선별하거나 조직할 때 대범주의 의미와 범위 내에서 핵심역량을 유연하게 재구성하는 데 도움이 된다. 즉 핵심역량 측면에서 교과별로 교육과정을 재구성할 때 교과별 특성을 반영하여 핵심역량의 대범주를 규정하는 하위요소들을 자율적으로 재구성하는 데 도움이 된다.

물론 대범주별로 어떠한 핵심역량을 가르치고 학습할 것인지를 결정하는 것은 단위학교나 교과 또는 교사의 몫으로 남아 있다. 나는 체육과 핵심역량으로 이광우 외 3인[2])이 핵심역량으로 제시한 개인적 역량, 학습 역량 그리고 사회적 역량의 3대 대범주를 수용하되 최근 쟁점이 되는 창의·인성적 측면을 강조하여 체육 지성 역량으로 분류하였고, 그 밖의 영역을 통합적으로 재구성하여 지성 역량과 사회성 역량으로 분류하여 제시하였다. 이 글에서 신체적 역량을 따로 구분하지 않은 것은 체육 인성, 체육 지성 그리고 체육 사회성 역량의 전제가 신체활동을 기본으로 하고 있기 때문이다. 체육을 통한 신체적 역량은 다른 핵심역량 대범주의 원천으로 작용하고 있음을 기억해야 한다. 나는 위에서 재구조화한 체육과 핵심역량의 세 가지 대범주의 개념과 구성요소에 주목하면서 연수하였다.

(1) 체육과 핵심역량의 개념과 구성요소를 전달하기 ① 체육 인성 역량의 개념을 설명하고, 역량에 포함되는 핵심역량의 구성요소를 제시하였다. ② 체육 지성 역량의 개념을 설명하고, 이에 포함되는 핵심역량의 구성요소를 제시하였다. ③ 체육 사회성 역량의 개념과 이에 포함되는 핵심역량의 구성요소를 제시하였다.

(1)은 체육과 역량을 건강, 도전, 경쟁, 표현, 안전 영역별로 제시

---

2) 이광우·전제철·허경철·홍원표(2009), 「미래 한국인의 핵심역량 증진을 위한 초·중등 교육 교육과정 설계 방안 연구」, 한국교육과정평가원 연구보고 RRC 2009-10-1.

하고, 각각의 영역별로 통합성을 구현하도록 한 방안을 재구성하여 역량을 영역별이 아닌 어떤 영역이든지 핵심역량을 체육 인성, 지성, 사회성으로 일원화하도록 하였다. 이는 학생들이 어떤 영역의 신체활동에 참여하든지 체육이 추구하는 목적인 심동적·인지적·정의적 측면의 통합적 안목을 형성해 주는 측면과 통일성을 기하려는 의도가 포함되어 있다.

(1)의 ①은 체육 인성 역량의 개념으로 체육을 통해 품성을 함양하도록 한다는 측면을 강조하기 위해 제시하였다. 인간의 성품(품성) 계발과 관련된 체육 역량으로 자기 존중, 수용, 잠재력 개발, 자기 통제와 조절 능력 등 개인 차원이나 개인과 타인의 만남 속에서 발생하는 관계 개선에 필요한 역량의 구성요소들이 요구된다. (1)의 ②는 체육 지성 역량의 개념으로 체육에 관한 인지적 안목을 증진하는 것으로 설정한 부분이다. 학습 역량과 창의적 사고 능력 등을 포괄하는 것으로 기본 소양 준비를 기초로 문제를 해결하고, 그 과정에서 비판적 사고와 창의적 사고를 발휘하는 데 필요한 역량의 구성요소들이 요구됨을 강조하였다. (1)의 ③은 체육 사회성 역량의 개념으로 체육에 참여하면서 사회화를 촉진하는 부분이다. 사회생활 능력과 직무수행 능력을 포괄하는 것으로 사회적 소통을 중시하고 참여를 통해 문제를 인식하여 사회생활에서 자신의 위치나 진로를 개척해 나가는 데 필요한 역량을 제공하기 위함이다.

반면, 본 연수에 참여한 C교사는 연수자의 의도는 알지만 현장 체육수업에서 한정된 시간에 역량을 활용하기가 쉽지 않다고 하였다. 실제로 수업의 양을 해결하는 데 급급한 나머지 활동 중심의 신체활동을 하는 데 많은 시간을 보낸다고 하였다. 연수를 진행한 교수자의 의도가 연수생들에게 잘 드러나기 위해서는 체육수업의 운영 방향에 대한 설명이 추가되어야 하고, 역량과 관련하여 현장에서 활용할 수 있는 실제적인 방안에 대한 검토가 필요함을 인지할 수 있었다.

> 체육수업에서 핵심역량이 드러나도록 가르치는 방법을 잘 모르겠습니다. 가르쳐야 하는 내용은 많은데 각각을 지도할 때마다 모두 역량과 관련하여 지도해야 하는지도 잘 모르겠고, 실제로 체육수업에서 역량이라는 단어도 낯설게 느껴집니다. <C교사와의 인터뷰>

체육교육의 방향

위에서 제시한 역량이 학습자의 성장에 도움이 되기 위해서는 학습자들이 체육을 통해 체육 인성, 체육 지성, 그리고 체육 사회성을 신장해 나갈 수 있는 구체적인 방안이 요구된다. 나는 체육교육의 방향으로 체육과 교육과정에서 제안한 교수·학습의 방향과 체육교육에서 과학적 관점과 인문적 관점의 활용 방안에 주목하였다.

> (1) 학습자의 체육 역량의 함양은 교수자의 의도와 계획이 활동 속에서 의미 있게 탐색될 때 만들어지는 방안임을 설명하기 ① 체육과 교육과정에서 제안한 교수·학습의 방향 중 신체활동에 소극적으로 참여하는 학생들에게 적합한 수업의 방향에 대해 언급하였다.
> (2) 체육교육에서 과학적 관점과 인문적 관점의 활용 방안의 취지를 설명하기 ① 과학적 관점은 수업의 질을 개선하는 데 도움이 된다. ② 인문적 관점은 학습자의 전인적 발달에 중요한 역할을 한다.

나는 학생들이 신체활동에 참여하여 즐거움과 자신감을 얻고, 또래 학생들과 긍정적 상호작용을 경험하기를 원한다. 이를 위해서는 모든 학생이 신체활동에 참여할 기회가 주어져야 한다. (1)의 ①은 신체활동에 소극적으로 참여하는 학생이 신체활동에 흥미를 갖고 참여할 기회를 제공하려는 의도가 있다. 나는 체육과 교수·학습의 방향 중 '맞춤형 교수·학습 방법의 선정과 활용'에 주목하였다. 맞춤형 교수·학습의 방법은 다양하다. 이 중 교수전략은 수업에서 학습자의 참여를 조장하거나 주어진 과제를 잘 해결해 내는 데 도움이 된다. 나는 교수전략 중 포괄형 교수(수준별 교수)에 주목하였다. 유연성을 측정하기 위해 림보를 하는 경우에 높이가 점점 낮아지면서 다수의 학생이 실패의 경험을 맛보게 된다. 이는 결국 참여를 낮게 만드는 원인이다. 나는 소극적인 학생도 림보에서 참여의 기회와 성공을 맛보도록 림보의 바(줄)를 경사지게 만들어야 한다는 점을 제안하였다. 그래야 모든 학생이 탈락 없이 자신의 목표 지점을 정해 놓고 계속해서 도전할 기회를 얻게 된다.

(2)에서 체육과 역량 함양을 위한 교수·학습이 되기 위해서는 체육교육의 효율성과 통합성이 요구된다는 점에 주목하였다. (2)의 ①은 직접적인 신체활동을 통해 체육 역량을 체화하는 것과 직접적인 체험이 어려운 부분에 대해서는 다양한 과학기술의 활용을 통해 학습자들의 역량을 신장시켜 주는 방안에 초점을 두었다. 직접적인 체험이 어려운 체육교육에서는 미래 교육의 환경 변화 속에서 대두된 지식정보사회로의 변화와 과학기술의 변화 요소들을 직접 체험 활동에 가미하면 된다. 축구, 배구, 야구, 테니스 경기 등에서 판독 시스템의 활용과 체육교육 활동에 제한을 받는 체육의 경우에는 가상현실(virtual reality) 또는 증강현실(augmented reality)을 활용한 수업 방안들을 고려하면 수업의 효율성을 높일 수 있다. 디지털 기

술의 발달은 애플리케이션을 이용하여 교육 수혜자들의 건강관리와 체력 정보들을 제공하는 데 도움을 줄 수 있다는 측면에 주목한 부분이다.

(2)의 ②는 체육교육이 운동기능의 학습에서 벗어나 통합적인 안목을 갖출 수 있도록 인문적 관점에 주목한 부분이다. 인문적 관점은 학생들이 체육에 참여하면서 신체활동에 내재한 끈기, 인내, 책임감, 타인 배려 등의 교육적 가치를 체화할 수 있도록 한다. 수업에서 등장하는 다양한 갈등의 상황과 갈등 요소에 매몰되기보다는 교육적 관점에서 문제를 해결하기 위한 상호작용에 초점을 두어야 한다. 한편 연수에 참여한 B교사는 연수진행자와 달리 현장에서 수업을 하다 보면 교육적 의도와 목적이 잘 반영되지 않는 경우가 있다고 하였다. 주로 체육수업이 실기활동을 하는 것에 초점을 두다 보니 교육적 의도나 방향을 고려하는 것이 쉽지 않다고 하였다.

> 수업할 때, 활동 중심으로 이루어지다 보니 과학적 관점이나 인문적 관점에 대해서는 생각을 잘 안 했던 것 같습니다. 한 시간에 마쳐야 하는 내용이 있으므로 그 활동을 수행하기에 바빴던 것 같습니다. <B 교사와의 인터뷰>

체육과 수업 전개구조와 수업 주목하기에 초점을 두다

수업은 학습자의 성장을 돕는다. 학생의 성장은 교사의 의도적이고 계획적인 활동 속에서 대두된다. 교사가 어떠한 생각과 의도를 지니고 수업을 운영하는가는 수업의 결과를 의미 있게 만드는 중요한 작업이다. 이 글에서는 교사의 수업 의도성과 의도성의 결과로 학습자에게 드러나는 교육 측면 중 '체육과 수업 전개구조'와 '수업 주목하기'의 구체적 사례와 의미를 기술하였다.

체육과 수업 전개구조

수업은 학습자의 통합적 성장을 돕는다. 학생의 성장은 교사의 의도적이고 계획적인 활동 속에서 만들어진다. 교사가 어떠한 생각과 의도를 갖고 수업을 운영하는가는 수업의 결과를 의미 있게 만드는 중요한 작업이다. 체육교육의 목적은 학생들이 신체활동을 통해 심동적·인지적·정서적 측면의 통합을 가져오는 것이다. 그러나 지금까지는 이 부분이 실천 속에서 잘 드러나지 못하였다. 최근 체육수업에 참여한 학생들을 보면 인지적인 부분과 신체적인 부분에 대해서는 어느 정도 이해를 하는 듯 보이나 정서적인 측면에 대한 간절함이 배어 있지 못하다. 상대방을 배려하고, 끈기를 갖고 신체활동에 참여하는 것과 자신감 및 도전감을 갖고 문제를 해결하려는 의식 등 인성 덕목의 구현에 집중하지 못하고 있다. 따라서 의도적이고 계획적인 활동 속에서 학생들이 정서를 함양할 수 있는 수업 내용에 초점을 모아야 한다.

'체육과 수업 전개구조'는 신체활동을 통해 학생들이 심동적이고, 인지적인 측면 이외에도 정서적인 측면, 즉 인성을 함양할 수 있는 수업구조의 중요성을 담고 있다. 나는 그동안 체육수업에서 전개된 '도입, 전개, 정리'의 형태로 이루어진 수업 단계에 대해 고민하였다. '도입, 전개, 정리'의 흐름은 주로 시간 단계의 흐름에 따라 활동을 안내하는 구조이다. 이는 목표 중심의 수업구조 측면으로 살펴보면 교사의 의도가 내포된 수업을 이끄는 데 한계가 있다. 나는 시간 단계의 흐름에서 벗어나 학습자들이 해당 내용을 통해 무엇을 얻어야 하는지와 관련하여 목표 측면에 주목하고, 이를 반영한 구조로 '이해, 체험, 소통'의 수업 전개구조에 주목하였다.

(1) 교수자가 추구하는 수업 목표의 취지를 반영한 의도 설명하기 ① 수업을 통해 학습자가 알아야 할 내용과 수업 목표에 대해 언급한다. ② 수업 목표를 반영한 주된 내용이 어떤 형태와 방향으로 운영되어야 하는지를 이야기한다. ③ 수업 목표를 반영한 신체활동의 경험 내용과 관련하여 학습자들이 알고 있어야 하는 또는 알고 있는 내용에 대해 발문한다.

(2) 체육수업의 흐름을 어떻게 선정하는가에 따라 수업의 방향이 완전히 달라질 수 있음을 언급하기

(1)은 교수자의 의도가 담긴 수업 목표를 제시한 것이다. (1)의 ① 은 지금까지의 체육수업을 보면 학생들에게 통합된 인간을 육성하기보다는 심동적 측면을 강조하는 경향이 있다. 어떻게 보면 심동적 측면만을 경험할 기회의 제공 수준에 그쳤다고 볼 수 있다. 이는 현행 체육수업의 구조에서 문제점을 찾을 수 있다. 도입, 전개, 정리의 수업구조로 학생들과 수업하다 보니 체육교육에서 학생들에게 무엇을 어떻게 가르쳐야 할 것인가가 명확히 제시되지 못한 측면이 있다. 따라서 수업의 방향성을 이끄는 구조적인 틀과 관련하여 체육수업 전개구조의 첫 단계로 '이해 측면'을 바르게 인지할 것을 주목하였다. '이해'는 각 차시의 신체활동에 대한 인지적 이해와 정서적인 안목을 강화할 수 있는 발문과 신체활동 경험에 대한 학생들의 반응을 점검하고, 자신의 수업에 대한 구체적인 목표가 분명하게 제시될 수 있도록 안내하는 단계를 거치는 과정에 초점을 둔다.

(1)의 ②는 학습자의 직접적인 체험 활동이 이루어지는 단계로 수업 전개구조 중 '체험의 단계'에 해당한다. 학생들은 신체활동에 관한 준비운동, 본운동 그리고 정리운동을 일관성 있게 진행할 수 있는 체계적인 절차에 참여하게 된다. 학생들은 (1)에서 제시한 교사의 수업 목표와 수업 의도가 반영된 체험에 참여한다. 이 과정에서 교사는 수업 목표 달성에 도움이 되는 신체활동(준비운동, 본운동, 정리운동)을 어떻게 구성하여 진행하느냐가 학습자의 참여와 성장에 중요한 역할을 한다.

　(1)의 ③은 체육수업 전개구조 중 '소통의 단계'이다. '소통'은 해당 주제에 대한 인지적 이해와 신체활동의 기본 운동기능 및 수업활동에서 모둠원들과의 상호작용 그리고 수업 경험에 대한 느낌, 정서 등을 이야기하고 수업 목표와 관련된 신체활동의 가치를 내면화하고 일상생활에서 실천을 다짐하는 데 초점이 있다. 이처럼 체육수업을 「도입, 전개, 정리」의 수업 전개구조에서 「이해, 체험, 소통」의 수업 전개구조로 재정립하는 것은 수업의 시작부터 마무리까지 심동적·인지적·정서적 측면 중 어느 측면에 우선순위를 두고, 운영해 나갈 것인가에 대한 안목을 형성토록 한다.

　(2)는 체육 수업 전개구조의 의미를 다시 한번 되새기고, 체육수업의 흐름을 '도입, 전개, 정리'의 흐름에서 '이해, 체험, 소통'의 구조를 활용하여 목표 중심의 수업을 운영하는 것이 교수자들이 원하는 수업이 될 수 있음에 주목한 부분이다. 이 과정에서 학습자들은 교수자가 원하는 수업 목표를 이해하고, 해당 차시의 수업을 시작부터 마무리까지 일관성 있는 흐름 속에서 이끌어갈 수 있다. 아래의 D교사는 수업의 구조가 수업의 방향을 안내하는 데 도움이 됨

을 인지하였고, 자신의 수업에 대해 반성을 해보면서 향후 수업에서 '이해, 체험, 소통'의 수업 전개구조를 갖고 수업을 진행해 볼 의사가 있음을 내비쳤다.

> 그동안 체육과 수업 전개구조에 대해 생각을 해본 적이 없습니다. 신체활동이나 수업 방법에 신경을 썼지 어떠한 이론적 틀을 갖고 수업을 해야 하는지를 생각하지 않았습니다. 만약, 목표 중심의 의도를 담고 있는 수업 전개구조인 이해, 체험, 소통의 구조를 수업에 활용하면 좋을 것 같습니다. <D교사와의 인터뷰>

수업 주목하기

수업은 학습자의 성장과 변화를 지향한다. 수업의 성과는 교수자와 학습자와의 상호작용을 통해 구현된다. 교수자가 아무리 수업을 잘한다고 하더라도 수업에 참여하는 학생들이 수용적인 태도를 보이면서 수업에 참여하지 않는다면 수업의 성과는 낮을 수밖에 없다. 수업의 성과와 관련하여 교수자가 어떠한 교육적 신념과 철학을 갖고 수업을 운영하느냐에 따라 결과는 큰 차이를 보인다. 수업의 성과는 교수자의 관심과 노력이 중요하다. 교수자의 노력과 관련하여 수업 주목하기는 학습자의 성장과 변화는 물론 교수자의 수업에 대한 의도와 방향성을 이해하는 데 도움이 될 수 있다.

수업 주목하기는 한 차시의 수업에서 교수자가 학습자의 성장을 지원하고, 교수자 자신의 반성과 성찰을 통해 의미 있는 수업을 이끄는 의도가 담겨 있다. 나는 초등 1정 연수에서 교사들이 자신의 수업 중 일부분에 주목할 것을 제안하였다. 이 과정을 거치게 되면 자신의 수업 지식을 토대로 수업의 상황을 해석하고 적절한 반응과 피드백을 제공하게 된다. 교수자들은 수업 과정에서 전체 학생과 수업 내용을 공유하면서 이들의 참여를 유도할 수 있다.

교사가 수업에서 주목하기에 관심을 기울인다면 학생들에게 전달되는 내용에 대해 어떠한 방법과 전략이 활용되는지를 이해할 수 있다. 학생들에게 수업 내용은 다양한 방법으로 전달된다. 교수자가 해당 내용과 관련하여 수업에서 전달한 방법을 왜 사용하였는지, 그 방법을 통해 학습자의 학습을 지원하는 명확한 의도를 드러낼 수 있다. 나는 초등 1정 연수에서 연수생이 '수업 주목하기'를 통해 연수생들에게 의미 있는 교육 내용을 전달하는 데 관심을 기울이고자 수업 전개구조를 작성하도록 하였고, 그중 연수자가 주목한 사례를 제시할 수 있도록 안내하였다. 이는 수업 주목하기의 실제 사례에 접근하는 유용한 방법이다.

> (1) 신체활동에 대한 한 차시의 수업 전개구조를 작성하기
> (2) (1)의 수업 전개구조의 내용 중 1가지 사례를 선택하여 '수업 주목하기'의 구체적인 수업 측면의 내용을 작성하기

(1)은 연수생들이 수업에서 주목하는 부분이 무엇인지를 확인하고 나서 수업 주목하기를 활성화하려는 의도가 담겨 있다. 수업 주목하기가 이루어지기 위해서는 연수생들이 수업의 전체적인 흐름을 머릿속에 지니고 있어야 한다. 그래야 수업의 어느 부분에서 주목하기를 통해 학습자를 지원할지를 결정할 수 있게 된다.

(2)는 연수생들이 자신의 수업 중 어느 부분에서 '수업 주목하기'를 하였는지를 상세화하기 위해 활용하였다. 교수자가 직접 진행한 수업에서 자신이 어떤 의도를 갖고 수업을 구성하였는지, 자신이

수행한 동작이나 의도가 무엇인지를 파악하는 것은 교수자의 의도에 따른 수업 구현이 어느 정도 적절성이 있는지를 판단하는 데 도움이 된다. 수업 주목하기는 교수자가 해당 차시의 수업에서 무엇에 관심을 두는지, 교수자의 관심이 학습자에게 어떻게 전달되는지를 확인하고, 수업을 어떻게 운영해야 수업의 효율성과 관련하여 적합성이 높은지를 탐색하도록 한다.

수업 의도와 수업 실천을 말하다

수업(연수) 의도

초등 1정 연수는 초등 2급 정교사를 대상으로 해당 교과의 전문성 신장과 초등학생에 대한 올바른 이해 그리고 초등 현장의 교수·학습을 개선하기 위해 진행되는 90시간 이상 연수이다. 초등 1정 연수의 내용3)은 기본 역량 [성찰, 교사 리더십, 자율 등 13개 정도의 세부 강좌]과 전문 역량 [수업, 생활지도, 교육공동체 참여, 자율 등 21개 정도의 세부 강좌] 등으로 구성되었다. 1정 연수는 교사들에게 중요한 의미가 있다. 호봉 승급도 있지만 향후 승진과 관련되어 있다. 과거에는 교사들이 방학하는 시점에 연수에 참여하면서 좋은 성적을 받기 위해 노력하였지만, 2020년 하반기 연수부터는 성적을 따로 산출하지 않고 P/F제로 운영하기 때문에 상대적으로 여유를 갖고 참여할 수 있다. 반면, 연수를 진

---

3) 이 글에서 제시한 연수 내용은 경인교육대학교 교육연수원(집합 연수 2020.7.18./ 8.13.~8.14./ 원격연수 7.20.)에서 진행한 경기도 초등학교 1급 정교사 자격연수를 대상으로 하였음을 밝힌다.

행하는 강사들은 예전과 다를 바 없이 질 높은 강의를 운영하기 위해 심혈을 기울이게 된다. 교수자(연수 강사)들은 해당 강좌의 연수 의뢰를 받고, 적게는 열흘에서 많게는 한두 달 정도 고민한 결과를 정리하여 연수 원고로 제출한다.

나는 교육대학의 교육연수원으로부터 체육 관련 이론 강좌를 운영해 줄 것을 당부 받았다. 흔쾌히 연수 강사로 참여하겠다는 의도를 피력하였다. 이후 머릿속에 여러 가지 고민이 생겨났다. 이론 연수 중 어떤 내용을 통해 현장 교사들이 체육의 안목을 형성하는 데 도움을 제공할지가 고민되었기 때문이다. 그동안 여러 교육기관과 연수원에서 체육 관련 연수를 해왔지만, 이번은 더 많은 고민이 생겨났다. 그동안 현장 교사들에게 체육교육과 관련하여 다양한 교수학습 방법과 수업 모형, 교수전략, 개정 체육과 교육과정에 대한 이해, 체육과 교육과정 디자인하기와 과정 중심 평가 그리고 뉴스포츠 관련 강좌들을 운영해 왔다. 나는 이번에도 위의 연수와 관련된 일부분을 진행할 수도 있었지만 다른 방법을 찾고 싶었다. 나는 여러 교육청 소속의 교육연수원과 대학 부설 교육연수원에서 15년 이상 교원연수에 참여해 오면서 위에서 제시한 것 말고 현장 교사들에게 제공할 수 있는 근본적인 체육교육에 대한 안목을 높이는 방법을 제공하고 싶었다. 이러저러한 고민 끝에 교사들에게 수업의 방향과 수업에서 직접 활용할 수 있는 구체적인 방안을 제공하는 것이 좋겠다고 판단하여 오래전부터 연구해 온 '체육과 수업 전개구조'와 '수업 주목하기'를 주제로 설정하고 연수 원고를 작성하였다.

나는 체육과 핵심역량과 체육과 교수·학습의 방향이 머릿속에 떠올랐다. 그동안 체육수업이 이루어지는 형태를 보면 체육과 핵심역량과 체육과 교수·학습의 방향이 담긴 수업들이 이루어지지 못하는 모습이 많이 관찰되었기 때문이다. 예컨대, 경쟁 영역의 핵심 역량은 '경기수행 능력'이다. 경기수행 능력을 함양하기 위해서는 경기에서 기능을 발휘하는 것만이 아니라, 해당 신체활동의 유래, 기본 운동기능, 게임 방법 및 규칙 이해, 빈 공간을 찾아서 공을 보내거나 받기, 페어플레이 등 다양한 요소들에 대한 통합적 이해가 요구된다. 한 영역이 끝날 때쯤에는 위에서 제시한 부분들을 이해해야 한다. 그래야 체육과 영역에서 제공하고 있는 역량을 조금은 이해하게 되는 것이다. 하지만 현재 학교체육이 위에서 제시한 내용을 통합적으로 드러날 수 있도록 수업이 이루어지고 있는지를 반성해 볼 필요가 있다. 이러한 반성의 차원 [의미 있게 운영되고 있으면 그 부분을 지향하고, 의미를 제공하지 못하고 있으면 그 부분을 지양하려는 태도의 형성]을 갖고자 핵심역량을 연수 내용으로 선정하여 운영하였다.

체육과 교수·학습의 방향도 핵심역량을 제시한 연수의 취지와 유사하다. 체육에서 신체활동을 학생들에게 제공할 때, 단순히 기능을 익히는 것뿐만 아니라 기능을 잘 발휘하기 위해 무엇이 필요한지, 신체활동에서 기법적 측면 이외에도 심법적 측면에서 아는 것과 관련하여 어떤 내용을 탐색해야 하는지를 검토하여 효율적인 수업이 이루어지도록 해야 한다. 교육의 질은 교사의 질을 능가할 수 없다는 애덤 브룩스(Adam Brooks)의 이야기가 머릿속에 맴돈다.

나의 수업(연수) 실천: 수업 전개구조와 수업 주목하기

나는 위에서 연수를 진행한 '나' 자신의 수업 의도를 피력하였다.

수업 의도는 수업 실천의 실마리이자 수업의 방향성이다. 수업의 방향성이 잘 설정되면 수업 실천은 잘 만들어질 수 있다. 연수에 참여한 강사가 연수를 어떻게 할까에 대해 장시간 고민하는 것은 수업의 방향을 탐색하는 과정이다. 필자의 수업 실천에서는 수업 의도에 포함된 실천적인 내용으로 '수업 전개구조'와 '수업 주목하기'를 중심으로 분석하고 해석하였다.

첫째, 체육과 수업 전개구조에 대한 이해는 수업을 이끄는 방향이자 목표로 가는 지름길이다. 현장 교사들이 한 차시의 수업을 이끄는 전반적인 틀인 수업 전개구조를 바르게 이해한다면 교수자가 의도한 수업의 '시작-활동-마무리'를 일관성 있는 흐름 속에서 학습자와 상호작용하는 가운데 목표 중심의 체육수업을 실천할 수 있다. 그동안 한 차시의 수업은 시간 단계의 흐름에 의한 활동 중심으로 이루어졌다. 그러다 보니 한 활동을 마치면 다음 활동을 하고, 다음 활동을 마치면 또 다음 활동 등의 형태로 진행되면서 '수업 목표-활동-마무리'가 긴밀한 관계를 맺지 못하고 단절되는 수업의 모습이 나타났다. 이러면 교수자의 수업 의도가 시작부터 수업이 마무리되는 시점까지 반영되기 힘들다. 이유인즉, 주어진 활동에 집중하기 때문이다. 결과적으로 한 차시의 체육수업이 '준비운동-본운동-정리운동'의 절차로 진행되면서 해당 차시의 수업을 통해 학생들이 교육적 측면에서 알고 참여하고, 다시 마무리 단계에서 알고 참여한 것에 대한 이해의 측면을 검토하지 않게 된다. 이것이 바로 '도입, 전개, 정리'의 시간 단계 흐름의 학습으로 수업을 이끈 결과이다.

물론 '도입, 전개, 정리'의 구조가 수업을 획일화하고 수업의 흐름과 관련하여 부정적인 측면만을 내포한다고 보기는 어렵다. 다만 교사가 해당 차시에서 무엇을 가르치고, 그 가르친 내용이 학습자들의 안목 증진과 이해와 관련하여 어떻게 재확인되어야 하는지, 이를 통해 배움이 있는 체육수업에서 지향하는 부분을 만들지 못할 가능성이 있음을 인지해야 한다. 수업 전개구조 관련 연구에서도 '도입, 전개, 정리' 형태로 이루어지는 체육수업은 활동 중심으로 내용을 이끌다 보니 목표 중심의 체육수업을 만들지 못하고, 수업의 전체적인 흐름과 맥락을 잘 반영하고 있지 못함이 드러났다.

수업의 전체적인 흐름과 맥락이 있는 수업은 학생이 수업의 시작부터 마무리될 때까지 무엇을 알고, 어떻게 실천하며, 학습자의 변화까지를 일련의 구조 속에서 관심을 기울인다. 이는 체육수업이 교육적 차원에서 학생들에게 할 거리가 있는 수업을 만들고, 그 속에 있는 교육적 의미를 이해하며, 이를 통해 학습자의 성장과 변화를 가져오도록 한다. 그동안 수업 전개구조는 탐색되지 않았다. 오래전부터 그래왔듯이 수업의 전체적인 흐름, 즉 단계를 '도입-전개-정리'의 틀로 한정하여 학교 수업을 이끌어온 부분에 대해 반성적 사고가 필요한 시점이다. 만약, 앞으로도 수업 전개구조에 대해 고민을 하지 않는다면, 교수자가 학습자에게 제공하고자 하는 교육적 목표의 달성은 점점 늦어질 수 있다.

둘째, 수업 주목하기는 교수자와 학습자와의 상호작용인 동시에 학생의 성장이면서 수업 운영에 대한 교수자의 반성적 사고를 포함한다. 교사들은 학생들에게 무엇을 제공해야 한다는 분명한 목표를 갖고 수업을 한다. 이는 교수·학습과 관련하여 교사의 본분이자 역할이다. 교사의 역할 중 좋은 수업을 만들고자 하는 취지 중 하나가 수업 주목하기이다. 교사는 수업 주목하기를 통해 학생들의 성장을 이끌고, 학생들과 상호작용을 하면서 교사 자신의 교수 방법을 개선하는 데 도움을 받는다. 그런데도 그동안 체육수업에서는 수업 주목하기를 등한시하였다. 교사가 수업은 했지만 학습자의 성장과 교수자 자신의 수업 반성과 관련하여 직접적인 탐색의 계기를 마련하지 못하였다. 이는 위에서 언급한 것처럼 교사의 본분과 역할이 중요하다는 사실을 알면서도 수업의 과정에서 직접 드러내지 못하는 결과라고 볼 수 있다. 수업 주목하기는 차시마다 주목하는 부분이 다를 수 있다. 수업 주목하기는 교사가 수업에서 선택적으로 주목하기는 하지만 주목한 부분에 대한 명확한 의도와 의지가 반영된 수업을 통해 학습자의 성장을 지원하고, 교수자는 자신의 수업을 회상하면서 수업의 방향을 탐색한다. 만약, 수업 주목하기가 이루어지지 않는다면 교수·학습에서 학습자의 성장 지원과 교사의 수업에 대한 반성은 만들어질 수 없다.

수업 운영 방안을 탐색하는 것은 의미 있는 수업을 이끄는 실마리가 됨을 이해해야 한다. 체육교육이 성공하기 위해서는 과거 교육으로부터 교훈을 얻고 '현재 교육, 현재 학교'가 안고 있는 문제점들을 잘 해결하는 부분에서 출발해야 한다. 우리는 '아직 도착하지 않은 미래'에 지나치게 들뜨지 말고 '이미 도착한 미래'에 대한 적응력과 대응력부터 높여야 한다. 체육교육의 공공성 확보, 체육에 흥미를 느끼지 못하고 신체활동에 소극적으로 참여하는 학생의 증가 등 체육교육에서 학생들의 다양성에 대한 대처 능력 부족, 대학입시가 학교교육을 지배하는 구조 속에서 발생하는 체육활동의 축소 등은 현재 학교교육이 마주한 도전 과제 중의 하나이다. 체육

교육이 당면한 문제점들의 해결을 내버려 둔 채, 관심을 미래 체육교육으로 돌리는 것은 위험한 발상이다. 지금의 문제점들에 관심을 도외시하지 않으면서 미래 체육교육의 문제들을 탐색할 것을 제안한다.

지금 체육교육에서 여러 문제 중 고민해야 하는 것은 수업의 흐름을 어떻게 유지하는가이다. 이 글에서는 이를 체육과 수업 전개구조로 제시하였다. 이 부분과 관련하여 1정 연수를 받은 교사들은 그동안 운영되었던 수업의 흐름에 대한 검토를 통해 향후 지향해야할 방향성을 찾아야 한다. 목표 중심의 구현을 위한 방안이 본 글에서 탐색된 '이해, 체험, 소통'의 수업 전개구조가 아니어도 좋다. 학습자들에게 의미 있고, 교사의 철학이 반영된 내용이라면 충분하다. 예전부터 그래왔으니 앞으로도 그렇게 하면 된다는 식의 안일한 생각만 아니면 된다. 지금의 수업 절차, 수업 활동, 다양한 교수법 등을 되돌아보고, 어떤 것들이 필요한지를 검토해야 할 시점이다. 수업 주목하기도 마찬가지이다. 교사가 수업하는 의도가 무엇인지, 학생들이 수업을 통해 무엇을 얻어야 하는지 등에 대한 생각이 필요하다.

초등 예비교사교육자가 골프수업에서
주목한 교수 측면은 무엇인가[*]

수업은 학습자의 성장과 변화를 지향한다. 특히 수업의 성과는 교수자와 학습자와의 상호작용을 통해 확인할 수 있다. 교수자가 아무리 수업을 잘한다고 할지라도 학생들이 수용적인 태도로 수업에 참여하지 않는다면 수업의 성과는 낮을 수밖에 없다. 또한 수업의 성과와 관련하여 교수자가 어떠한 교육적 신념과 철학을 갖고 수업을 운영하느냐에 따라 결과는 큰 차이를 보인다. 나는 수업의 성과와 관련하여 교수자의 관심과 노력이 중요함을 인지하고 있다.

이 글에서는 초등 예비교사교육자가 자신의 '골프수업'에서 주목한 교수 측면을 탐색하였다. 수업 주목하기는 자신이 어떤 의도를 갖고 수업을 구성하였는지, 자신이 수행한 동작이나 의도가 무엇인지를 파악하는 데 유용성을 높일 것이다. 초등 예비교사교육자가 골프수업을 하는 과정에서 주목한 측면은 무엇이고, 그것에 주목한 이유가 무엇인지를 셀프 연구의 관점에서 탐색하였다. 초등 예비교사교육자가 자신의 골프 운영 과정에서 주목하는 부분이 무엇인지를 밝히게 된다면 교수자의 수업 태도는 물론 학습자의 반응을 이해하고, 수업 운영의 질을 높일 수 있다.

---

* 고문수(2020), 「초등 예비교사교육자가 골프수업을 하는 과정에서 주목한 교수 측면」을 주제로 『학습자중심교과교육연구』에 투고한 내용을 수정·보완하였다.

골프수업이 추구하는 내용과 가치

나는 골프수업에서 학생들이 골프를 통한 신체활동의 가치를 이해하는 부분에 주목하였다. 골프수업을 통한 신체활동의 가치는 목적 측면의 가치와 내용 측면의 가치 등 두 차원으로 분류되었다. 골프에 참여하는 학생들은 골프를 통해 신체활동을 통한 움직임의 질을 점차 높일 수 있었다.

목적 측면의 가치 이해

나는 학생들이 골프를 바르게 이해하고, 향후 초등 현장에서 표적 도전의 가치와 의미를 이해하면서 생활 속에서 골프 여가활동의 기회를 제공하고, 참여를 통해 여가를 선용하는 부분에 강의 목표를 설정하고, 골프에 대한 수업 지식과 안목을 높일 수 있도록 하였다. 수업 지식은 교수자가 알고 있는 암묵적 내용을 학습자의 수준과 특성에 따라 적절히 분석하여 제공할 수 있는 내용 지식을 말한다. 수업 지식은 교수자들이 함양해야 할 중요한 내용 지식이다. 수업 지식을 갖춘 교수자는 정해진 내용을 학습자의 수준에 맞게 전달한다. 가르치는 교수자가 학습자에게 수업 지식을 바르게 전달하고, 학습자가 그 수업 지식을 이해하게 된다면 골프의 핵심 키워드인 운동수행 능력과 이해력 및 규범실천 능력 등을 습득하게 될 것이다. 위에서 제시한 세 가지 능력은 교수자가 의도적으로 계획한 신체활동을 지속하는 과정에서 경험하거나 교육활동의 결과로 얻어질 수 있다. 나는 골프 강좌의 목표와 관련하여 '목적 측면의 가치'에 주목하였다. 학습자들이 골프수업에 참여하는 동기는 무엇

인지, 그들이 골프를 통해 얻으려는 것과 관련하여 다음의 내용에
주목하였다.

> (1) 골프가 갖는 의미가 무엇인지를 질문하기, 골프를 통해 얻을 수
>   있는 교육적 가치는 무엇인지에 대해 답할 수 있도록 질문하기
> (2) 자신이 잘 못하던 스포츠에 참여하면서 얻게 된 경험과 생각을 대
>   답하도록 질문하기

(1)은 골프가 갖는 의미가 무엇인지, 학생들이 골프에 참여하면
서 얻게 되는 긍정적 경험과 정서 및 생활 속의 활력소 등을 생각
해 보도록 함으로써 신체활동을 하는 것, 즉 동기가 목적 측면의
가치가 되고 있음을 안내하기 위한 질문이다. 학생들은 골프 강좌
에 참여하면서 목적의식 없이 참여하는 경우가 많았다. 주어진 강
좌이기 때문에 어쩔 수 없이 참여하는 때도 생길 수 있다. 나는 학
생들에게 골프 강좌가 지니는 의미를 생각해 보도록 함으로써 수동
적으로 강좌에 참여하는 것이 아니라 능동적인 태도로 수업에 임할
수 있는 의지를 키워주고자 하였다. 학생들이 강좌에 대해 갖는 의
미는 노력의 방향과 강도를 결정하는 중요한 동기 요인이다. 동기
가 마련된 신체활동은 건강과 체력 향상은 물론 운동수행 능력 측
면에서 멋진 퍼포먼스를 구현하는 토대가 될 수 있다.

(2)는 (1)의 내용에 적극성을 갖고 참여할 수 있는 동기와 경험
이 자신의 실제적인 체험으로 연결될 수 있는 고리의 역할을 제공
하려는 의도가 있다. 학생들이 신체활동에 소극적으로 참여하거나
잘 수행하지 못하다가 어떤 것들이 계기가 되어 수행을 이전보다
잘하게 되었는지, 신체활동에 참여하면서 얻게 된 의미를 잘하게

되었는지를 이야기한다면 자신이 직접 경험한 내용이기 때문에 적극성을 표출할 수 있고, 골프 운동에 대해 긍정적인 생각을 갖게 될 것이다. 나는 위의 두 가지 질문을 통해 학생들이 골프 강좌에서 의도한 목적 측면의 가치를 바르게 이해하고, 신체활동에 지속해서 참여할 수 있는 계기를 조성하였다.

내용 측면의 가치 이해

나는 골프수업에서 학생들이 골프 연습장에서 골프에 참여하는 그 자체 동기인 목적 측면의 가치와 골프에 참여하면서 얻게 되는 다양한 골프에 관한 내용 측면의 가치 습득에 관심을 두었다. 신체활동에서 중요한 것은 '하는 것'과 '아는 것'이 통합이 될 때, 스포츠의 참맛을 경험할 수 있다. 나는 강의 내용으로 골프의 역사와 규칙 이해, 클럽별 스윙 방법, 목표물 맞히기, 골프 퍼팅 게임 프로그램의 구안과 적용, 골프 스트레칭, 영상 촬영을 통한 골프 스윙 교정, 트러블 상황에서의 클럽 사용, 골프 세미나 등을 계획하였다.

위의 주제는 골프에 입문하는 학생들이 알아야 할 골프 이론과 실기에 관한 내용 및 방법을 포함한다. 나는 그동안 수도권 소재의 학생교육문화회관과 평생교육원 그리고 대학에서 학생들에게 골프를 지도하면서 생활 스포츠로 각광을 받고 있는 골프를 바르게 이해하고, 골프 실기를 학습하는 과정에서 '하는 것'과 '아는 것'의 통합적인 안목을 형성하는 부분에 관심을 기울였다. 골프 교육에서 추구하는 내용 측면의 가치도 골프의 실행과 관련하여 기법적 측면과 심법적 측면을 고루 갖춘 통합적인 학생을 기르는 데 있다.

골프는 운동수행 체력 중 협응성을 기르는 운동으로 신체 움직임

속에서 학습이 일어나는 특성이 있다. 그러다 보니 다른 운동과 달리 배우기도 어렵고, 당일의 운동 조건에 따라 스윙 궤도와 동작이 다르기 때문에 결과 예측이 어렵다. 나는 언제나 그랬듯이 골프를 배우는 학생들이 인지적 측면 [용어 이해, 원리 이해, 페어웨이와 그린 공략, 퍼팅 및 스윙 루틴 인지 등]과 정의적 측면 [페어플레이, 책임감, 배려, 캐디와 동반자에 대한 예절 등]의 태도 형성에 주목하였다.

필자가 골프 강좌에서 관심을 기울인 부분은 2시간의 골프수업을 어떻게 운영하는 것이 좋은지, 수업의 시작과 마무리는 어떻게 해야 하는지 등이었다. 그동안 어떤 스포츠를 배우든지 간에 기본 운동기능 중심의 학습이 진행되었다. 처음부터 끝까지 학습 내용은 운동기능 중심으로 구성되었다. 그 결과 학생들이 짧은 시간 안에 기능을 익힐 수 있었는지는 모르지만, 시간이 흘렀을 때, 운동수행이나 학습의 지속력 부분에서 동기가 사라진 것을 볼 수 있었다. 나는 이러한 부분을 해결하기 위해 그동안 전개되었던 시간 단계 학습의 흐름인 '도입, 전개, 정리'의 단계에서 벗어나 목표 중심의 수업 전개구조인 '이해, 체험, 소통'의 틀로 수업을 진행하였다. 시간 단계 학습의 흐름은 운동 학습을 시간에 따라 진행하다 보니 모든 내용이 활동 중심, 특히 기능 중심의 학습이 될 수밖에 없었다.

한편 '이해, 체험, 소통'의 수업 전개구조는 체육수업에서 학습 목표가 설정되면 그 목표가 수업과정에서 통합적으로 운영되는 특징을 갖는다. 예컨대, 운동수행 능력과 이해력 향상과 관련된 학습 목표가 설정되면 그 목표는 이해 단계에서 학생들에게 제시가 되고, 제시된 학습 목표는 신체 움직임으로 구성된 체험 단계에서 운동수행 능력과 이해력 증진의 내용이 포함되도록 구조화되어 운영된다. 소통의 단계에서는 학습 목표가 '이해'와 '체험'의 과정에서 잘 적용되면서 수업이 바르게 전개되었는지를 점검하게 된다. 즉 학생들은 정해진 시간 동안 수업 목표를 확인하면서 학습에 참여하게 된다.

나는 「골프 퍼팅 게임의 구안과 적용」에서 '퍼팅 게임'을 '이해'의 단계에서 주목한 내용이 '체험'의 단계를 거친 후 '소통'의 단계로 연결되는 수업 전개구조로 운영하였다. 골프의 퍼팅 게임에서 배울 내용과 관련하여 나는 '이해'의 단계에서 다음을 주목하였다.

(1) 골프에서 퍼팅의 중요성을 질문하기, 골프 퍼팅을 잘하기 위해 준비해야 할 내용이 무엇인지 등을 질문하기
(2) 학생들이 골프 퍼팅을 잘하는 방법을 대답하도록 질문하기
(3) 학생들이 골프 퍼팅을 잘하는 방법에 관해 이야기하지 않을 때 가까운 거리와 먼 거리의 퍼팅 방법으로 구분하여 질문하기

(1)은 골프에서 퍼팅이 한 홀을 마무리하는 단계이기 때문에 그 어느 때보다도 신경을 써야 하고, 어떻게 하면 실수를 안 하는지 또는 첫 번째 퍼팅을 어떻게 해야 하는지 등에 주목하였다. 첫 번째 퍼팅을 실수했을 때에도 다음 퍼팅에서는 꼭 성공해야 큰 실수를 범하지 않을 수 있다. 클럽 사용에서와 마찬가지로 퍼팅을 할 때도 루틴 [운동수행의 최적 조건을 만들기 위한 나 자신의 노력]이 중요하다. 퍼팅을 잘하기 위해서는 주변의 동반자를 의식하여 서둘러 퍼팅하기보다는 자신이 할 수 있는 최적의 조건을 만들어 일정한 리듬에 따라 퍼팅할 수 있는 상황을 유지하는 것이 중요하다.

(2)는 골프 퍼팅을 잘하는 방법을 이해하고 실제 퍼팅 체험 시

활용할 수 있는 전략을 습득하기 위한 발문이었다. 퍼팅은 일정한 리듬에 따라 공을 터치하는 것 이외에도 공이 목표물 [홀컵]을 향해 지나가는 과정이 중요하다. 어느 지점에서 공이 휘어지는지, 어느 부분을 통과해야 목표물을 향해 갈 수 있는지 등을 이해할 필요가 있다. 또한 퍼터 스윙의 폭을 어떻게 해야 목표물과의 거리를 맞출 수 있는지 등을 확인하기 위한 발문이었다. 이 과정에서 소극적인 학생들에게 도움이 되도록 (3)의 질문을 제시하여 거리에 따라 스윙의 폭을 어떻게 하는지, 리듬은 어떠해야 하는지에 대해 생각할 기회를 주었다. 학생들은 이러한 과정을 통해 골프의 퍼팅을 알아가게 된다. '이해'의 단계를 거친 후 '체험'의 단계로 넘어간다. '체험' 단계에서는 '이해' 단계에서 배운 내용을 '체험'의 단계에서 활동을 구체화하게 된다. 골프의 퍼팅 '체험'의 단계에서 다음을 주목하였다.

(1) 학생들이 가까운 거리의 홀(hole: 목표물)과 먼 거리의 홀컵을 향해 공을 굴리거나 때리는 방법을 대답하도록 질문하기
(2) 목표물에 성공하기 위해 어드레스 자세와 손 모양을 어떻게 해야 하는지에 대해 질문하기
(3) 모둠원들과 함께 세 개의 홀을 라운딩 하는 과정과 방법을 질문하기

(1)은 '이해' 단계에서 질문한 내용을 골프 퍼팅 활동으로 전이되도록 하는 질문이다. 거리에 따라 몸의 자세와 스윙의 크기를 달리하면서 치거나 때려야 한다는 것에 주목한 질문이다. 가까운 홀은 넣기 위해 노력하고, 먼 거리의 홀은 가까이 붙이기 위해 어떠한 노력을 기울여야 하는지를 탐색하도록 하려는 질문이었다. (2)는 퍼팅 시 공을 홀컵에 정확히 안착시키려는 방안으로 퍼팅 과정

에서 학생이 실수하지 않고 목표물에 집중할 수 있도록 그립을 가볍게 잡고 몸의 중심을 약간 앞쪽으로 기울인 다음 스트로크를 할 수 있도록 질문한 내용이다. (3)은 학생이 골프 퍼팅에서 동반자(모둠원)와 함께 한 홀에서 목표물(홀컵)을 향해 퍼팅할 때, 공이 놓인 위치에 따라 누가 먼저 공을 쳐야 하는지에 주목한 부분이다.

위에서 제시한 (1), (2), (3)의 질문 다음에는 실제 골프 퍼팅이 진행되었고, 그 과정에서 나는 체험의 과정을 관찰하고, '소통'의 단계에서 학생들과 질의응답할 내용을 찾기 위해 필드 노트에 메모하였다. '소통'에서는 '이해' 단계에서 의도한 학습의 목표와 소개된 학습활동이 '체험'의 단계에서 잘 실천되었는지를 각 단계에서 제시한 질문에 따라 수업 운영과 참여의 태도를 질문함으로써 해당 차시의 학습 목표를 수업 운영과 관련하여 종합적으로 검토하게 된다. 골프수업의 '소통'의 단계에서는 다음을 주목하였다.

(1) 골프에 참여하면서 새롭게 알게 된 점 질문하기
(2) 골프의 참여 과정에서 잘된 점과 안 된 점에 대해 질문하기

질문 (1), (2)는 골프수업의 마무리 단계에서 교수자와 학생이 소통하는 부분으로 골프수업의 전반적인 운영 과정을 확인하여 피드백 자료로 활용하였다. 모든 질문의 내용은 수업의 정리 단계에서 '예' 또는 '아니요'로 답하면서 마무리하였던 수업을 지양하고, 학생의 생각과 의견을 표현하면서 수업의 전반을 되돌아볼 수 있는 내용을 담고 있다. '이해'의 단계에서 언급한 수업 목표와 '체험'의 단계에서 진행된 수업 운영 측면을 종합적으로 검토하면서 한 차시의 수업을 마무리하게 된다.

학습활동 전개 및 운영 단계에 대한 이해

학습활동 전개 및 운영의 단계는 학생들이 골프 신체활동에 참여하는 과정에 대한 전체 흐름의 구조적인 절차를 말한다. 이 글에서 진행된 수업 전개의 흐름은 '이해, 체험, 소통'의 과정을 거쳤고, 그 과정에서 주목하기를 실천하였다.

'이해' 단계에서 주목한 내용

나는 초등 현장의 체육수업과 대학의 실기수업 운영 과정에서 많은 문제점이 있음을 확인하였다. 교사들은 수업 목표를 안내하기보다는 그 날 배울 신체활동의 운동기능을 설명한 후 바로 연습을 하거나 게임하기 바빴다. 게임을 소개할 때도 게임 방법, 규칙 그리고 게임의 전략과 전술이나 게임에서 필요한 스포츠맨십을 설명하는 것이 아니라 팀 [모둠]을 둘로 나눠 가위바위보를 한 후 진행하였다. 그러다 보니 한 차시의 수업이 진행되는 부분에서 신체활동의 이해나 참여 방법 및 학습해야 할 내용이 무엇인지를 이해시키지 못하는 경우가 발생하였다. 나는 위의 상황에 주목하여 수업 내용이 무엇이고, 어떻게 수행해야 하는지, 그 수업을 통해서 학습자들이 무엇을 신장시켜야 하는지 등에 관심을 집중하였다. 학생들의 골프에 대한 이해 및 생각과 관련하여 다음을 주목하였다.

(1) 골프를 하면 어떤 점이 좋은지를 질문하기
(2) 골프에서 어프로치를 잘하는 방법을 학생들이 대답하도록 질문하기
(3) 학생들이 어프로치를 잘하는 방법을 대답하지 않을 때 거리에 따라 클럽별(샌드웨지, 피칭웨지)로 구분하여 질문하기

(1)은 학생들이 골프를 배우기 전에 알아야 할 내용으로 골프의 특징은 무엇인지, 골프가 학생들에게 도움이 되는 점은 무엇인지를 주목한 내용이다. 골프가 향후 초등 6학년 교과서에 제시된 '목표물 맞히기형' 도전 영역에 도입되어 활용될 수 있는 근거를 확보하는 데 도움이 될 수 있다. 나는 골프를 '하는 것' 이외에도 '아는 것'이 중요하다는 점에 주목하였다.

(2)는 골프에서 어프로치를 잘하는 방법을 탐색하기 위해 주목한 내용이다. 어프로치를 잘하기 위해서는 하나의 클럽으로 어프로치를 하는 것이 아니라 필드의 상황과 거리에 따라 클럽을 다양하게 선택하여 활용할 수 있다. 하지만 학생들이 이 부분에서 어떻게 대답해야 할지 모를 경우를 대비하여 (3)과 같이 질문의 내용을 구체화하여 제시하였다. 거리별로 다른 클럽을 선택하여 굴리거나 띄우는 샷을 하는 것이 정확성을 높일 수 있다는 점에 주목하였다. 나는 위의 세 가지 질문을 하면서 학생들의 대답이 나오지 않을 경우를 대비하여 모둠원들과 상의할 수 있는 시간을 주었다. 학생들에게 또래의 생각을 토대로 자기 생각을 확장해 나갈 수 있는 실마리를 제공하기 위한 취지이다.

'체험' 단계에서 주목한 내용

나는 체육수업이 '도입, 전개, 정리'의 시간 단계의 흐름이 갖는 부정적인 측면에 대해 여러 차례 언급하였고, 그 대안으로 '이해, 체험, 소통'의 수업 전개구조의 필요성을 제안한 바 있다. 체육수업 전개구조 중 '체험'은 기존의 수업 전개구조의 단계 중 '전개'와 유사한 특징이 있다. '체험' 단계는 골프 준비운동, 골프 운동 그리고 골프 정리운동의 내용이 포함된 단계이다. 신체활동 수업에서는 전개 단계에서 학습할 내용을 제시하거나 게임하는 형태로 진행되곤 한다. 이러한 측면을 고려해 볼 때, '체험' 단계에서 안내한 준비운동과 정리운동은 삭제될 가능성이 높다고 볼 수 있다.

이 글에서는 골프 관련 준비운동과 정리운동이 '체험' 단계에 포함되어야 한다는 내용을 제시하는 것으로 한정하고, '체험' 단계 중 배워야 하는 학습 내용을 '본 활동'의 단계에 대해 주목하였다. 나는 학생들이 체험의 단계에서 골프에 즐겁게 참여하는 방법의 이해 여부와 관련하여 학생들의 이해와 생각에 주목하였다. 골프수업 중 체험의 단계에서 주목한 것은 다음과 같다.

(1) 퍼팅하는 방법과 모둠원들이 다섯 개의 홀(hole)을 순환하는 과정에서 알아야 할 것을 질문하기
(2) 가까운 거리(3m 내외)의 홀(목표물)과 먼 거리(10m 내외)의 홀을 향해 퍼팅하는 방법을 학생들이 대답하도록 질문하기

(1)은 학생들이 퍼터로 홀 아웃을 잘하기 위해 어떻게 하는지, 동반자(모둠원)와 정해진 홀에서 홀컵(목표물)을 향해 퍼팅할 때 놓여 있는 공의 위치에 따라 누가 먼저 퍼팅을 하고 누가 나중에 퍼팅하는지 등에 대해 주목하였다. 학생들은 첫 번째 퍼팅을 하고 나서 바로 그곳으로 이동하여 퍼팅을 하려고 하였다. 이러면 뒤에서 퍼팅하는 또 다른 학생이 퍼팅을 방해받기 때문에 홀을 향해 퍼팅하는 순서는 중요한 문제가 된다.

(2)는 학생이 홀컵에 공을 정확히 쳐서 넣는 방법을 안내하려는 취지에서 학생의 이해 여부를 확인하는 발문이다. 가까운 거리의

홀컵을 겨냥하기 위해서는 하체를 고정한 채 몸에 양 팔꿈치를 붙이고 삼각형 모양을 만들어 몸 전체의 움직임으로 백스윙과 임팩트를 해야 한다. 가까운 거리는 스윙 크기를 작게 하고, 먼 거리는 상대적으로 스윙 크기를 크게 해야 한다. 부드러운 백스윙과 임팩트로 공이 정해진 거리보다 멀리 달아나지 않도록 주의해야 한다. (2)는 팔을 몸에 붙이고 팔과 손의 모양을 삼각형 형태로 유지한 채 부드러운 백스윙과 임팩트를 세련되게 할 수 있는지를 주목한 부분이다. 학생들에게 골프를 친숙하게 만들기 위해서는 '체험'의 내용을 이해하고, 지속적으로 참여를 유인할 수 있는 구조적인 질문이 필요하다. 교사의 질문은 학습자의 성장과 변화를 지향하는 중요한 역할을 한다.

'소통' 단계에서 주목한 내용

'소통'은 학습활동의 정리 단계에서 이루어지는 내용과 같다. 그동안 체육수업은 학습활동 내용을 정리하고 나서 수업을 마무리하기보다 그날 배운 내용을 정리하지 않거나 학생들의 의견을 물어보는 정도로 이루어졌다. 학생들이 '예' 또는 '아니요'로 답할 수 있는지를 발문하였다. "수업이 재미있었나요?" "친구들과 협동하면서 적극적으로 참여했나요?" 정도의 발문이 오고 갈 뿐이었다. 하지만 위에서 제시한 방법으로 내용을 확인하는 것은 해당 차시 수업 목표와 학습 내용 및 학습자의 참여도를 확인하는 데 어려움이 있다. 수업 목표와 관련하여 학습된 내용이 어떠했는지, 수업 과정에서 재미가 있었다면 어떤 부분이 재미있었는지 등에 대한 답변을 통해 교사는 수업 활동에서 피드백을 받을 수 있어야 한다.

나는 '소통'의 과정에서 '이해'의 단계에서 제시한 학습 목표와 학습활동 안내 그리고 '체험'의 단계에서 제시한 수업 목표에 따른 골프의 기본 운동기능과 퍼팅 게임이 일관성 있는 흐름 속에서 전개되었는지를 탐색하면서 학생의 골프 지식과 이해 및 생각에 주목하였다. 퍼팅 게임을 할 때 '소통' 단계에서 주목한 내용은 다음과 같다.

(1) 퍼팅 게임을 하면서 새롭게 알게 된 점에 대해 질문하기
(2) 퍼팅 게임에서 퍼팅 스트로크를 다르게 하는 상황은 언제였는지 질문하기

나는 골프수업의 '소통' 단계에서 학생들이 '예/아니요'로 답하기보다는 수업 목표와 학습한 내용이 일관성을 보일 수 있도록 발문을 구성하였다. (1)은 골프에서 퍼팅 게임의 목표와 내용을 이해하면서 퍼팅 게임에 참여했는지를 확인하고, 퍼팅 게임을 하면서 거리별 퍼팅의 기능을 적절히 적용하였는지를 확인하는 발문이었다. 가까운 거리와 먼 거리의 퍼팅을 할 때, 밀어야 하는지 아니면 때려야 하는지 등의 이해에 도움이 되도록 하였다. (2)는 학생들이 퍼팅 게임에서 내리막 또는 오르막 경사가 있을 때, 스트로크의 크기와 힘의 세기를 어떻게 해야 하는가에 대한 반응을 확인하고, 퍼팅 상황에서 적절히 판단할 수 있는 안목에 주목한 부분이다.

골프수업 운영 방식에 대한 이해

골프의 실기 내용은 학생들이 자신의 여가 생활 중 골프 수행 과정에서 도움이 되는 수업 내용과 방법 그리고 전략과 관련된 내용으로 구성하였다. 하지만 골프를 이해하고 수행하기 위해서는 골프 이론과 실기활동이 병행될 때 의미 있는 가치를 제공할 수 있다. 나는 골프 강좌의 운영을 '기능을 전달하고 전수하기', '또래 집단을 활용하기', '매체를 활용하기' 등의 방법을 활용하였다. 골프를 지도할 때 체육과 교육과정의 교수·학습의 방향 중 '학습자의 특성을 고려한 수준별 수업'과 '전인 발달을 위한 통합적 교수·학습'에 주목하였다.

기능을 전달하고 전수하기

그동안 수업 운영 방식은 가르치는 사람이 학습 내용의 운영에 대해 주도적인 역할을 하였다. 이는 학습 내용을 잘 알고 있는 사람이 학습자들에게 내용을 전달하여 숙지하도록 하는 형태의 수업 운영 방식이다. 나는 과거 학창 시절에 기능과 내용을 전수하는 형태의 강의식 수업을 받았다. 이는 운동기능과 내용을 빠르게 이해시키는 데 도움이 된다. 다만 학습자의 특성을 고려한 수업이 이루어지지 않다 보니 동기유발 측면에서 지속성을 가져오지 못하였다. 나는 골프의 기능을 전달하고 전수하는 과정에서 학습자와 상호 신뢰 관계의 구축과 학습 동기유발 측면을 고려하여 학습자의 특성을 반영한 골프 기능 수업의 운영 측면에서 다음을 주목하였다.

(1) 골프 그립을 잡고, 어드레스 하기 ① 그립을 어떻게 잡는 것이 스윙하기에 편할지 생각해 보세요. ② 하체의 움직임을 단단히 고정하는 데 필요한 자세는 무엇인가요.

(2) 백스윙과 다운스윙 연습하기 ① 백스윙을 할 때, 어느 부분이 제일 먼저 출발 또는 시작을 해야 한다고 생각하나요. ② 백스윙과 마찬가지로 다운스윙 시 제일 먼저 출발 또는 시작을 해야 한다고 생각하나요.

　나는 학생들이 골프 하는 것에 관해 부담을 느끼지 않고, 동기유발을 통해 수업과 생활 속에서 골프를 접하고 실천하는 데 도움을 제공하고자 '학습자의 특성을 고려한 수준별 수업'과 '전인발달을 위한 통합적 교수·학습 활동'을 활용하였다. (1)의 내용에서 골프에 입문하는 학생들이 골프의 기초인 그립 잡기와 어드레스 하는 방법을 안내하였고, (2)에서 공을 치기 위해 클럽을 들었다가 떨어뜨리는 방법을 이해할 수 있도록 하였다. (1)의 내용이 공을 치기 위해 준비 자세를 만드는 방법 측면이라면 (2)의 내용은 학생들이 공을 일정한 거리에 있는 목표 지점으로 보내기 위해 타격하는 방법을 이해하는 데 초점을 둔 부분이다. 특히, (1)의 ①은 학생들이 스스로 그립을 잡아보고 어느 방법이 자신의 신체적 특징에 적합한지를 탐색할 수 있도록 제시하였다. (1)의 ②는 골프 하는 과정에서 어드레스의 중요성을 이해시키기 위한 부분이다. 하체가 견고할 때 백스윙은 물론 다운스윙이 자연스럽게 이루어지고 몸을 위아래로 들썩이지 않고, 회전하도록 함으로써 정확한 타격에 도움을 준다.

　나는 골프공을 정확하게 타격하는 방법의 중요성을 알고, 학생들이 지속해서 좋은 타격을 할 수 있도록 (2)의 내용에 주목하였다.

(2)의 ①은 백스윙의 시작이 어느 부분부터 진행되어야 몸의 회전이 정확히 이루어지고, 다운스윙으로 전환될 수 있는지를 안내하기 위해 주목한 부분이다. 학생들은 백스윙 시 손으로 클럽을 보내다 보니 겨드랑이가 몸에서 떨어지고, 다운스윙 시 손으로 클럽을 잡아당겨서 생크나 슬라이스를 유발하기 일쑤였다. 백스윙 시 손으로 클럽을 보내면 다운스윙 시 손으로 클럽을 휘두르게 되어 클럽이 몸에서 멀어지면서 공을 정확하게 타격하지 못할 수 있다. 나는 공을 정확하게 칠 수 있도록 다운스윙의 출발점에 대해서도 주목하였다. (2)의 ②는 다운스윙이 잘 이루어져서 공을 목표한 방향으로 보내기 위한 방안이다. 다운스윙은 백스윙과 반대되는 상황으로 학생이 백스윙을 통해 만들어진 높은 위치의 클럽을 어떻게 끌어 내려서 공을 타격하는 것이 적절한지를 이해시키려는 의도가 있다. 다운스윙이 잘 이루어지기 위해서는 백스윙 탑에 있는 손이 먼저 내려오기보다는 허리의 회전이 이루어진 후 어깨와 팔이 끌려 내려오는 경험을 해야 한다.

또래 집단을 활용하기

대부분의 기본 운동기능을 익히는 수업이 그렇겠지만 교수자가 해당 기능을 설명하고, 시범을 보인 후, 학생들이 그 기능을 따라 하면서 연습하는 형태를 취한다. 학생들은 그 과정에서 자신의 기능이 부족하다는 사실을 알게 되면 연습을 멈추고 딴짓을 하거나 운동수행 그 자체에 관해서 관심을 잃는 경우가 있다. 나는 그동안 기능 수업에서 학생들이 소극적인 참여자가 되는 것을 방지하고, 참여 동기를 제공하기 위해 또래를 활용하는 수업 방식을 추가하여 골프수업을 진행하였다. 골프수업을 운영하는 과정에서 학생들의 참여와 긍정적인 상호작용을 유발하기 위해 아래의 내용에 주목하였다.

> (1) 골프수업에서 협동학습의 구조 중 직소를 활용하여 학생들의 신체 활동을 활성화하기 ① 모둠별로 각기 다른 골프의 기능과 규칙을 습득할 수 있도록 한다. ② 모둠원들이 다른 모둠원들과 서로 협력하여 골프의 기능을 세련화 할 수 있도록 한다.

나는 골프수업에서 학생들이 긍정적 상호 의존을 할 수 있도록 또래 집단을 활용하였다. (1)은 모둠별로 협동학습의 구조 중 직소를 활용하여 모둠 내 또는 모둠 간 협력의 중요성과 소통 및 긍정적 상호 의존을 중시한 부분이다. 대부분 신체활동이 개인의 기량을 발현함으로써 개인의 신체적 수월성과 타인의 기량에 도전하는 과정을 통해 성취의 기쁨을 맛보도록 한다. 하지만 이 과정에서 소극적이거나 운동 기량이 낮은 학생들은 학습된 무기력을 경험함으로써 신체활동에 소극적으로 참여하거나 배척하도록 하는 원인이 되기도 한다. 나는 위의 부분을 해소하고자 협동학습의 구조에 주목하였다.

(1)의 ①은 모둠별로 4명이 하나의 기능을 익히기 위해 상호작용할 수 있도록 하였다. 1모둠의 학생 4명은 모두 어드레스를 하는 방법을 탐색하였다. 그 밖의 학생들은 해당 모둠이 익혀야 할 기능을 모든 모둠원이 상호 협력하면서 기능을 익혀 나가게 된다. 이를 통해 모둠원들은 상호 의존하게 되고, 모둠원으로서의 소속감을 경험할 수 있다. (1)의 ②는 직소Ⅱ의 구조로 전문가 집단을 형성하여 골프의 기본 운동기능과 골프에 대한 인지적 이해를 가져오는 데

도움이 될 수 있다. (1)의 ②는 같은 주제를 탐색한 각 모둠의 학생들끼리 주어진 과제를 협의한 후 전문가가 되어 자신의 모둠으로 돌아와서 모둠원들과 탐색된 내용을 소통하면서 주제의 내용을 논의하는 데 주목하였다. 직소Ⅰ이 모둠원 내 협력을 강조한 것이고 직소Ⅱ는 모둠원들 간의 협력을 통해 서로 다른 모둠원들이 협력할 수 있도록 한 부분이다. 즉 50m 이내 거리의 목표물을 맞히기 위해 백스윙과 다운스윙을 어떻게 해야 하는지를 각기 다른 모둠의 구성원 중 한 명씩 모여서 서로 의견을 주고받으면서 기능과 이해를 높이는 데 주목하였다.

매체를 활용하기

과제 제시는 교수자의 언어적 전달, 시범 그리고 매체 활용 등의 방법을 사용한다. 이 중 매체는 학생이 활동 내용을 보다 정확하게 이해하도록 한다. 매체 자료에는 사진과 영상자료 등이 있다. 나는 학생이 골프의 기능을 익히는 데 도움이 되고자 사진과 영상자료를 매체로 활용하였다. 학생의 어드레스 자세에서부터 백스윙과 다운스윙의 기초를 이해하는 데 도움이 되고자 수업 전에 촬영한 영상과 사진을 수업에서 활용하였다.

> (1) 사진 자료를 보여주기 ① 어드레스의 자세를 보여준다. ② 백스윙과 다운스윙의 궤도 사진을 보여준다.
> (2) 영상자료를 보여주기 ① 클럽을 잡고 어드레스 한 자세를 보여준다. ② 50m 이내의 가까운 거리의 목표물에 접근시키는 어프로치 방법을 보여준다.

나는 학생들이 어드레스 자세를 잡고 가까운 거리의 목표물에 공을 보낼 수 있도록 사진 자료와 영상자료를 활용하였다. 이는 학생들이 또래 교수와 협동학습의 구조 중 직소 I · II를 활용하는 데 도움이 되는 방안이기도 하다. (1)은 처음 골프를 배우는 학생들이 어드레스의 모습이 어떠해야 하는지를 정확하게 이해시키기 위해 주목한 부분이다. 사진은 동작이 멈추었을 때의 모습을 정확하게 이해하는 데 도움이 된다. 구체적으로 어드레스에서 공을 치기 위해 몸의 움직임이 어떠해야 하는지를 정확하게 인지시키고, 그 동작을 보여주는 방안으로 활용하였다. (2)는 (1)의 정적인 움직임을 입체적인 움직임으로 활성화할 수 있도록 활용한 방안이다. 영상은 학생이 멈춰진 동작의 구조를 이해하고, 실제적인 움직임의 모습을 생동감 있게 이해할 수 있도록 한다.

골프 강좌의 평가 방식에 대한 이해

평가는 학습한 내용과 관련하여 학생의 이해 정도와 성취도를 알아보기 위해 실시한다. 평가는 학생들이 수업 내용을 어느 정도 이해하는지, 잘 아는 것과 모르는 것은 무엇인지 등을 확인하는 측면과 학생들의 수준을 판단하기 위한 과정으로 활용된다. 교수자는 평가에서 학생의 수업에 대한 이해를 확인하고, 그에 적합한 피드백을 제공해야 한다. 평가는 학습자가 배운 내용의 수준을 확인하여 학습자의 성취를 사정하려는 방안으로 활용된다. 이 글에서는 과정 평가로 수업을 일체화하기, 중간 및 기능 평가로 기능 향상하기, 그리고 흥미 있는 골프 프로그램의 구안 및 발표 등을 활용하였다.

과정 평가로 수업을 일체화하기

나는 학생들이 골프수업에서 목표한 내용을 바르게 실천하는지, 수업 참여에 적극성을 보이는지 등에 주목하였다. 수업 목표가 수업과정에서 실천적인 모습으로 적용되는지를 확인하기 위해 다음을 주목하였다.

> (1) 수업 목표와 수업의 과정이 일치되고 있는지 관찰하기 ① 수업 목표에 따른 골프 동작을 수행하고 있는가? ② 정해진 수업 목표를 달성하기 위해 자신이 노력하고 있는 것은 무엇인가?
> (2) 골프에서 배운 퍼팅 방법을 구두로 설명하기 ① 경사가 없는 5m 내외의 퍼팅 방법을 알고 있는가? ② 경사가 있는 5m 내외의 퍼팅 방법을 알고 있는가?

(1)은 학생들이 골프수업에서 수업 목표를 바르게 알고 실천하는지를 확인하기 위해 주목한 관찰평가이다. 학생들은 골프수업에서 아이언을 갖고 공을 쳐 내기 바쁘다. 수업 목표와 상관없이 기본 기능을 익히기에 여념이 없다. 나는 학생들이 배워야 할 내용을 정확히 인지하고 있는지를 확인하기 위해 목표 중심의 수업에 집중하였다. 즉 수업 목표를 달성하는 방법을 수업과정에서 실천하고 있는지에 주목하였다. (1)의 ①과 ②는 학생들이 수업 목표를 알고 주어진 과제를 수행하는지를 확인하기 위해 주목한 부분이다. 학생들이 30m 내외의 목표물에 공을 보내려는 방법을 실천하는지, 가까운 거리를 보내기 위한 스윙 방법을 숙지하고 노력하는지를 탐색하기 위한 교사의 관찰평가였다.

한편 (2)는 학생들이 골프에서 상황에 따라 퍼팅을 어떻게 해야 하는지를 설명하는 구술평가에 주목한 질문이다. (2)의 ①은 경사가 없는 곳에서 퍼팅하기 위해 어디에 집중해야 하는지, 스트로크의 크기를 어떻게 해야 하는지를 방법적으로 설명할 수 있도록 제공한 질문이다. (2)의 ②는 ①과 달리 경사가 있는 퍼팅을 할 때, 어느 부분에 중점을 두고 퍼팅을 하는지를 확인하여 어려운 상황에서도 일관성 있는 퍼팅을 통해 성공률을 높일 수 있는 방안에 관심을 둔 질문이다. 나는 과정 평가에서 수업의 시작과 과정 및 마무리가 일관성 있는 흐름 속에서 유지되는지, 학생들이 수행하는 동작을 인지적인 측면에서 설명하고, 이를 심동적인 측면에서 기본 운동기능을 수행하는지를 파악하기 위해 과정 평가에 주목하였다.

중간 및 기말 평가로 기능 향상하기

대학에서 평가는 중간 평가와 기말 평가로 구성된다. 그리고 두 종류를 통합하여 학습자의 수업활동 모습을 평가한다. 이 경우 몇 번의 평가에서 낮은 점수를 받으면 되돌릴 수 없는 성적의 결과가 나타난다. 나는 이러한 측면을 고려하여 실기평가에서 내용을 정확히 알고 실천하는 데 도움이 되는 평가 방안을 고려하였다. 나는 교수자들이 학습자의 골프에 관한 이해와 가르치는 수업 운영 방안을 탐색하는 측면을 주목하였다.

> (1) 골프의 기본 운동기능과 그 기능을 달성하는 데 효과적인 클럽을 선택하여 실천할 수 있는지를 질문하기 ① 학습 목표를 제시한다 (50m 내외의 거리에 있는 목표물에 근접시키기 위한 적절한 클럽을 선택할 줄 안다). ② ①에서 제시한 학습 목표를 달성하는 데 효과적인 클럽을 선택하여 공을 목표 지점에 보낼 수 있다.

(2) 개인적이면서도 이기적으로 행동하는 학생이 있을 때, 그들이 협동을 통해 공동체 의식과 서로가 배려하는 마음과 태도를 신장할 수 있는 골프수업 계획을 설계할 때, 교사들이 취할 수 있는 적절한 교수전략을 이야기할 수 있도록 한다.

골프를 처음 접하는 초보자의 경우 7번 아이언을 갖고 배우게 된다. 이는 오래전부터 골프를 지도하는 교습가들이 지향해 왔던 방법 중 하나다. 그 결과 오랜 시간이 흘렀을 때, 7번 아이언은 잘 치는데 다른 아이언을 다루는 기능이 부족한 현상을 목격할 수 있다. 나는 이러한 부분을 고려하여 목표에 따라 적절한 클럽을 선택하여 활용하는 방안에 집중하였다. (1)은 정해진 학습 목표를 달성하는 데 효과적인 클럽의 선택과 활용 방안에 집중한 내용이다. 거리별로 클럽 선택이 다르고, 백스윙과 다운스윙의 크기가 다름을 알고 실천하는 데 주목하였다. 이는 향후 거리별 클럽의 선택과 스윙의 크기를 정하는 데 도움이 될 수 있다.

(2)는 개인적인 행동보다는 모둠원들이 서로 협동하면서 공동의 목표를 성취할 수 있고, 혼자보다는 모둠원들이 함께하는 것이 높은 성취와 가치를 가져올 수 있다는 점을 강조하기 위한 질문이다. 여기서 정답은 교수전략의 특징을 정확히 알고 있어야만 이야기할 수 있는 문항이다. 학생들이 적절한 교수전략의 명칭을 말하는 것이기 때문에 내용을 정확히 이해하지 못하면 오답을 내릴 확률이 높은 문항이다. 위에서 제시한 중간과 기말 평가의 문항 구성은 단순 암기보다는 학습자들이 경험하게 될 기본 운동기능의 향상 방안을 찾고 실천할 수 있는 구체화 방안을 탐색하는 데 초점이 있다.

골프 프로그램의 구안 및 발표

골프 프로그램의 구안과 발표는 강좌의 내용 [골프의 역사와 골프 규칙, 목표별 클럽의 선택과 클럽의 활용(백스윙과 다운스윙), 다양한 상황에서의 퍼팅 방법과 활용, 트러블 상황에서의 클럽 사용 방법, 우드와 드라이버 스윙하기 등]을 마치고 나서 모둠별로 한 차시의 골프 프로그램(퍼팅 또는 아이언을 활용한 목표물 맞히기 게임)을 구성하여 발표하고, 다른 모둠원들과 서로 토의·토론하는 방식으로 구성되었다. 나는 발표자와 질의응답을 주고받으면서 대처 능력과 질의응답의 적절성을 판단하여 평가 점수를 부여하였다. 위에서 제시한 신체활동 프로그램은 학기 초에 조직된 모둠원들이 협력하여 구성한 프로그램 내용을 발표한 후 평가 점수를 받는다. 신체활동 프로그램의 구성에서 다음을 주목하였다.

> (1) '활동명, 활동 목표, 활동 삽화, 게임 방법, 장면묘사, 변화로 게임의 난이도, 안전 고려사항' 등의 일련의 수업구조에 제시된 골프 프로그램의 구성 요소를 적절히 활용하였는지를 확인하기 ① 삽화가 골프 프로그램의 구성 요소 중 세 가지 이상의 내용을 반영하여 제시되었는지를 확인한다. ② 학습자의 수준을 고려하여 변화로 게임의 난이도를 높였는지를 질문한다.
> (2) 골프 프로그램에서 모둠원들과의 협력 또는 협동적인 모습 확인하기 ① 모둠원들이 서로 협력 또는 협동하여 골프 프로그램을 구성하였는지를 확인한다. ② 고안된 골프 프로그램의 발표 내용에 대한 질의에 모둠원들이 서로 협력 또는 협동하면서 응답하고 있는지를 확인한다.

(1)은 그동안 학생들이 학습한 골프 강좌의 내용을 반영하여 골프 프로그램을 구성하였는지, 주어진 일련의 구조4) 중 세 가지 이

상을 포함하여 프로그램을 구성하였는지를 확인하기 위해 주목한 부분이다. (1)의 ①은 골프 프로그램의 구성에 필요한 최저 요건을 적용하였는지를 확인하기 위해 평가한 내용이다. 삽화는 구성된 프로그램의 내용과 방법을 이해하는 기본 요소로 신체 움직임의 모습이 정확하게 드러났는지, 활동명에 부합하는 삽화의 구성인지를 검토하는 항목으로 평가 점수에 영향을 미치게 된다. (1)의 ②는 신체 활동이 하나의 내용 구성으로만 끝나지 않고 학습자의 특성을 고려한 수준별 수업과 난이도를 반영하였는지를 평가에 반영하였다. 이는 골프 프로그램의 확장성에 주목한 대목이다.

(2)는 (1)에서 구안된 골프 프로그램을 발표할 때, 모둠원들이 서로 협력하면서 활동명부터 안전 고려사항까지를 포함하는지를 확인하는 부분에 주목한 부분이다. (2)의 ①은 골프 프로그램이 모둠원들과의 협력을 통해 구성되었는지를 확인하려는 의도였다. 모둠원들이 발표하는 수업에서 노력의 경중으로 인해 모둠원들과 갈등이 있을 수 있지만 동일한 평가 점수가 부여되기 때문에 세심한 주의가 요구된다. (2)의 ②도 (2)의 ①과 마찬가지로 혼자보다는 모둠원들이 함께 협력하여 성과를 표출할 수 있도록 관심을 기울였다. 이 부분은 모둠원들이 골프 프로그램의 발표가 끝났을 때, 서로를 격려하고 고마움을 전달하는 긍정적인 수업 분위기를 조성하려는 방안이다.

---

4) 하나의 골프 프로그램이 갖는 구조를 의미한다. 나는 골프 프로그램에 포함될 수 있는 내용으로 프로그램명, 준비물, 삽화, 게임 방법, 장면묘사, 변화로 게임의 난이도를 높여요, 안전 고려사항 등이 포함될 수 있음을 제안하였다.

골프수업에서 주목하기의 의미

가르치는 사람은 배우는 사람에게 가르침을 제공한다. 이 과정에서 가르침의 내용은 다양하다. 가르치는 과정에서 교수전략과 수업 모형의 활용은 학생의 수업 참여와 수업의 교육적 효과를 드러내는 데 의미가 있다. 다만 수업에서 가르쳐진 내용이 무엇인지, 그것의 성과와 아쉬운 점은 무엇인지 등에 대해 수업 주목하기 측면에서 관심도가 크게 부각되지 않았다. 교수자가 학습자들에게 수업 실천의 과정에서 무엇을 하는지와 관련하여 주목하기의 구체화 내용을 탐색해 내지 못하였다. 체육학 분야에서 소수의 연구자만이 수업에서 주목하는 측면을 탐색하여 수업을 하는 과정에서 교수자들이 무엇을 왜, 어떻게 생각하고 말과 행동을 수행하는지를 확인하였다. 수업 주목하기는 한 차시의 수업이 진행되는 과정에서 가르침을 제공하는 교수자가 학생들과의 상호작용 과정에서 무엇을 하는지를 확인할 수 있는 좋은 방법이다. 이를 활용하면 교수자들은 자신의 수업을 반추해 볼 수 있고, 학습자들은 교수자의 반성과 성찰을 통해서 질 높은 교육을 받을 수 있다.

이 글은 Frederiksen과 그의 동료들이[5) 제시한 교수 방법(pedagogy), 수업 분위기(climate), 학생들의 사고(thinking), 수업관리(management) 등의 네 가지 주제들을 기본 분석 범주로 삼아 교사가 수업에서 주목한 것을 분석하였다기보다는 초등 예비교사교육자가 자문화기술지를 통해 자신의 골프 실기수업을 분석하였다. 그 결과 골프수업이 추

---

5) Frederiksen, J. R., Sipusic, M., Sherin, M., & Wolfe, E. W.(1998), Video portfolio assessment: Creating a framework for viewing the functions of teaching. *Educational Assessment*, 5(4), 225-297.

구하는 내용과 가치, 학습활동 운영 단계에 대한 이해, 골프수업 운영 방식에 대한 이해 그리고 골프 강좌의 평가 방식에 대한 이해 등이 도출되었다. 구체적으로 골프수업이 추구하는 내용과 가치로 목적 측면의 가치와 내용 측면의 가치가 도출되었다. 학습활동 운영 단계에 대한 이해 측면에서 이해 단계에서 주목한 내용, 체험 단계에서 주목한 내용 그리고 소통 단계에서 주목한 내용 등이 범주화되었다. 골프수업 운영 방식에 대한 이해 측면에서 기능을 전달하고 전수하기, 또래 집단을 활용하기 그리고 매체 활용하기 등으로 범주화되었다. 골프 강좌의 평가 방식에 대한 이해 측면에서 거리별 과정 평가로 수업을 일체화하기, 미니 게임으로 기능 향상하기 그리고 퍼팅 프로그램의 구안 및 발표 등이 범주화되었다. 이를 분석해 보면 교수·학습의 내용 중 골프의 성격, 교수학습 전개의 구조 그리고 평가의 다양화 방안 등에 주목하는 것으로 나타났다.

이 글은 영상이나 매체를 보고 분석하기보다는 필자의 골프수업을 운영하는 과정에서 진행된 교수·학습의 방향과 내용들에 초점을 두고 분석을 하였다. 하지만 결과만을 놓고 보면 초등 예비교사 교육의 수업 주목하기 내용은 Frederiksen과 그의 동료들이 제시한 기준과 크게 다르지 않음을 확인할 수 있다. 이러한 측면을 고려해 볼 때, Frederiksen과 그의 동료들이 제시한 분석 관점은 교수자의 수업에 대한 관심 요소와 수업에 대한 열정을 확인하는 기초가 될 수 있을 것이다.

골프수업에서 주목하기의 성과

나는 수업 주목하기를 통해 드러난 핵심 내용을 네 가지로 나누어 분석하고 해석하였다. 첫째, 골프수업이 추구하는 내용과 가치 측면에 주목해야 한다. 수업은 목적 지향적이다. 교수자는 학습자들이 신체활동, 즉 골프수업에 참여하면서 어떠한 모습을 보여야 하는지, 수업을 통해 무엇을 얻어야 하는지 등에 대한 목적성을 갖고 있다. 가르치는 사람은 배우는 학생들이 동기를 갖고 수업에 참여하는 것이 중요하다. 동기는 곧 수업의 참여와 성과로 나기 때문에 동기라는 목적성이 중요하다. 골프수업에서 동기가 형성되면 학생들은 골프를 하면서 많은 것들을 얻을 수 있다. 골프를 통해 배우는 모든 내용이 내용 측면의 가치가 되는 것이다. 하지만 신체활동을 하는 모든 수업이 그렇듯이 처음에는 관심을 두고 참여하지만 시간이 지나면서 수업 참여가 소홀해지고, 그 결과로 수업 내용을 이해하는 내용 측면에서도 성과가 미미하게 나타날 수 있다. 수업의 성과는 학습자만의 문제는 아니다. 교수자도 수업의 성과에 영향을 미친다. 이러한 차원에서 교수자가 자신의 수업을 자세히 검토하고, 어떠한 의도와 계획을 갖고 수업을 진행하느냐 하는 것은 수업에 큰 영향을 미친다고 볼 수 있다. 여기서 수업의 의도와 계획은 교사의 수업 주목하기와 밀접한 관련을 맺고 있다. 교사의 수업 의도와 그 과정을 통해 경험한 학생들과의 상호작용은 곧 수업의 성과를 보여주기 때문이다. 따라서 향후 수업을 운영할 때에는 수업 주목하기를 통해 교사들이 자신의 수업에 참여하는 동기가 무엇인지, 수업을 통해 학생들이 무엇을 경험하는지를 확인하게 된다면 골프에 대한 신체활동의 가치를 명확히 이해할 수 있을 것이다.

둘째, 학습활동 전개 및 운영 단계에 주목해야 한다. 이 글에서 수업 전개구조는 '이해, 체험, 소통'을 활용하였다. 나는 학생들이 '이해, 체험, 소통'의 과정에서 무엇을 알아야 하는지, 실천을 위해 무엇을 노력해야 하는지 등을 명확히 제시하는 측면에 관심을 두었다. 그동안 '도입, 전개, 정리'의 과정이 수업의 흐름 또는 단계를 의미하였다면 '이해, 체험, 소통'의 과정은 수업 내용 중심의 활동을 전개할 수 있는 구조적인 틀을 의미한다. 골프는 신체활동이 수반되는 수업이므로 학생들에게 이해, 체험, 소통 등의 단계에서 필요한 내용 요소들을 이해하면서 수업에 참여할 수 있도록 안내하는 것은 매우 의미 있는 활동이다.

셋째, 골프수업 운영 방식이 수업의 질을 결정한다. 나는 학생들이 운동하는 과정에서 기능을 전달하고 전수하기, 또래 집단을 활용하기, 매체를 활용하기 등의 방법을 활용하였다. 대부분 신체활동 수업은 가르치는 교수자가 시범을 보이고, 학습자들은 시범 보인 내용을 따라 하는 경향을 보인다. 이는 학습자의 자율성 측면에서 의지와 참여를 제한한다. 한편 기능을 전달하고 전수하는 것 이외에도 또래 집단을 활용하거나 매체를 활용하는 수업에서는 학생들 자신이 수행해야 하는 동작과 모둠원들이 서로 협력하면서 수행하는 동작에는 어떤 것이 있고, 어떻게 수행하는 것이 적절한지를 판단할 수 있도록 한다. 이 글에서 교수자가 수업 중에 기능을 전달하는 것 이외에도 또래 집단을 활용하거나 매체 활용에 주목한 것은 학생들의 상호작용과 시각 자료를 통해 골프에 대한 학생들의 지식과 이해 및 생각을 활성화할 수 있기 때문이다. 이는 수업 중에 교수자가 학생의 생각을 유도하고, 그 생각을 토대로 신체활동의 운동수행 동작에서 개인의 자율성을 극대화하는 가운데 신체수련 능력을 함양하는 데 도움이 된다. 위에서 주목한 부분은 교수자 일변도의 수업을 지양하고, 학생의 관점에서 수업 지식과 이해 및 생각에 대해 학생들의 이해를 높이는 방안이다.

넷째, 골프 강좌에서 평가 방식에 관한 내용과 생각에 주목하였다. 과정 평가로 수업을 일체화하기, 중간 및 기말 평가로 기능 향상하기 그리고 골프 프로그램의 구안 및 발표를 활용하였다. 수업 평가에서 활용된 평가 방식은 수업과 평가의 일체화를 위한 과정 탐색과 기본 운동기능 향상 그리고 골프 프로그램의 설계를 통해 향후 초등 현장에서 목표물 맞히기형 게임의 개발과 개선 방안에 주목하여 운영하였다. 이 부분은 평가의 현장 적합성을 높일 수 있는 측면으로 초등 예비교사의 수업 실천력을 강화하는 데 도움이 되는 피드백 자료의 성격을 갖고 있다. 평가 방식에서 눈여겨볼 만한 점은 수업 과정에서 산출된 내용이 학습자의 심동적 측면에서 기능 향상 이외에도 인지적 측면에서 사고의 확장을 가져왔다는 점이다.

제5장

대학교수의 경험과
스포츠 교육 실천을 말하다

대학교수는 다양한 경험을 통해 스포츠 교육에 대한 이해를 증진한다. 이 중 시대적 측면에서 미래 교육 환경의 변화를 위해 어떤 스포츠 연구를 수행해야 하는지, 그것은 어떤 의미가 있는지 등을 확인할 수 있다. 또한 대학교수가 되기까지의 경험 중 사직과 이직 경험 속에 등장하는 다양한 모습을 통해 한 개인이 어떤 삶을 살아왔는지, 그러한 삶 속에서 어떤 지향점을 찾고자 노력하였는지를 생생하게 들려줄 것이다. 만약에 나라면 사직하는 것에 대해 어떤 생각을 갖고 있는지, 다른 직장으로 이직하는 삶 속의 갈등에는 어떤 것들이 존재하는지 등을 살펴볼 수 있다.

미래 변화에 대비한 스포츠 교육 연구와 실천을 말하다[*]

나는 학교 현장의 체육교육이 어떠한 방향을 지녀야 하는지, 교수자는 학생들에게 어떻게 교육해야 하는지 등에 대해 많은 고민을 하고 있다. 또한 초등 예비교사교육자로서 초등 예비교사들이 현장에서 체육교육을 어떻게 운영해 나가면 좋을지에 대한 방향타를 마련하는 데 초점을 두는 삶을 살아가고 있다. 스포츠 교육 관련 연구자들도 필자와 유사한 상념에 잠겨 있을 것으로 생각한다. 스포츠교육(학)의 영역은 학교체육, 생활체육, 전문체육으로 구분할 수는 있지만, 이 글에서는 영역 중심으로 분류하여 논의하기보다는 교육적 관점에서 통합적인 안목을 제공하고자 한다.

이 글을 읽는 독자들도 자신이 몸담은 스포츠교육(학) 영역에서 의미 있는 스포츠 교육의 길을 찾아 나서길 바란다. 교육 환경이 급변하면서 도래할 교육 내용과 교수법 그리고 학습자의 사고체계가 많이 변하는 시대적 변곡점의 시점에서 스포츠 교육이 나아가야 할 미래 방향을 함께 탐색하면 좋겠다. 그동안 국내 체육관련 학회에서는 2017년 이후 4차 산업혁명에 대비한 스포츠교육학의 방향을 탐색하는 것을 출발점으로 하여 여러 차례 학술대회와 학술 연구가 진행되었다.¹⁾ 이 과정에서 미래사회에 필요한 스포츠 또는 체

---

* 고문수(2020), 「미래 교육환경 변화에 대비한 스포츠교육 연구와 실천」을 주제로 『한국스포츠교육학회지』에 투고한 내용을 수정 · 보완하였다.

1) 한국스포츠교육학회(2017)의 춘계학술대회에서 「4차 산업혁명과 스포츠교육학의 방향」을, 학교체육진흥연구회(2017)의 학교체육진흥연구 세미나에서 「4차 산업혁명과 학교체육의 방향」을 탐색하였다. 박정준 · 유창완(2017)의 「미래 사회 학교 교육의 변화에 따른 체육교육의 방향 고찰」 등이 있다.

육의 방향들이 제안되었다. 이 중 박정준과 유창완은 미래사회 학교교육의 변화에 따른 체육교육의 방향으로 감성 중심 미래 학교교육을 위해 과학적 접근 측면에서 미래 과학기술의 발전을 수용하고 신체활동의 체험 영역을 확장하는 부분과 인문적 접근 측면에서 신체활동 경험의 의미를 발견하고, 간접체험을 통해 감성적 인식을 확대하는 방안을 제안하였다. 이 글의 세부 내용도 이전의 학술세미나와 선행연구에서 제시된 내용과 크게 다르지는 않다. 시간이 흐르면서 사회문화적 배경과 연구자의 역량에 따라 '답'을 구하는 방식에서 차이를 보일 뿐이다.

> "우리의 아이들은 미래에 살도록 창조되었다. 그러므로 그들을 우리 시대에 맞도록 키울 것이 아니라 그들의 시대에 맞게 길러야 한다."
> -이슬람 격언-

위의 격언은 4차 산업혁명이 본격화되고 있는 현시점에서 다가오는 미래사회에 적응적으로 대비할 수 있는 전략을 다방면으로 모색해야 할 필요성을 제안하였다고 볼 수 있다. 그렇다면 우리는 구체적으로 무엇을, 어떻게 준비해야 할 것인가? 그 해답은 우리가 미래 시대를 어떠한 모습으로 적응해 나갈 것이며 우리의 후속 세대에게 필요한 생존 역량을 어떻게 키워주어야 할 것인가에 관한 내용이 핵심이 되어야 할 것이다.

4차 산업혁명 시대의 본격화에 앞서 우리가 인지해야 할 점은 현재 인간이 수행하는 대부분의 인지적·기술적 기능이 인공지능을 토대로 한 기계로 대체될 수 있다는 사실이다. 우리의 질문은 인공지능이 대체할 수 없는 인간의 특성과 기능은 무엇이며, 우리는 어떻게 그 특성과 기능을 개발하여야 하는가이다. 이와 같은 질문에 대하여 세계경제포럼(WEF: World Economic Forum)[2]은 인간의 특성과 기능을 바탕으로 만든 인공지능의 영향력에 맞설 수 있는 기능은 '인간 본연의 가치를 유지하는 것'이라고 설명하고 있다. WEF에서 주장하는 '인간 본연의 가치'란 인간 중심의 관점에서 인간의 고유한 가치와 역할을 고양하는 것으로 이해할 수 있다. 이와 비슷한 관점에서 많은 연구자가 미래를 전략적으로 대응하기 위해서는 인공지능이 대신할 수 없는 사회·정서적 기술을 습득하는 능력을 갖추어야 한다고 주장하였다. 4차 산업혁명에 수반하는 변화를 준비하는 전략을 '인간'에서 찾고 있다. 인간을 성장시키고 발달시키는 교육도 그 모습과 형태가 빠르게 진화하고 있다. 우리는 인간 본연의 가치를 유지하고 인간다움을 지속하기 위하여 다양한 학문 분야와의 교류는 물론 스포츠 교육을 바람직한 방향으로 바꾸려는 스포츠 교육 관련 연구자들의 적극적인 의지와 노력이 필요하다는 측면을 주목해야 한다.

최근 우리 사회는 '코로나 19' 바이러스로 정치·경제·사회·문화 측면에서 위기를 맞았다. 그리고 4차 산업혁명의 시대적 조류 중의 하나인 자동화 시스템으로 인간 존재의 가치가 위협을 받으면서 정서 불안과 생활 의욕 감퇴 그리고 사회생활에서 발생하는 다양한 디스트레스(Di-Stress)를 경험하고 있다. 이는 어떠한 교육활동으로도 치유하기 힘들다. 움직임을 통해 디스트레스를 유스트레스(Eu-Stress)로 전환하면서 정신 건강을 회복해야 하고, 신체활동

---

2) World Economic Forum.(2016), *New vision for education: Fostering social and emotional learning through technology.* Colony/Geneva: World Economic Forum.

의 과정에서 만나는 사람들과의 소통을 통해 건전한 인간관계를 형성하는 것만이 근본적인 치료책이 될 수 있다. 물론 더 좋은 '답'이 있다면 그 부분을 찾아 나가면 된다. 이 글에서는 미래 교육 환경의 변화 속에서 탐색의 관점을 '스포츠 교육'에 중점을 두고 있으므로 어떠한 스포츠 교육의 길을 걸으면 좋은지와 관련하여 고민의 흔적을 남기고자 한다.

스포츠 교육 환경의 변화[3]

스포츠 교육 환경은 스포츠의 실천적 구현을 위한 중요한 토대이다. 교육 환경이 어떠해야 하냐에 따라 그 환경에 맞게 교육을 해야 적합성이 높기 때문이다. 스포츠 교육 환경을 이해하는 것은 스포츠 교육이 어떠한 방향성을 지녀야 하는지에 대한 중요한 실마리를 찾는 데에도 도움이 될 수 있다. 이 장에서는 스포츠 교육 환경의 변화를 스포츠 학습 환경, 스포츠 학습 내용 그리고 스포츠 교육 방법으로 나누어 탐색하였다.

스포츠 학습 환경의 변화

교육은 빠른 속도로 변화하고 있다. 그동안 교실이라는 제한된 학습 공간에서 이루어졌던 일방적이고 교사 중심적이었던 강의식 수업은 점차 중요성이 감소하고 있다. 학습자들은 학습 공간과 내

---

3) 미래 교육 환경의 변화와 관련한 내용은 고문수(2017)가 학교체육진흥연구 세미나에서 발표한 「4차 산업혁명과 학교체육의 방향」과 이선영(2017)이 「4차 산업혁명 시대의 교육심리학」에서 제안한 내용을 토대로 스포츠 교육 환경의 변화 내용을 재해석하여 제시하였음을 밝힌다.

용에 있어 제한을 받지 않는 유비쿼터스 학습에 익숙해져 가고 있다. 유비쿼터스는 '언제 어디에나 존재한다.'라는 뜻의 라틴어로, 사용자가 컴퓨터나 네트워크를 의식하지 않고 장소에 상관없이 자유롭게 네트워크에 접속할 수 있는 환경이다. 미래 교육은 학습 콘텐츠를 제공하는 다양한 플랫폼과 진보된 기술이 학습자의 맞춤형 교육서비스를 제공하게 된다. 학습자들은 시·공간적인 제약을 벗어나 자신의 스마트기기를 활용한 학습이 가능하다. 학습자들은 학습 내용에 따른 교수자의 피드백도 즉각적으로 받을 수 있다. 그리고 학습자는 자신의 인지적 역량과 흥미 수준에 따라 학습 내용을 선택할 수 있다.

미래 교육의 핵심은 학습자 중심이라는 점이다. 학교라는 물리적인 공간이 사라지지 않는 한 학교에서 학습의 기능은 지속될 것이다. 그러나 학습의 형태는 변화하고 다양화되며 학교 안에서의 학습형태도 다양성을 보일 수 있다. 학습자들은 웹 플랫폼을 이용하여 학교 밖에서 개인화된 학습을 하면서 수업에 참여할 수 있다. 학교 밖에서의 온라인 학습과 학교 안에서의 오프라인 학습을 결합한 블랜디드 러닝(Blended Learning)을 할 수 있다. 블랜디드 러닝의 대표적인 학습형태는 플립러닝(Flipped Learning)이다. 플립러닝은 가정에서 디지털 매체를 활용하여 학습에 필요한 기본 개념과 지식을 사전에 학습하고 교실에서는 학습자 스스로 생각하며 배울 수 있도록 하는 학습 형태이다. 교사가 수업 전 사전학습의 저작물을 사이버 공간에 탑재하면 학습자들은 자신의 수준에 적합하게 학습 속도를 조절하여 학습 콘텐츠를 학습한다. 학습자들은 웹 플랫폼에 제공된 강의 내용을 미리 학습하고, 교실에서는 학습

한 개념을 문제해결에 적용, 실험, 토론하거나 협력 프로젝트 학습
을 수행하게 된다.[4]

스포츠 학습 내용의 변화

미래 스포츠 학습 내용의 변화는 절차적 지식과 통합교과로의 전
환을 요구한다. 미래 교육의 핵심 키워드라고 할 수 있는 '인공지
능'과 '디지털 학습'은 학습 내용에도 변화를 촉진하고 있다. 미래
는 단순히 지식을 서술하는 수준에 머무르지 않고 지식의 발생과
과정, 결과를 통합적으로 이해하는 절차적 지식을 요구한다. 이와
같은 관점에서 학생들이 학습의 내용을 수동적으로 소비하기보다는
직접 만들고 창작하는 학습을 중점으로 하는 크리에이터(creator)
양성 교육이 강조되고 있다. 고정적인 지식을 수동적으로 입력하는
것이 아니라 새로운 지식을 창출하는 미래 시대의 학습자를 위한
교육의 형태이다.

4차 산업혁명 시대를 맞이하기 위해서는 변화를 적극적으로 수
용하고, 교수·학습 방법의 패러다임을 전환하려는 노력이 필요하
다. 2030년까지 현존하는 일자리의 30%가 사라질 것이라는 전문가
들의 예측을 인지하고 미래사회에서 경쟁력을 지닌 인재를 육성하
는 학습 방법을 논의해야 한다. 스마트기기를 활용한 자기 주도적
인 학습이 주를 이룰 것이기에 교수자의 개입이 최소화되고 학습자
의 개인차가 반영되는 온라인 학습에 주목할 필요가 있다. 미래 시
대의 교육은 개별적인 교과를 분리하여 접근하기보다는 융합 학문

---

4) 이희숙·강신천·김창석(2015), 「플립러닝 학습이 학습 동기 및 학업 성취도에 미치는 효과에
　관한연구」, 『컴퓨터교육학회논문지』, 18(2), 47-57.

이라는 이름으로 통합적으로 접근하는 모습으로 나타나고 있다. 이는 자동화와 연결성으로 설명되는 4차 산업혁명의 기조와도 일치한다. 융합 학문의 예로는 STEAM(Science, Technology, Engineering, Arts, Mathematics)이 있다. STEAM은 과학, 기술, 공학, 예술, 수학 분야의 융합 지식을 토대로 학습자의 총체적인 역량을 증진하는 것을 목적으로 한다.5) 개별 학문의 경계를 허물고 학습의 주제를 중심으로 교육하는 융합 교육의 표본이라고 할 수 있다. 융합 학문을 추구하기 위해서는 통합교과를 활용할 수 있는 교육과정을 비롯한 교사 간 협업이 뒷받침되어야 한다.

스포츠 교육 방법의 변화

미래 스포츠 교육은 유비쿼터스, 빅데이터, 클라우드, 웹 플랫폼을 활용한 교육 방법이 상용화될 것이다. 학습자의 인지적 요소를 비롯한 동기 진단을 토대로 한 지능형 학습체제(ITS: Intelligence Tutoring System)에 주목해야 한다. 지능형 학습체제(ITS)도 여러 학문의 융합기술을 토대로 하며 학습자는 지능형 학습체제를 활용하여 자신의 컴퓨터에서 개별화된 학습이 가능하다. 또한 개별화된 학습뿐만 아니라 학습자와 교수자, 학습자와 학습자 간 상호작용이 가능해진다.6) 교육 방법이 변화함에 따라 교사의 역할도 변화하고 있다.

교사는 학습의 설계자이자 조력자로서 다양한 교수학습의 기자

---

5) 백윤수·박현주·김민·노석구·박종윤·이주연·정진수·최유현·한혜숙(2011), 「우리나라 STEAM 교육의 방향」, 『학습자중심교과교육연구』, 11(4), 149-171.

6) 김성일·김원식·윤미선·소연희·권은주·최정선·김문숙·이명진·박태진(2003), 「교수 가능 에이전트(Teachable Agent)의 개념적 이해와 설계방안」, 『인지과학』, 14(3), 13-21.

재를 능숙하게 다룰 수 있어야 한다. 교사는 학습 현장에서 학습 내용에 과학기술을 접목하고 창의적으로 활용할 수 있어야 한다. 플립러닝을 활성화하기 위하여 디지털 매체에 수업자료를 제시하는 과정에서 학습자의 흥미를 유발할 수 있는 기술적인 능력이 요구된 다. 스마트기기를 비롯한 디지털 매체는 협력적 상호작용과 학습자 맞춤형 교육을 가능하게 할 뿐만 아니라 자기 주도 학습도 극대화 할 수 있다. 교사들은 미래 스포츠 교육에서 과학기술 사용의 중요 성을 인식하고 스스로 수업자료를 준비하는 역량을 갖추어야 한다.

미래 교육 환경에서 스포츠 핵심역량과
스포츠 교육의 방향

위에서 스포츠 교육 환경의 변화를 스포츠 학습 환경, 스포츠 학 습 내용 그리고 스포츠 교육 방법으로 나누어 탐색하였다. 이 글에 서는 미래 스포츠 교육 환경 변화에 필요한 스포츠 핵심역량7)과 스포츠 교육의 방향을 분석하고 해석하였다.

스포츠 핵심역량

미래 교육 환경의 특징을 반영한 스포츠 핵심역량에는 어떤 것들 이 있는가? 그리고 그러한 핵심역량을 어떻게 범주화할 수 있을까? 핵심역량의 범주화 및 세부 구성요소는 연구자에 따라 달리 제시될

---

7) 미래 교육 환경에 적합한 스포츠 역량은 다양하게 논의할 수 있지만, 이 글은 이광우·전제 철·허경철·홍원표(2009)와 이근호·곽영순·이승미·최정순(2012)이 제시한 미래 사회 대 비 역량을 스포츠 교육 환경에 맞게 재구성하였다.

수 있으나 유사한 요소들이 핵심역량으로 추출되고 있음을 확인할 수 있다. 이에 핵심역량의 대범주를 재구조화하고, 국가 수준의 교육과정에서 제시할 수 있는 범주별 핵심역량 구성요소를 논의하고자 한다.

스포츠 핵심역량의 구성요소를 대범주로 재구조화하려는 이유는 국가별로 핵심역량 구성요소들이 다를 뿐만 아니라, 핵심역량의 구성요소를 상세히 제시할 경우 교과별 교육과정 재구성과 운영의 자율성을 침해할 수 있기 때문이다. 역량의 다양한 구성요소들을 포괄하는 대범주를 다시 설정함으로써 핵심역량을 대강화하고자 한다. 이렇게 진행되면 향후 학교나 교사가 총론이나 교과 교육과정 수준에서 관련된 주요 핵심역량을 선별하거나 조직할 때, 대범주의 의미와 범위 내에서 핵심역량을 재구성할 수 있을 것이다. 결국 핵심역량 측면에서 교과별 교육과정을 재구성할 때 교과별 특성을 반영하여 핵심역량의 대범주를 규정하는 하위요소들을 자율적으로 재구성하는 데 도움이 될 수 있다. 물론 대범주별로 어떠한 핵심역량을 교수하고 학습할 것인지를 결정하는 것은 단위학교나 교과 또는 교사의 몫이다.

이 글에서는 이광우 외 3인[8]이 핵심역량으로 제시한 개인적 역량, 학습 역량 그리고 사회적 역량의 3대 대범주를 수용하되 최근 쟁점이 되는 창의·인성적 측면을 강조하여 별도의 영역으로 분류하고, 그 밖의 영역을 통합적으로 구성하여 지성 역량과 사회성 역량으로 분류하였다. 스포츠 교육 상황에 맞게 용어를 재정리하면

---

8) 이광우·전제철·허경철·홍원표(2009), 「미래 한국인의 핵심역량 증진을 위한 초·중등 교육 교육과정 설계 방안 연구」, 한국교육과정평가원 연구보고 RRC 2009-10-1.

<표 1>과 같이 스포츠 인성 역량, 스포츠 지성 역량 그리고 스포츠 사회성 역량으로 구분할 수 있다. 여기서 신체적 역량을 따로 구분하지 않은 것은 스포츠 인성, 스포츠 지성 그리고 스포츠 사회성 역량 함양의 전제가 신체활동을 기본으로 하고 있기 때문이다. 스포츠를 통한 신체적 역량은 다른 핵심역량 대범주의 원천으로 작용을 한다.

〈표 1〉 스포츠 핵심역량의 대범주

대범주	핵심역량 구성 요소	비고
스포츠 인성 역량	스포츠 참여를 통한 도덕적 역량, 자아 정체성, 자기 인식, 자존감, 개방성, 이해심, 배려, 윤리의식 등	
스포츠 지성 역량	스포츠를 통한 창의적 사고 능력, 비판적 문제해결력, 학습 역량 등	
스포츠 사회성 역량	스포츠를 통한 사회생활 능력과 직무 능력 함양 등	

위에서 재구조화한 핵심역량의 세 가지 대범주의 특징은 다음과 같다. 첫째, 스포츠 인성 역량은 스포츠를 통해 품성을 함양하는 것이다. 이는 인간의 성품(품성) 계발과 관련된 스포츠 역량으로 자기 존중, 수용, 잠재력 개발, 자기 통제와 조절 능력 등 개인 차원이나 개인과 타인의 만남 속에서 발생하는 관계 개선에 필요한 역량을 의미한다.

둘째, 스포츠 지성 역량은 스포츠에 관한 인지적 안목을 증진하는 것이다. 이는 학습 역량과 창의적 사고 능력 등을 포괄하는 것으로 기본 소양 준비를 기초로 문제를 해결하고 그 과정에서 비판적 사고와 창의적 사고를 발휘하는 데 필요한 역량을 의미한다.

셋째, 스포츠 사회성 역량은 스포츠에 참여하면서 사회화를 촉진하는 것이다. 사회생활 능력과 직무수행 능력을 포괄하는 것으로 사회적 소통을 중시하고 참여를 통해 문제를 인식하고 사회생활 속에서 자신의 위치나 진로를 개척해 나가는 데 필요한 역량을 의미한다.

스포츠 교육의 방향

스포츠 교육의 방향은 위에서 제시한 세 가지 스포츠 역량 함양과 밀접한 관련이 있다. 교육의 수혜자들은 스포츠를 통해 스포츠 인성, 스포츠 지성, 스포츠 사회성을 신장해 나가야 한다. 이 글에서는 학습자들의 스포츠 핵심역량의 함양과 관련하여 교수학습 측면을 탐색하였다. 2015 개정 체육과 교육과정의 교수·학습의 방향과 스포츠 교육에서 과학적 관점과 인문적 관점의 활용을 제안하고자 한다.

체육과 교육과정에서 제안한 교수·학습의 방향

스포츠 역량의 구체화는 어떻게 방향 지을 수 있을까? 학습자가 스포츠 역량을 함양하기 위해서는 의도적이고 계획적인 활동 속에서 교육적 의미가 탐색되어야 한다. 이를 위해 2015 개정 체육과 교육과정에서 제안한 체육과 교수·학습의 방향 [체육과 역량 함양을 지향하는 교수학습, 학습자 특성을 고려한 수준별 수업, 자기 주도적 교수학습 환경 조성, 전인적 발달을 위한 통합적 교수·학습, 맞춤형 교수·학습 방법의 선정과 활용, 정과 외 신체활동과 연계한 교수·학습]은 매우 중요한 탐색의 실마리가 될 수 있다. 스포츠 역량의 실천은 교육의 방향 속에서 구체화할 수 있다. 스포츠 교육의 방향과 역량의 구체화 시점은 교수자의 역량으로 드러난다. 스포츠 교육을 운영하는 교수자가 학습자의 삶에 의미를 더하기 위해서는 다양한 매개체들의 적절한 활용이 출발점이 될 수 있다.

스포츠에 참여하는 모든 대상자가 스포츠에 참여하면서 흥미와 동기유발, 만족감, 성취감, 자존감, 자기 존중, 타인 존중과 배려, 규칙과 질서 유지, 기본 운동기능 발현과 스포츠 문제에 대한 비판적 문제해결력, 공동체 문화의 형성 그리고 스포츠를 통한 직무수행 능력을 높일 수 있도록 위에서 제시한 여섯 가지의 체육과 교수·학습의 방향을 상황에 맞게 활용해야 한다.

스포츠 교육에서 과학적 관점과 인문적 관점의 활용

학생들이 스포츠 핵심역량을 함양하기 위해서는 스포츠 교육에서 과학적 관점과 인문적 관점의 활용이 요구된다. 과학적 관점은 직접적인 신체활동을 통해 스포츠 역량을 체화하는 것과 직접적인 체험이 어려운 부분에 대해서는 다양한 과학기술의 활용을 통해 학습자들이 역량을 신장시켜 주는 방안이 있다. 이 중 직접적인 체험이 어려운 스포츠 교육에서는 미래 교육 환경의 변화 속에서 대두된 지식정보사회로의 변화와 과학기술의 변화 요소들을 직접 체험 활동에 가미해야 한다. 즉 축구, 배구, 야구, 테니스 경기 등에서 판독 시스템의 활용과 스포츠 교육 활동에 제한을 받는 스포츠의 경우에는 가상현실(virtual reality)이나 증강현실(augmented reality)을 활용한 수업 방안들을 고려할 필요가 있다. 그리고 디지털 기술의 발달은 애플리케이션을 이용하여 교육 수혜자들의 건강관리와 체력 정보들을 제공하는 데 도움을 줄 수 있다.

인문적 관점은 스포츠에 참여하면서 신체활동에 내재한 끈기, 인내, 책임감, 타인 배려 등의 교육적 가치를 체화하여 실천할 수 있도록 해야 한다. 스포츠 교육의 과정에서 등장하는 다양한 갈등 상황과 요소들에 매몰되기보다는 교육적 관점에서 문제를 해결하기 위한 다양한 상호작용에 초점을 맞춰야 한다. 인문적 관점과 관련하여 최의창9)의 제안은 시사하는 바가 높다. 그는 스포츠 교육에서 학생들이 '하는 것'과 '아는 것'의 조화로운 통합, 즉 기법적 측면과 심법적 측면의 통합을 제안하였다. 이 중 '아는 것'과 관련하여 '하는 것'과는 다른 차원의 경험으로 스포츠와 관련된 인문적 전통인 문학, 예술, 종교, 역사 관련 텍스트를 활용하여 읽고, 쓰고, 말하고, 듣는 가운데 몸으로 체화하는 방안을 제시하였다. 이는 직접 경험할 수 없는 세계를 경험의 세계로 가져와서 학습자의 전인적 성장과 발달에 도움을 주는 방안이다. 스포츠 교육에서 생명 존중, 환경문제, 스포츠 복지와 인권 등을 주제로 학습이 이루어진다면 스포츠의 핵심역량인 스포츠 인성은 자연스럽게 형성될 것이다.

스포츠 교육 연구와 실천의 두 축

미래 교육에 대응하는 스포츠 교육이 이루어지기 위해서는 '기술과 사회 변화가 미치는 영향'에 관심을 기울여야 한다. 스포츠 교육을 바람직한 방향으로 이끌기 위한 '스포츠 교육 관련 연구자들의 적극적인 의지와 노력'도 필요하다. 전자는 '외적 힘'이고 후자

---

9) 최의창(2010), 『인문적 체육과 하나로 수업』, 서울: 레인보우북스.

는 '내적 힘'이다. '외적 힘'에는 '기술의 변화', '직업 세계의 변화', '다양성 증가', '뉴미디어 세대의 뇌의 변화' 등이 있다. 스포츠 교육을 변화시키는 대표적인 '내적 힘'은 교수자들이 교육 비전을 수립하고, 이를 달성하기 위한 적극적인 노력을 의미한다.

'외적 힘'과 스포츠 교육 연구와 실천

'기술의 변화'가 스포츠 교육 연구와 실천에 주는 시사점

'기술의 변화'가 가져올 가장 큰 변화는 무엇일까? 아마도 지금까지 인간이 하던 많은 일을 인공지능을 갖춘 로봇이 담당하게 된다는 점이다. 이는 많은 사람이 직업을 갖지 못하며 살아가야 하는 시대가 올 수 있다는 것을 의미한다. 학생들은 이런 미래가 다가오고 있다는 예측을 접하면서 불안감을 감추지 못하고 있다. 이런 상황 때문에 학생들은 상위권 대학, 좋은 직장을 얻기 위해 더욱 치열하게 경쟁하게 된다. 또 한편으로는 학교교육에 의미를 느끼지 못하는 학생들이 급증하고 있다. 이는 학교교육이 마주한 큰 도전적 과제다. 기술의 변화는 스포츠 교육에 긍정적인 영향도 크게 끼칠 것이다. 기술의 사용을 통해 비판적 사고, 창의력 계발, 협업과 문제해결을 더 잘 지원할 수 있다. 스포츠와 관련된 개별 맞춤학습을 가능하게 하고, 스포츠에서 가상현실, 증강현실 등의 활용과 스포츠게임의 폭넓은 활용은 학습자의 스포츠에 대한 참여와 집중력을 높일 수 있다.

'직업 세계의 변화'가 스포츠 교육 연구와 실천에 주는 시사점

'직업 세계의 변화'는 스포츠 교육에 어떤 영향을 미칠까? 21세기는 직업을 스스로 만들어내야 하는 시대다. 모두가 기업가적 영혼으로 변화를 만들어낼 수 있어야 한다. 21세기는 팀으로 일하는 시대, 더 나아가 서로 다른 팀들이 더 큰 팀을 이루어 문제를 함께 해결해야 하는 시대다. 따라서 사회성과 감성, 공감 능력, 모험에 도전하는 정신, 네트워킹 등의 소프트 기술이 더 중요해진다. 미래는 직업과 지식의 생멸(生滅) 속도가 매우 빠르다. 따라서 평생학습 능력이 중요하다.

직업 세계의 변화는 스포츠 교육에서도 예외가 아니다. 2016년부터 전면 시행되고 있는 중학교 자유학기제는 상급학교 진학에 초점을 맞춘 진로교육을 학생의 흥미와 적성을 고려한 직업 중심의 진로교육으로 변화시키고, 학교교육의 패러다임을 변화시키는 기폭제가 되었다. 미래사회는 기존의 인식체계와 사회구조의 변화를 요구한다. 스포츠 교육 현장에서 교육 수혜자들의 삶의 지향점을 찾기 위해서는 진로교육의 방향성을 재개념화할 필요가 있다. 진학과 직업의 선택이라는 스포츠 진로교육의 협의적 개념을 진학, 진로, 창직으로 재개념화해야 할 것이다. '창직'은 스스로 자신의 적성 분야에서 재능과 능력에 맞게 창의적인 아이디어를 바탕으로 새로운 직업이나 직무를 발굴하여 노동시장에 보급하는 것을 의미한다.[10] 창직이 등장한 배경은 일자리 부족, 고용 없는 성장, 산업구조의 변화 그리고 직업 세계의 변화이다. 평생직장에서 평생 직업으로의 패러다임의 변화이다. 직업을 선택할 때, 안정성과 경제적 가치보다는 직업적 가치와 적성을 우선시하는 경향이 점차 높아지고 있다.

---

10) 오정훈(2017), 『학교체육 진로교육의 변화와 준비』, 2017 학교체육진흥연구 세미나 자료집, 29-52.

'스포츠 창직'은 스포츠라는 콘텐츠에 창의적 아이디어가 결합하여 새로운 경제적·사회적 부가가치와 새로운 직업(무)을 창출하는 창의적 활동이자 과정이다.[11] 스포츠라는 콘텐츠는 교육적 측면에서 매우 유용한 내용과 방법이면서 경제적 측면에서도 새로운 직업과 직무의 개발 및 부가가치를 창출하는 데 유용한 아이템이라고 할 수 있다. 스포츠 창직의 관점에서 스포츠 산업은 스포츠라는 콘텐츠로 파생되는 산업이라고 할 수 있다. 이는 스포츠 산업 분야가 스포츠 교육, 스포츠 경영, 스포츠 조사·연구, 스포츠 안전·관리, 스포츠 생산·유통, 스포츠 의료, 스포츠 언론, 스포츠 복지, 스포츠 영화, 스포츠 패션 그리고 스포츠 언론 등 광범위하면서도 세분될 수 있다는 가능성을 시사한다. 스포츠 창직의 사례로는 스포츠 컨시어지 [개인적인 스포츠 활동에 필요한 각종 서비스를 제공하는 역할 등], 노인복지 매니저 [노인을 대상으로 한 개인 몸매 및 비만 관리, 성인병 예방 및 영양관리 정보 제공, 치매 예방 및 운동 처방 등], 자전거 전문정비사 [자전거 전문 수리, 전문세차, 자전거 여행 코스 개발 등], 바디 컨설턴트, 스포츠 역사가, 캠핑 비즈니스 전문가 [야영장의 입지 개발부터 캠핑 관련 시설 및 운영까지 일련의 비즈니스 제공] 등이 있다.

'다양성의 증가'가 스포츠 교육 연구와 실천에 주는 시사점

학교 내 학생들 간에는 능력, 학습준비도, 학습양식, 흥미, 장래 희망, 문화 자본, 인종 등의 차이가 과거 어느 때보다도 급증했다.

---

11) '스포츠 창직'과 관련된 자세한 내용은 오정훈(2017)이 2017 학교체육진흥연구 세미나에서 발표한 「학교체육 진로교육의 변화와 준비」 원고를 참고하기 바란다.

다문화가정 학생의 비중이 50%가 넘는 학교가 적지 않다. 세계의 주요국들은 학교 내 학생의 다양성에 대처하는 것을 교육의 최우선 과제로 삼기 시작했다. 헬싱키 디자인 연구소의 이야기대로 미래사회에서 교육시스템의 성공 여부는 다양성에 대해 얼마나 잘 대처하며 다양한 대상자들을 모두 학습에 참여시키고 성장시킬 수 있느냐의 여부에 달려 있다. 다양성의 증가는 무학년제, 학급당 학생 수 감축, 개별화 지도, 학습장애가 있는 학생도 일반 학생들처럼 교육과정에 대한 접근을 가능하게 하는 보편적 학습설계(UDL: Universal Design for Learning) 등의 도입을 재촉할 것이다. 무엇보다 다양성의 증가는 어떤 사람이 체육을 지도하는 교사가 되어야 하는가, 모든 학생을 몰입시키고 성장과 발달을 유인할 스포츠 교수법은 무엇인가, 표준화된 체육교육과정의 운영은 타당하고 유효한가? 등의 근본적인 질문을 던진다. 이에 교사 또는 교사교육자, 교육과정 그리고 교수법과 관련된 다양한 스포츠 연구와 실천이 요구된다.

'뉴미디어 세대의 뇌의 변화'가 스포츠 교육 연구와 실천에 주는 시사점

스포츠 교육을 변화시키는 주요 동인으로 '뉴미디어 세대의 뇌의 변화'에 주목해야 한다. 뉴미디어 세대는 새로운 뇌를 가진 신인류에 가깝다. 이들의 사고방식, 행동 양식, 동기유발 방식, 삶의 방식은 기존의 기성세대와 매우 다르다. 뉴미디어 세대의 뇌는 충동성이 높고, 주의 집중시간(attention span)이 매우 짧으며 피드백이나 보상이 느린 것을 잘 참지 못한다. 개인의 집중시간 조사에서 1998년에는 12분, 2008년에는 5분, 2015년에는 8초로 짧아졌다는 최근의 보도(The Associated Press)는 가히 충격적이다. 이는 주위의 강도 높은 자극에 뇌가 적응한 탓이다. 이제 학습도 피드백이 빠르고 즉각적인 보상이 주어지는 게임의 원리를 적용해야 하는 시대를 맞았다.

수업도 초등학생은 약 10분, 중학생은 약 15분, 고등학생은 약 20분마다 수업의 분위기를 바꾸어 주는 방식이 필요하다. 스포츠 교육에서도 교육 수혜자들이 신체활동에 집중할 수 있는 다양한 프로그램의 개발과 활용을 위한 연구에도 관심을 기울여야 한다. 발전된 디지털 기기를 이용한 게이미피케이션(gamification) 역시 학습자의 동기와 학습 참여를 촉진할 수 있는 미래지향적 학습 방법이다. 게이미피케이션은 학습 내용에 게임적 사고와 게임 기법을 활용해 문제를 해결하도록 함으로써 학습자를 참여시키는 것을 말한다. 게임이론의 몰입, 자기 주도적인 문제해결, 개인화된 목표와 보상 등의 요소를 학습 내용에 적용함으로써 학습을 촉진할 수 있다. 스포츠 교육에서 뉴미디어 세대들이 신체활동에 의미 있게 참여할 수 있는 '외적 힘'의 요소들을 활용한 연구와 실천에 대한 접근도 필요한 시점이다.

소결: '외적 힘'에 의한 스포츠 교육의 변화

아래의 내용은 유럽위원회(European Commission) 소속 합동연구소(JRC: Joint Research Centre)의 하나인 IPTS(Institute for Prospective Technological Studies)가 연구한 주요 내용을 스포츠 교육 현상으로 재구성한 것이다. 이는 주로 '외적 힘'에 의한 변화들이다.

첫째, 교수학습과 교육과정의 변화이다. 교수학습은 학습자 개인의 요구와 선호를 수용하기 위해 점점 더 개방적이고 유연한 방식으로 운영될 것이다. 학습은 점점 더 자기조절학습, 개인별 맞춤형 학습, 협력학습의 형태로 이루어질 것이다. 수업 참여와 동기의 유지를 위해 학습은 개인의 흥미와 요구 등 개인차를 고려하여 진행되고 일상적인 삶의 활동과 통합될 것이다. 전통적인 교과의 경계도 허물어질 것이다. 학습자가 범교과적 학습을 독립적으로 수행하는 일이 많아질 것이기 때문이다. 비형식적 학습(informal learning)의 비중과 중요성이 더 부각될 것이다. 특정 기능은 머지않아 쓸모가 없어지기 때문에 일반적인 역량이나 여러 영역에서 두루 사용될 수 있는 기능 습득에 주목해야 한다. 학습은 맥락이 있고 범교과적 문제해결 프로젝트 등을 통해 이루어질 것이다. 게임과 학습은 상반되는 활동이 아니고, 가상현실과 증강현실이 광범위하게 활용될 것이다.

둘째, 체육을 가르치는 교수자(지도자)의 역할 변화이다. 교수자는 학생이 자기 주도로 개별 혹은 협력학습을 하는 과정에서 가이드, 멘토, 코치, 파트너 임무를 수행할 것이다.

셋째, 스포츠 교육 평가의 변화이다. 학습은 개인의 주도로 이루어지고 표준화된 외부 평가에 의존하지 않게 될 것이다.

넷째, 스포츠 관련 학력 인정, 자격증 제도의 변화이다. 비공식적으로 획득한 스포츠 관련 자격을 학력으로 인정해 주는 시스템이 도입될 것이다. 공교육과는 별개의 다양한 자격증이 나타날 것이다. '외적 힘'으로 예상되는 스포츠 교육의 변화는 공감대가 크고, 이미 스포츠 교육에서 확인되는 것들도 많다. 이상에서 열거된 각 변화가 무엇을 시사하는지를 한국의 스포츠 교육은 깊은 분석과 대비가 필요하다.

'내적 힘'과 스포츠 교육 연구와 실천

'내적 힘'은 스포츠 교육을 바람직한 방향으로 바꾸려는 스포츠 교육 관련 연구자들의 적극적인 의지와 노력이다. '내적인 힘'은 교육 비전의 수립과 달성을 위한 끊임없는 노력과 변화 의지를 말한다. 이 글에서는 '내적 힘'과 관련하여 스포츠교육학자들이 펼치는 자신만의 스포츠 교육 연구의 길과 필자가 체육과 교수·학습에서 시간 단계의 흐름에서 벗어나 목표 중심의 수업 운영을 통해 수업의 의미와 방향을 제안하는 '체육과 수업 전개구조'의 활용을 제시하였다.

연구자 자신이 펼치는 '스포츠 교육 연구의 길'이 답이다

얼마 전의 일이다. 오후에 한 통의 전화를 받았다. 교수님 차 한 잔하실 수 있으세요. 나는 기다렸다는 듯이 "좋아"라고 답하고, 만남의 장소로 나갔다. 전화한 사람은 최근에 스포츠교육학 전공으로 박사학위를 받고 대학에서 강의하는 김 박사였다. 우리는 커피숍에서 1시간 30분가량 이야기를 나누었다. 김 박사와 이야기를 나누던 도중 나에게 이런 이야기를 하였다. 요지는 "연구하는 것은 좋은데 제 연구가 어떤 의미가 있는지 모르겠습니다. 학교체육은 물론 교수법과 신체활동 프로그램 개발과 관련하여 고민을 하는데 '좋은 글'을 쓴다는 것이 무엇인지 잘 모르겠습니다."라는 것이었다. 나는 이야기를 듣고 한참 사색에 잠겼다. 그동안 여러 연구를 수행하면서 성과를 내고는 있지만 '좋은 글'이라는 것이 무엇인지에 대해 이렇다 할 정의를 내리고 글을 쓰고 있지는 않기 때문이다. 이후에도 한참의 이야기가 오갔고 조만간에 만나서 식사와 맥주 한잔을 기울이자는 이야기를 남기고 헤어졌다.

이런저런 이야기 중의 하나 분명히 말할 수 있는 것은 '나' 자신의 글은 타인에게 영향력을 주는 것도 있지만, 연구하는 과정에서 만나는 학습자 또는 연구자 자신의 성장과 관련하여 변화와 지향점을 제공한다는 점이다. 어떤 연구가 되었든 연구 참여자와 나와의 변화 또는 변화를 지향하는 생각의 폭을 넓힐 수만 있다면 그 연구는 이미 '내적 힘'을 갖추고 있음을 기억해야 한다. 우리 모두 impossible에 매몰되지 말고 작은 점(')하나의 노력으로 I'm possible을 만들어 가면 좋겠다. 지금도 오드리 헵번의 대사가 귓가에 어른거린다. Nothing is impossible(The word itself says I'm possible)이 바로 그것이다. 스포츠 교육 연구와 실천의 '내적 힘'은 바로 '나로부터'라는 인식이 깊게 드리워져야 한다.

체육과 수업 전개구조의 활용: '이해, 체험, 소통의 흐름'이 중요하다

체육교육의 목적은 학생들이 신체활동을 통해 심동적·인지적·정서적으로 통합된 인간이 되도록 하는 데 있다. 그러나 지금까지는 이 부분이 실천 속에서 잘 드러나고 있지 못하다. 앞으로는 통합적 인간상 구현에 힘써 나가야 할 것이다. 최근 체육수업에 참여한 학생들을 보면 인지적인 부분과 신체적인 부분에 대해서는 어느 정도 이해를 하는 듯 보이나 정서적인 측면에 대한 간절함이 배어 있지 못하다. 상대방을 배려하고, 끈기를 갖고 신체활동에 참여하는 것 이외에도 자신감과 도전감을 갖고 문제를 해결하려는 의식 등 인성 덕목의 구현에 집중하지 못하는 경향이 있다. 이에 의도적이고 계획적인 활동 속에서 학생들이 정서를 함양할 수 있는 수업 내용에 초점이 모일 필요가 있다. 이러한 측면에서 체육과 수업 전 개구조는 신체활동을 통해 학생들이 심동적이고, 인지적인 측면 이 외에도 정서적인 측면, 즉 인성을 함양할 수 있는 수업구조의 중요 성을 담고 있어야 한다.

지금까지의 체육수업을 보면 학생들에게 통합된 인간을 육성하 는 데 이바지하기보다는 심동적 측면을 강조하였고 냉정하게 지적 하면 심동적 측면만을 경험할 기회의 제공 수준에 그쳤다고 볼 수 있다. 이는 현행 체육수업의 구조에서 문제점을 찾아볼 수 있다. 도 입, 전개, 정리의 수업구조로 학생들과 수업을 하다 보니 체육교육 에서 학생들에게 무엇을 어떻게 가르쳐야 할 것인가가 명확하게 제 시되지 못한 측면이 있다.

도입에서 인지적 안목이나 정서적인 측면을 강조할 것인지 아니 면 심동적인 측면에 대한 안목을 형성하는 데 도움을 줄 것인지 등 교사의 역할이 불분명하게 드러나고 있었다. 전개와 정리 또한 도입과 마찬가지의 모습이다. 따라서 위와 같은 문제점을 해소하기 위해서는 교사들이 수업의 구조 속에서 무엇을 어떻게 해야 하는 가를 명확하게 안내할 수 있는 새로운 구조의 틀이 필요하다. 심동 적·인지적·정서적 측면의 내용을 포함할 수 있는 잔상이 머릿속 에 떠오를 수 있는 그 무엇인가가 필요하다. 따라서 도입, 전개, 정 리에서 학생들에게 제공할 수 있는 목표의 불명확성을 줄이고, 가 르칠 내용이 무엇인지를 명확하게 안내할 수 있는 수업 구조로 '이해, 체험, 소통'의 체육과 수업 전개구조[12]를 상정하고자 한다.

---

12) 체육과 수업 전개구조는 고문수 외 2인(2015)이 『초등체육수업론』에서 목표 중심의 수업으로 제안한 내용을 수정하여 제시하였다.

‘이해’는 각 차시의 신체활동에 대한 인지적 이해와 정서적인 안목을 강화할 수 있는 다양한 발문과 신체활동 경험에 대한 학생들의 반응을 점검하고, 자신의 수업에 대한 구체적인 목표가 분명하게 제시될 수 있도록 내용을 안내하는 단계를 거친다. ‘체험’은 신체활동에 관한 준비운동, 본운동 그리고 정리운동을 일관성 있게 진행할 수 있는 체계적인 절차로 구성된다. 준비운동이나 게임을 활용한 준비운동을 구안하여 학생들이 신체활동에 흥미를 갖고 참여할 수 있는 동인을 제공하는 단계이다. 체험 활동에서는 개인 활동과 대인 활동이 적절히 구성될 수 있도록 한다. ‘소통’은 해당 주제에 대한 인지적 이해와 신체활동의 기본 운동기능 및 수업 활동에서 모둠원들과의 상호작용 및 수업경험에 대한 느낌, 정서 등을 이야기하고 수업 목표와 관련된 신체활동의 가치를 내면화하고 일상생활에서 실천을 다짐하도록 하는 단계이다.

　체육수업을 「도입, 전개, 정리」의 구조에서 「이해, 체험, 소통」의 구조로 재정립하는 것은 수업의 시작부터 마무리까지 심동적·인지적·정서적 측면 중 어느 부분에 우선순위를 두고, 운영해 나갈 것인가에 대한 안목을 형성하는 계기가 될 수 있다. 체육과 수업 전개구조 운영에 대한 아래의 인용문은 체육수업 흐름의 중요성과 목표 중심의 수업을 이끄는 교수자의 의도가 담겨 있다.

> 수업의 흐름은 한 차시의 수업을 이끄는 데 중요한 역할을 한다. 하지만 대부분의 수업은 시간 단계의 흐름으로 진행되기 때문에 주어진 활동에 관심과 초점이 맞춰지기 마련이다. 의미 있는 체육수업과 학습자 진보의 정도 그리고 수업 참여에 관한 의미를 수업의 의도로 설정한다면 한 차시 수업에 흐르는 맥락이 고려되어야 한다. 시작 단계에서 학생들에게 해당 수업을 어떠한 주제와 문제를 갖고 운영을 할 것인지를

결정하고, 의도에 맞게 수업을 전개한 후 마무리 단계에서 수업의 의도와 활동이 어떻게 연결되었는지 그리고 그것의 결과는 학습자에게 어떠한 의미를 제공하였는지를 확인해야 한다. 하지만 그동안의 수업들을 되돌아보면 위에서 제시한 맥락이 고려되지 못한 부분이 있었다. 하지만 신체활동 수업의 흐름을 '이해, 체험, 소통'의 구조로 수업 주목하기 연구를 수행한 결과 학습자들이 수업에서 무엇을 해야 하는지와 관련된 목표의식이 생성되고 있음을 확인할 수 있었다. <필자의 수업회상 소감/2020.6.10.>

못다 한 이야기

미래 교육의 환경 변화 속에서 스포츠교육(학)의 길은 다양하다. 미래 교육 환경의 변화 양상을 다양한 시각에서 바라볼 수도 있고, 해당 시각에 따라 스포츠 교육의 방향을 다르게 설정할 수도 있기 때문이다. 스포츠 교육의 방향 설정은 스포츠교육학자의 역량에 달려 있다. 한 가지 기억해야 하는 것은 방향 설정만으로 그치는 것이 아니라, 연구자의 실천이 뒤따라야 한다는 점이다. 미래 교육에 대응하는 스포츠 교육이 이루어지기 위해서는 기술과 사회 변화가 미치는 영향에 관심을 기울여야 한다. 스포츠 교육을 바람직한 방향으로 바꾸려는 스포츠 교육 관련 연구자들의 적극적인 의지와 노력이 필요하다.

미래 교육 환경의 변화 속에서 스포츠 교육의 길을 탐색할 때 경계해야 할 점이 한 가지 있다. '미래 교육'을 '현재 교육'과 매우 다른 것처럼 인식한다는 점이다. 흔히들 미래는 현재와 무관하다고 착각하지만 미래는 언제나 과거와 현재에 뿌리를 두고 있다.[13] "미래는 이미 우리 곁에 와 있다. 다만 골고루 퍼지지 않았을 뿐이다."

란 윌리엄 깁슨(William Gibson)의 말을 상기해야 한다. 미래 스포츠 교육이 성공하기 위해서는 과거 교육으로부터 교훈을 얻고 '현재 교육, 현재 학교'가 안고 있는 문제점을 잘 해결하는 부분에서 출발해야 한다. 우리는 '아직 도착하지 않은 미래'에 들뜨지 말고 '이미 도착한 미래'에 대한 적응력과 대응력부터 높여야 한다. 스포츠 교육의 공공성 확보, 스포츠에 흥미를 느끼지 못하고 신체활동에 소극적으로 참여하는 학생 수의 증가 등 스포츠 교육에서 학생들의 다양성에 대한 대처 능력 부족, 대학입시가 학교교육을 지배하는 구조 속에서 발생하는 체육활동의 축소 등은 현재의 학교교육이 마주한 도전과제 중의 하나이다. 스포츠 교육이 당면한 문제들을 해결하지 않고 관심을 미래 스포츠 교육으로 돌리는 것은 위험한 발상이다.

우리는 늘 한 가지를 망각한다. 나의 존재 가치를 타인의 존재 가치보다 낮게 평가한다는 점이다. 그것은 바로 '타인 지향성'에 기인한 상대적 열등감의 표시이다. 다른 사람들의 노력과 연구가 좋아 보이고, 다른 사람들의 글이 멋지다고 생각하면서 자신을 중심에서 주변으로 위치시키는 것은 좋지 못한 태도이다. 자신의 연구와 글쓰기 그리고 교육적 행보가 미래 교육의 환경 변화 속에서 '내적 힘'의 원천으로 작용한다는 점을 꼭 기억하자. 나의 현재, 바로 지금의 모습에 가치를 부여하기를 바란다. 현재 교육의 질 또는 나의 '내적 힘'이 미래 교육의 질을 결정하는 실마리가 될 수 있음을 기억해야 한다.

---

13) Carr, E. H.(1961), *What Is History.* University of Cambridge.

초등 예비교사교육자의 사직과 이직 경험을 말하다[*]

> 체육을 하는 삶은 가르침인 동시에 살아가는 삶의 원동력이다. 이 글을 쓰게 된 계기도 체육을 하는 삶의 모습이 긍정적으로 남아 있어서 가능하였다. 초등교사 시절 체육적 삶은 현재 초등 예비교사교육자의 삶을 살아갈 수 있는 원동력이 되었다. 사람들은 "과거는 미화되어 추억은 아름답다."고들 한다. 나에게 과거는 미화되지 않았음에도 불구하고, 의미 있는 삶의 실마리가 되었고, 아름다운 추억으로 남아 있다.
> <2020년 필자의 체육일자>

나는 체육을 무척 좋아한다. 그러다 보니 체육을 하는 삶을 살게 되었다. 나는 스포츠교육학자로서 학교 현장의 체육교육은 물론 대학에서 초등 예비교사들이 체육교육을 바라보는 긍정적 시각과 안목 증진을 위해 노력하는 삶을 살고 있다. 체육교육에서 창의·인성을 위한 수업 전개구조의 마련, 수업 주목하기 그리고 다양한 수업 모형과 교수전략을 동원한 의미 있는 체육수업의 방향을 탐색하고 있다. 하지만 과거 나의 모습을 떠올려 본다면 체육수업에 대한 방향성을 갖고 있지 못했고 동료 교사의 수업을 따라 하거나 교육과정에서 제시한 활동만을 학생들에게 가르치기 바빴다. 그래도 한 가지 자신 있게 말할 수 있는 것은 체육수업은 빼놓지 않고 꼭 했다는 것이다.

내가 초임 발령을 받고 근무한 초등학교는 교생실습 학교였다. 그곳의 교사들은 대학에서 강의, 시·도교육청의 연수 강사, 교육

---

[*] 고문수(2020), 「대학교수의 사직과 이직 경험에 관한 셀프연구」를 주제로 『교육문화연구』에 투고한 내용을 수정·보완하였다.

전문직 합격 그리고 교감 발령 대기자 등이 있는 곳으로 전문성을 지닌 교사들과 승진을 앞둔 교사들이 많았다. 이 학교에 근무했던 대부분의 교사는 향후 전문직과 관리자의 길로 나아갔다. 나는 고등학교를 졸업하고 4년 늦게 대학에 입학했기 때문에 또래에 비해 교직도 4년이 늦다. 나는 어려서부터 성취 욕구가 높았다. 여러 가지를 잘하지는 못해도 최선은 다하는 성격의 소유자였다. 실력으로 안 되면 노력하는 성격적 특성을 지녔다. 그러다 보니 늦게 출발한 교직에 대해 고민이 많을 수밖에 없었다. 어떻게 하면 최소한 내 나이에 맞게 교직 생활을 할 수 있을까? 4년 늦은 교직 생활을 어떻게 보상받을 수 있을까? 등을 생각하였다. 해답은 하나였다. 먼저 석사과정에 입학하는 것이었다. 나는 초등교사로 발령을 받고 1년이 지난 후에 바로 교육대학원에 입학하여 공부하였다. 석사과정 졸업 후에는 바로 스포츠교육학 전공으로 박사과정에 입학하였다. 이것이 나의 삶의 모습을 탈바꿈시키는 계기가 되었다.

나는 박사과정에서 열심히 공부하였다. 많은 연구도 수행하였다. 3년 6개월 동안 학회지 글도 6편 이상을 써서 등재학술지에 게재하였다. 지도교수는 1년에 두 번씩(하계, 동계) 박사과정생들과 스포츠교육학 세미나를 개최하여 다양한 정보를 교류하였다. 국내 대학에 근무하는 스포츠교육학자와 교육학자 등을 초청하여 강연을 듣기도 하였다. 또한 스포츠교육학 전공이 있는 국내 4개 대학과 연계하여 1년에 한 번씩 정기적으로 학술교류를 하면서 학문적 성과를 공유해 나갔다. 위의 학술 행사는 나의 연구 성장에 큰 도움이 되었다. 나는 잘하는 사람을 보고 자극을 받아 공부하는 계기를 마련하였다. 또한 타인에게 자극을 제공하면서 서로 동반 성장할 수 있는 기틀을 다져 나갔다.

무엇보다 한국체육학회와 한국스포츠교육학회의 학술대회에 지속해서 참여하고 발표하면서 연구 역량을 신장하였다. 나는 석사과정과 박사과정에서 스포츠교육학을 공부한 것이 체육교육을 하는데 자신감을 심어주었고, 그러한 모습을 통해 내가 사직을 해도 앞으로 무엇이든지 할 수 있다는 가능성을 갖게 된 원동력이 되었다. 석·박사 학위의 취득은 두려움보다는 할 수 있다는 가능성을 열어주었다. 나는 학교 현장에서 체육과 수석교사로 있으면서 교원 직무연수, 1정 연수, 교사 멘토링, 교과연구회 강사 그리고 대학에서 체육교육 관련 강의를 진행하였다.

나는 위의 내용이 기반이 되어 자신감을 얻고 2010년 12월에 사직서를 제출하였고, 2011년 2월 말일 자로 사직 처리되었다. 대학교수로 임용되기 전 1년 11개월 동안 여러 대학에서 강의와 연구를 병행하면서 체육교육의 운영 방안에 대해 고민하였고, 그 성과들을 학회지에 투고하여 일반화하였다. 2012년 5월에는 경희대학교 학술연구 교수로 임용되어 교육과 연구에 매진하였다.

나는 사직 후 2여 년 만인 2013년 2월에 수도권 소재의 교육대학에 임용되어 초등 예비교사교육자로 근무하고 있다. 현재 초등 예비교사교육자로서 과거 13여 년 초등교사의 삶을 회고하고, 7년 8개월의 교수 생활의 경험에 관한 셀프연구를 통해 나 자신의 삶과 교육 경험을 성찰하고자 한다. 이 글은 한 개인이 가르치는 삶 속에서 펼쳐진 삶의 여정들을 생생하게 전달하여 교수자의 삶의 의미를 이해하도록 할 것이다. 나는 지금 과거 나의 모습을 되돌아보고, 현재의 모습을 살펴보면서 체육교육에서 노력해야 할 점은 무엇인지, 어떠한 교육적 삶을 살아가야 하는지 등을 고민하고 있다. 이러한 고민은 향후 나와 비슷한 길을 걸어갈 학문 후속 세대들에게 도전을 펼치기 위한 관문에서 어떤 노력이 필요한지를 점검하도록 할 것이다.

나의 사직 경험 이야기

사직은 자신이 종사하던 직업을 그만두는 것이다. 사직은 개인적 측면과 사회적 측면이 결부될 수 있다. 나의 교직으로부터의 사직은 또 다른 교육기관으로의 이직을 위한 준비 과정으로 시작되었다. 사직은 타인의 권유와 '나' 자신의 승진에 대한 욕구를 분출하는 과정에서 구체화되었다.

사직의 계기를 말하다

지도교수의 권유

나는 2010년 2학기에 하나의 고민이 생겼다. 초등교사로 있으면서 대학에서 강의하다 보니 대학교수가 되고 싶다는 꿈이 생겨났기 때문이다. 나와 비슷한 시기(2003년)에 스포츠교육학 전공으로 박사과정에 입학했던 초등교사 출신의 박사들이 2008년부터 대학교수로 한두 명씩 임용되었다. 그동안 대학교수는 꿈으로만 남아 있었다. 그런데 함께 학회활동을 하던 박사들이 하나둘 교수가 되면서부터 나도 교수가 되고 싶었다. 나는 교수가 되면 다른 사람들만큼 강의도 잘하고 연구도 잘할 수 있겠다는 자신감도 있었다. 하지만 내 생각과 기대는 맞아떨어지지 않았다. 2006년 8월 스포츠교육학 전공으로 박사학위를 받고, 2008년부터 여러 대학에 지원해 보았지만 서류 전형에도 통과하지를 못하였다. 여러 차례 쓴 경험을 맛보고 나니 대학교수가 된다는 것은 꿈으로 남을 수밖에 없었다.

위의 모습을 본 박사과정의 지도교수는 '나'를 안쓰럽게 생각하였다.[14] 지도교수와 나의 인연은 2002년 10월로 거슬러 올라간다. 나는 박사과정에 입학하고 싶어서 근무지에서 조퇴를 달고 약속도 없이 무작정 지금의 지도교수 연구실을 찾아갔다. 문을 똑똑 두드리고 나서 연구실 안으로 들어갔다. 연구실은 책으로 꽉 차 있었다. 책상 위에는 연구를 위해 싸놓은 책들이 이리저리 나뒹굴고 있었다. 교수는 나를 보자마자 앉으라고 말씀하셨고, 누구인지를 물었다. 나는 소개를 마치고 나서 박사과정에 입학하고 싶어서 이곳에 왔다고 말씀드렸다. 나의 개인적인 배경부터 미래 비전 그리고 박사과정에서의 역할 수행 등에 관해 이야기를 듣고 난 후 교수는 해당 면접일에 오라고 말씀하셨다. 나는 교수와의 상담에서 면접을 보라는 것이 박사과정에 입학하는 것을 허락했다고 생각했다. 기분이 무척 좋았다. 이후 면접 관련 준비를 하고 응시하여 2주 후쯤 대학으로부터 합격하였다는 소식을 전해 들었다. 지금도 그때를 생각하면 정말 기쁘고, 행복한 웃음이 절로 나온다.

지도교수와의 인연은 이렇게 시작되었다. 나는 박사과정 동안 열심히 수학하였다. 졸업 후 2006년 2학기부터 박사과정 강의를

---

14) 지도교수님은 늘 너는 어떤 대학이든지 교수가 될 충분한 자질이 있다고 말씀하셨다. 교수님의 말씀인즉, 너는 성실하고, 초등교사를 하면서도 1년에 두세 편의 연구 성과를 내는 것이 그 이유라고 말씀하셨다. 그리고 한마디를 덧붙이셨다. 앞으로도 사람은 믿지 말고, 사회를 믿고 자기 일에 최선을 다하라는 것이었다. 이 말은 박사과정 시절부터 들었던 말이지만, 이 글을 쓰는 지금도 가슴에 와 닿고, 옳은 말씀이라고 생각한다.

시작하였다. 이때부터 대학의 강의가 시작되었고, 초등교사의 역할 수행에서도 긍정적인 측면으로 조금씩 변화가 생겨났다. 초등교사와 대학에서 강의 4년의 모습을 본 지도교수님은 내가 대학교수가 못 되는 것에 대해 안타까워했다. 나는 여러 차례 상담도 받고, 미래의 꿈에 대해 지도교수와 의견을 교환하였다. 그리고 이런 일들이 일상적인 루틴이 되었다. 그러던 중 나는 한 통의 전화를 받았다. 2010년 11월 25일(목) 밤 11시 50분경에 수화기 너머로 지도교수님의 목소리가 들려왔다. 혹시 안 자면 잠깐 얼굴을 보자는 것이었다.

나는 서둘러 지도교수가 있는 곳으로 차를 몰았다. 20여 분 후 도착한 곳에는 내가 잘 알고 있는 세 분의 대학교수가 맥주잔을 기울이고 있었다. 지도교수는 나에게 다짜고짜 맥주 석 잔을 마시라고 말씀하셨다. 나는 벌컥벌컥 석 잔을 연거푸 마셨다. 이후 나에게 조심스럽게 "고 박사, 사직할 수 있어?"라고 말씀하셨다. 나는 놀랐지만 채 5초도 지나지 않아서 "네, 하겠습니다."라고 하였다. 지금 생각해 보면 '왜 그렇게 빨리 대답을 했을까'라는 생각이 들기도 한다. 지도교수가 어떤 의도로 표현하였는지는 몰라도 "사직을 한다니 고맙다."라고 말씀하셨다. 그리고 맥주 여러 잔을 사 주셨고, 대리운전 비용까지 챙겨 주었다. 나는 집으로 돌아와서 한참 동안 잠을 못 잤다. 사직하겠다는 말을 잘한 건지, 앞으로 사직을 안 하면 어떻게 되는 건지 등 머릿속에서 여러 가지 생각들이 오갔다.

> 집에 들어와서 바로 누웠다. 그런데 잠이 오지 않는다. 잠자리에서 벌떡 일어나 컴퓨터를 켜고 한글 자판을 누르기 시작했다. 교수님께 사직하겠다고 대답한 것이 잘한 일인지, 아니면 내일 아침에 전화해서

사직하겠다고 한 것을 아니라고 할 것인지 등이 고민되었다. 의자에
앉아 한참 눈을 감고 생각에……. 아침에 일어나자마자 체육 교사인
형과 상의하는 것이 좋겠다는 생각을 하고 다시 누웠다. <2010년 필
자의 체육일지>

나는 학교에 출근하고 수업하는데 잘 진행되지 않았다. 어제 지도
교수에게 말씀드린 내용을 실천해야 한다는 생각이 머릿속에 맴돌았
기 때문이다. 나는 수업을 마치자마자 형에게 전화를 걸어 어제의 일
들을 이야기하였고, 형으로부터 허락을 받았다. 그러고 나서 교감 선
생님께 사직하겠다고 말씀드렸다.15) 그날만 교감 선생님과 세 차례
대화를 하였다. 이후 사직을 결정하고, 지도교수에게 전화를 걸었다.
학교에 최종적으로 말씀드렸고, 사직을 결심했다는 이야기를 전달하
였다. 지도교수는 또 말씀하셨다. "정말 잘했다." 나는 그 당시 지도
교수의 사직 권유에 대한 구체적인 답변을 듣지는 못했었다. 지금 예
상컨대 배수진을 치고 대학을 준비하는 것이 대학교수가 되는 지름
길임을 전달하려는 의도였다는 정도만 생각하고 있을 뿐이다.

승진의 욕구와 존재 가치 드러내기

나는 개인 사정으로 교육대학을 4년 늦게 입학하여 졸업하였고,
임용시험에도 불합격하여 교직 발령을 더 늦게 받았다. 임용시험
성적도 중간이라 발령을 그해가 마무리되는 시점인 10월 1일에 받
았다. 임용 발령을 받기 전까지는 6개월간 기간제 교사를 하였다.
나는 초등교사가 되고 나서 바로 대학원 석사과정에 입학하였다.

---

15) 교감 선생님께서는 무슨 말을 하는 것이냐? 안 된다는 것이었다. 작년부터 수석교사까지 하고
있고, 앞으로 섬 지역만 다녀오면 쉽게 관리자로 승진할 수 있는데, 그 모든 것을 포기하겠다
는 것인지를 언급한 후 더 생각해 보라는 것이었다.

석사과정 지도교수는 대학의 은사이기도 하다. 석사과정 지도교수는 글 쓰는 방법에 대해 많은 도움을 주었다. 대학교수에 대한 꿈도 키워주었다. 석사과정 지도교수는 나를 만날 때면 되풀이하는 말이 있다. "당신같이 멋진 사람이 대학교수가 되어야 한다."는 것이었다. 교수가 된 지금 생각해 보아도 정말 감사한 이야기였다. 나는 3년 후 초등체육으로 석사학위를 받았다. 그리고 1년 후 2003년 3월에 스포츠교육학 전공으로 박사과정에 입학하였고, 3년 6개월간의 과정을 마치고 체육학 박사학위를 받았다.

내가 석사과정과 박사과정에 입학한 계기는 학문에 대한 열정도 있었지만, 교직에 늦게 입문한 것을 어떻게 극복할 수 있을지를 생각하다가 내린 결정이기도 하였다. 박사과정을 마친 후에는 교육청과 대학 그리고 초등 현장에서 교사 멘토링을 하면서 하루하루를 보냈다. 박사학위는 나에게 교육하는 삶과 연구하는 삶이라는 값진 결과를 안겨주었다. 체육수업에 대해 더 흥미를 느끼게 되었고, 수업의 성과들을 학술대회 발표와 스포츠 교육 관련 학회지에 투고하여 일반화하면서 여러 사람에게 이름을 알리기도 하였다. 이후 체육교육에 대한 안목이 생기게 되었고, 체육을 통한 성장과 변화, 즉체육을 하는 삶의 과정에서 존재 가치를 드러내는 부분에 관심을 두었다. 나는 스포츠 교육에서 존재 가치를 드러내기 위해서는 초등 현장보다는 대학이나 국공립 기관의 연구소에서 근무하는 것이 좋을 것으로 생각하였다. 위에서 언급한 승진의 욕구와 존재 가치를 부각하려는 의도는 나의 직업을 다시 한번 되돌아보도록 하는 견인차가 되었다.

> 나도 승진을 해야 한다. 승진하기 위해서는 내년에 전근을 갈 때, 섬
> 지역을 희망하는 것이 가장 현명한 판단이 될 것이다. 그럼 섬에 가면
> 박사과정에서 공부한 내용은 어떻게 되는 거지? 대학교수가 되어야 한
> 다는 꿈은 접어야 하는가. 이런저런 생각들이 머릿속을 감싸고 있다.
> <2010년 필자의 체육일지>

나는 존재 가치를 드러내는 방법으로 학교 현장에서는 승진을,
아니면 이직하여 대학이나 국책연구소에서 연구를 수행하는 것으로
생각하였다. 이런 생각을 하고 있던 시점에 근무하는 학교에서 다
른 학교로 전근을 가기 위해 내신서를 제출해야 하는 시기가 다가
왔다. 초등 현장에서 승진을 위해서는 섬 근무를 하는 것이 가장
빠른 길이었다. 하지만 섬 근무를 하게 되면 대학 강의는 물론이고,
각종 연구수행의 성과들을 활용할 기회가 적다고 판단하였다. 그렇
다고 향후 학교에서 승진을 위해서는 섬 근무를 하지 않을 수도 없
고, 그렇다고 대학에서 체육을 하는 삶을 사는 것을 포기할 수도
없는 역할 갈등이 생겼다. 이런 상황에서 승진의 욕구와 존재감을
확실히 드러내려는 방안으로 대학교수와 연구원을 목표로 세웠기
때문에 사직 결정을 내리는 부분에서 지도교수의 권유는 톡톡히 한
몫을 하게 되었다.[16]

체육에 대한 교육적 가치의 확장

나는 체육을 좋아한다. 교육대학에서 체육을 좋아하여 심화 과정
으로 체육교육과를 지원하였다. 현장에서도 체육교과 연구회와 체

---

16) 지도교수의 사직 권유는 나 자신의 비전과 꿈을 키우는 데 결정적인 역할을 하였다. 지도교수
    의 권유가 없었을 때도 사직에 대한 고민을 해오면서도 결정을 내리지 못하고 있던 차에 지도
    교수의 사직 권유는 빠르게 결정을 내리는 신호탄이 되었다.

육 관련 장학자료와 교수·학습 자료 개발에도 참여하였다. 2009년에는 체육과 수석교사 1호라는 칭호를 받고, 현장 수업을 지원하였다. 교내 임상 장학의 멘토 교사와 동료 장학을 지원하는 교육청 관내 튜터 교사 역할을 하였다. 교육지원청에서 실시한 교실 수업 개선 선도학급 공모에도 참여하여 체육 활성화를 위해 노력하였다.

대학원에서는 석사과정과 박사과정 모두 스포츠 교육을 전공하였다. 이러한 과정을 통해 나는 학교 현장에서 체육교육이 어떠해야 하는지, 어떠한 방법을 활용하여 체육수업을 해야 하는지, 수업의 전개 구조와 수업에서 어느 부분에 초점을 두고 수업해야 하는지 등을 연구해 왔다. 하지만 초등 현장에서 체육교육에 대한 인식은 크게 변화되지 못하고 있었다. 교사들은 학생이 가장 선호하는 교과가 체육이라는 부분에 대해서는 동의하지만 교사 자신이 체육교과를 운영하는 부분에 대해서는 긍정적인 인식을 갖고 있지 못하였다. 나는 체육에 대한 교육적 인식의 확장과 변화를 제공하기 위해서는 초등교사보다는 대학교수나 연구원이 되는 길이 빠르다고 생각하였다. 체육에 대한 교육적 가치의 확장이 이루어지기 위해서는 근본적인 체육에 대한 방향과 역할의 변화가 필요하였다. 체육교육을 입안하는 국책연구기관의 연구원이 되거나 실제적인 효과를 낼 수 있는 초등 예비교사교육기관의 교수가 되는 것이 빠른 길이라고 생각하였다.

형이 중학교 체육 교사로 있다. 체육을 좋아하는 이유는 바로 형으로부터 시작되었다. 그런데 며칠 전에 형이 근무하는 중학교에 가서 체육 교사들이 수업하는 모습을 보고 크게 실망하였다. 우리가 잘 알고 있는 소위 '아나공 수업'을 하고 있었기 때문이다. 이런 모습을 어떻게 바꿀 수 있을까? 초등교사를 하면서 동료 교사들과 체육수업에 관한 이야기를 나누기는 하지만 서로 듣지 않고 자기가 추구하는 수업

형태로 활동 과제를 제공하는 모습을 보면서 현장 수업에 대한 의미 있는 변화가 일어나는 것은 힘들겠다는 생각이 들었다. <2010년 필자의 체육일지>

사직 속의 삶: 비(悲)와 희(喜)

나는 사직서를 내는 동시에 국내 연구기관의 연구원이나 대학의 교수로 임용될 것으로 생각하였다. 또 그럴 것이라는 생각에 사직서를 낸 의도도 한편에 숨어 있다. 하지만 사직 후 1년 11개월 동안 여러 차례 대학과 연구기관에 지원했지만 고배를 마시기 일쑤였다. 나는 사직하고 나서 안정적인 직장이 없는 설움을 하루에도 여러 번 경험했다. 자존감도 점점 낮아졌다. 하지만 어려운 여건 속에서도 교육과 연구 그리고 각종 연구지원 사업의 수주를 받으면서 희망이 생겼고, 그러한 희망을 통해 '나' 자신의 교육적 성장이 이루어졌으며, 교육과 연구 측면에서 긍정적 가치를 경험하였다. 사직 속의 삶은 희비(喜悲)가 교차하는 삶이었다.

갈등과 고통의 나날

나는 주변의 교사와 교감 선생님의 만류에도 불구하고 사직서를 제출했다. 사람들이 이상하게 생각할지 모르지만 나에게 사직은 큰 희망이었고, 새로운 시도를 준비할 디딤돌이었다. 지도교수도 사직을 권유했고, 사직서를 냈다는 말에 잘했다고 칭찬까지 해주셨으니 말이다.

2011년 3월 1일이다. 어제까지는 초등교사였지만, 오늘부터는 공무원 신분이 아닌 직업 없는 사람이라는 생각에 갑자기 회한(悔恨)이 밀려온다. 선택을 잘 한 것인가? 아니면 잘 못 한 것인가? 어제(2011년 2월 28일) 꿈을 꾸었다. 교사 시험에서 떨어지는 꿈이었고, 사직서를 내서 이제부터는 교사가 아니라는 것이었다. 지금(2020년 9월) 그 당시를 회고해 보면, '사직서를 내지 말았어야 했다.'라는 생각이 잠시 머릿속을 스친다. 하지만 어떻게 할 것인가? 주사위는 던져졌다.

나는 2011년 3월부터는 대학에서 시간강사로 강의하는 것 이외에 별다른 변화가 생기지 않았다. 그동안 나에게 많은 관심을 기울였던 교사와 교감 선생님과 거리를 두다 보니 누구도 나에게 관심을 기울이지 않았다. 지도교수조차도 연락이 없었다. 내가 먼저 전화를 해도 "고 박사, 잘 지내지!" 정도의 답변만이 왔다. 일전에 사직서를 냈을 때, "잘 냈다. 열심히 노력하면 대학교수가 될 수 있다."라는 말과 유사한 표현도 하지 않았다. 너무 무심하게 느껴졌고, 슬프기까지 하였다. '나는 혼자다.'라는 생각이 머릿속에 꽉 차 있다.

주변의 한 교수는 '나'를 힘들게 하였다. 각종 도움 요청과 글쓰기 그리고 이러저러한 일들을 하지 않으면 "앞으로 도와주지 않겠다."라고 회유하기도 하였다. 삶 자체가 고통이었고, 해야 하나 말아야 하나에 대한 갈등도 오갔다. 나를 더 힘들게 한 것은 교총 산하 연구소에서 스포츠 교육 관련 전공과 무관한 연구를 수행할 것을 제안 받은 것이었다.17) 나는 돈을 벌기 위해 직장을 찾아야 하는 상황이 아니었음을 상대방은 이해하지 못한 것으로 판단된다.

---

17) 나는 지금 보수를 받고 일하기 위해 초등교사를 그만둔 것이 아니었다. 대학에서 강의하면서 교수 방법을 확충하고, 수업의 내용을 잘 정리하여 연구하면서 글쓰기 능력을 함양하며, 주변 사람들로부터 인정을 받아 대학교수나 국책 연구기관의 연구원이 되는 것이 1차 목적이었다. 연구소에서 전공과 무관한 일을 하면서 종일 근무를 하고, 월 100 내외의 보수를 받고 일하기 위해 사직을 한 것이 아니었다. 그 당시 교총 회장이었던 A교수는 만나는 사람들에게 '나'를 버르장머리 없다고 이야기를 전달하곤 하였다. 직업이 없어서 돈을 벌게 하려고 추천했는데 거절했다는 것이 그 이유였다. 하지만 나중에 안 사실이지만, 교총 연구소에서는 한국연구재단으로부터 해당 프로젝트를 수주 받지도 않았고, 교총 연구소 자체의 프로젝트도 진행하지 않았다.

나는 대학에서 강의에 몰두하고 있던 작년(2011년) 상반기와 하반기 두 차례 한국교육과정평가원에서 스포츠교육학 전공자를 부연구위원으로 선발한다는 공고를 보고 지원하였다. 그런데 실망스럽게도 아무도 뽑지를 않았다. 오히려 체육과에 배정된 인원을 교육학과에서 가로채서 2명을 더 선발하기까지 하였다. <2012년 필자의 체육일자>

한국교육과정평가원은 국가 수준의 교육과정을 개발하는 기관이었기 때문에 대학교수 못지않게 중요한 역할을 한다고 생각하였다. 하지만 두 번 다 최종까지 갔지만 체육교육 전공은 선발하지 않았다. 나중에 알고 보니 체육과 TO를 교육학 전공으로 돌려서 선발하였음을 알게 되었다. 2011년에 경험한 가장 큰 충격이었다. 스포츠교육학 전공을 뽑겠다고 해놓고, 전공을 돌려서 다른 전공에서 그 자리를 채웠던 것이다. '세상이 이럴 수도 있구나!'라는 생각이 들었고, 마음에 큰 충격과 상처를 받았다. 지금도 그때를 생각하면 마음이 착잡하다. 반면 사직 속의 삶 중에서 가장 뿌듯한 경험은 강의 후에는 매번 글쓰기를 했고, 그러한 경험이 습관화되어 글쓰기에 두려움이 없어졌다는 점이다.

교육과 연구하는 삶

나는 2011년 3월부터 2013년 1월까지 여러 대학[18]에서 강의하였다. 한 학기에 적게는 12학점에서 많게는 20학점까지 강의하였다. 1주일이 무척 바쁘게 지나갔다. 무엇보다 수요일에는 경북대 상주 캠퍼스에서 '체육교육론' 강의[19]가 있어서 인천에서 새

---

18) 가천대(스포츠교육학), 경북대(체육교육), 경희대(스포츠프로그램 구성론, 체육교육론), 서울교대(체육과교육론), 성결대(체육교육, 스포츠교육학), 인천대(체육교육론, 골프) 등에서 강의하였다.

19) 실제로 '체육교육' 강좌는 중학교 교사인 B박사가 맡기로 되어 있었는데, 갑자기 중학교에서 연가(허락)를 내주지 않는다고 하여 강의를 할 수 없게 되었다. 강사 추천을 했던 지도교수는

벽에 출발하여 집에 새벽에 도착하는 강행군을 펼쳐야 했다. 경북대에서는 아침 10시부터 12시까지, 오후 7시부터 9시까지 총 4시간을 강의하였다. 빈 강의 시간에는 강의한 내용을 글로 정리하거나 새로운 연구를 위한 주제 선정과 글쓰기 및 여러 강좌의 수업을 준비하는 시간으로 활용하였다. 나는 경북대의 한 교수님의 배려로 말산업연구소의 사무실에서 강의 준비와 연구를 할 수 있었다. 지금도 기억나는 것은 컴퓨터 책상에서 앞쪽을 바라보면 박제한 말의 머리가 정면으로 눈에 들어온다는 것이다. 처음에는 무서웠지만 시간이 지나면서 정겹게 느껴지기도 하였다. 연구소의 공간에는 박제된 말 머리와 나 둘뿐이었다.

다른 대학에서도 전공과 관련된 '체육교육론' 강좌를 운영하였기 때문에 강의를 준비하는 부분에서는 어려움이 없었다. 강좌에 들어오는 대상자에 따라 조금씩 내용을 변형하거나 추가하여 내용을 전개하면 되었다. 나는 강의 관련 내용에 대해서는 반성의 글로 남겼고, 향후 연구의 성과물로 출판하여 일반화하였다.

나는 외부에서 공부와 연구할 공간을 따로 갖고 있지 않았기 때문에 집의 한 공간을 연구실로 꾸몄다. 강의가 없는 날이면 집에서 연구와 책 쓰기에 집중하였다. 1년이 지나면서 학교체육이나 체육교육과 관련하여 두세 편의 학회지 논문과 한 권의 도서가 집필되었다. 나에게 교육은 곧 연구 자료가 되었기 때문에 교육이 진행되면 될수록 연구 성과가 하나씩 늘어갔다. 지금도 강의가 끝나면 수업 반성과 성찰 글쓰기를 한다. 이러한 글쓰기의 실마리는 강의 후

나에게 강의를 제안하였다. 나는 울며 겨자 먹기로 강의를 맡게 되었고, 매주 수요일에 왕복 450km를 운전해야 했다.

느낌이나 생각을 글로 남기는 글쓰기와 사직 기간 진행된 글쓰기 습관이 큰 도움이 되었다.

한국연구재단의 사업 선정과 학술연구 교수

위의 언급에서 알 수 있듯이 사직 속의 삶 속에서 교육과 연구하는 삶은 '나' 자신의 성장을 가져오는 데 크게 도움이 되었고, 새로운 도약의 발판이 되었다. 나는 2011년 4월에 한국연구재단의 시간강사연구지원사업에 선정되어 연구에 매진하였다. 이때 체육교육에서 인성교육과 관련된 연구의 수행은 체육교육 속의 인성교육 방안을 지속할 수 있는 토대가 되었다. 지금 생각해 보면 한국연구재단으로부터 사업을 수주 받지 못했다면 '이해, 체험, 소통의 체육과 수업 전개구조'[20]는 만들어지지 못했을 것이다.

나는 2012년 3월 초 연구계획서 제출과 발표를 통해 5월에 경희대학교 학술연구 교수로 임용되었다. 나에게 학술연구 교수는 꿈이 실현되는 시작점이었다. 소속 없이 대학에서 강의만 하다 보니 신분 안정을 위한 직업 선택에 대한 갈증이 생겼다. 얼마 전까지만해도 잘나가는 초등교사였는데, 2012년에는 시간강사를 하면서 전국을 누비다 보니 서운한 소리만 들어도 설움이 복받치곤 하였다. 이런 차에 경희대의 학술연구 교수는 나에게 자신감과 존재감을 드러내는 계기가 되었다. 대학 내 연구실(세미나실)도 마련되었다.

---

20) '이해, 체험, 소통의 체육과 수업 전개구조'는 그동안 시간 단계 흐름의 학습으로 진행된 '도입, 전개, 정리'의 구조를 보완하여 목표 중심의 수업 틀을 제공하는 기초가 되었다. 이는 교사가 어떤 목표를 갖고 있을 때, 수업의 시작부터 마무리되는 시점까지 그 목표를 중심에 놓고, 진행되는 구조적 제안을 한다. 특히, 이해 측면에서는 수업 목표와 교수자의 의도가 포함되고, 체험 측면에서는 수업 목표와 교수자의 의도가 반영된 신체활동이 만들어지고, 소통 측면에서는 이해와 체험의 내용이 소통 속에서 확인되는 구조로 되어 있으므로 수업의 전체적인 흐름을 관통한다고 볼 수 있다. 이 부분과 관련된 자세한 내용은 고문수 외 3인(2018)이 집필한 『초등체육 교육론』을 참고하기 바란다.

대학에서 연구할 수 있는 계기가 되었다. 이제 한 걸음 대학교수로 다가가고 있음을 느낄 수 있었다.

> 다른 사람들이 어떻게 생각하든지 간에 학술연구 교수는 대학이라는 공간 속의 구성원으로서 소속감을 느끼도록 하였다. 그리고 앞으로 무엇이든지 할 수 있겠다는 자신감의 원천이 되었다. <2011년 필자의 체육일지>

대학 강사에게 자신감은 무엇이든지 할 수 있다는 의지의 형성과 가능성을 갖도록 하는 원동력이다. 우리는 자신감이 없을 때, 위축되고, 안 된다는 불가능의 존재로 인식하게 되는 경향이 있다. 나에게 자신감을 가져다준 위의 두 가지 성과는 꿈을 성취하는 계기로 작용하였고, 대학교수가 되는 발판이었다. 공부하는 사람들이 자신감을 획득하기 위해 자신만의 계기를 마련하는 것이 무엇보다 중요함을 느낄 수 있었다.

나의 이직 경험 이야기

나는 초등교사를 사직한 후 1년 11개월이 지나서 새로운 직업을 갖게 되었다. 교사에서 교수로 이직을 한 것이다. '이직'은 직장을 옮기거나 직장을 바꾸는 것을 말한다. 나는 이직한 대학에서 여러 가지 경험을 하였다. 여기에는 긍정적 측면도 있고, 부정적 측면도 내포되어 있다. 이 글에서는 대학교수가 되어 경험한 내용과 가치 그리고 문화적 의미의 내용을 포함하여 기술하였다.

대학교수로 임용되다

나는 사직(2011.2.28.)하기 4년 전부터 대학교수가 되기 위한 준비를 하였다. 하지만 지원하는 대학마다 서류 심사에도 통과하지 못하였다. 나는 자존감에 큰 상처를 받았다. 더욱 놀라운 사실은 지원한 대부분 대학 또는 연구기관이 공개 절차를 취소하는 경우가 많았다는 점이다. 대학교수로 임용되기 전까지 여덟 개의 대학 또는 국책 연구기관에 지원했다. 하지만 공개 채용 절차를 가진 곳은 세 곳에 불과하였다. 나머지 다섯 곳은 진행 자체를 하지도 않았다. 이러한 과정을 거치다 보니 교수 또는 연구원이 된다는 것이 정말 어려운 일이라는 것을 알게 되었다. 그렇다고 포기할 수는 없었다. 교사직을 사직했기 때문에 이제는 더 이상 물러설 곳이 없었다.

나는 모든 방향을 학부를 졸업한 대학의 교수가 되어야 한다는 쪽으로 전환하였다. 이는 박사 지도교수의 제안이기도 했고, 주변에 있는 교수의 조언이기도 하였다. 하지만 대학에서 실기 비중을 많이 두었기 때문에 이를 준비하는 과정이 무척 어려웠다. 이전의 사례를 보면, 여덟 종목 중 일곱 개 종목[21]을 해야 했다. 나는 40대 초반에 국가대표가 되어야 한다는 신념으로 운동하였다. 위의 실기 종목과 관련해서는 2년 동안 꾸준히 노력하였다. 사실 하나의 종목을 잘하기도 어려운데 여러 종목을 연습하다 보니 몸도 마음도 많이 지쳤다. 여러 종목 중 가장 어려운 종목은 높이뛰기였다. 나이도 있고, 좋은 기록을 얻기 위해서는 포스베리 방법을 습득해야 했

---

21) 나는 2012년 하반기 실기시험에서 일곱 개 종목에 응시하였다. 축구, 농구, 배구, 테니스, 높이뛰기, 체조, 수영 등의 종목에서 지정된 세부 활동에 대한 테스트를 받았다. 대학에서 종목으로 제시하지는 않았지만, 핸드볼 숏 연습을 위해 중학교 체육관을 찾아가서 허락을 받고, 여러 차례 연습하였다.

다. 하지만 쉽지 않았다. 허리 디스크도 있었고, 바(bar)라고 하는 목표물을 넘는 부분에서 두려움까지 생겨났다. 도전에 성공했으면 좋았을 텐데 계속 실패를 경험하다 보니 도움닫기 하여 바에 접근하는 것 자체가 공포였고, 두려움이었다. 공개전형 실기시험에서도 다른 지원자들보다 높이 넘지를 못했다. 다른 종목들은 대체로 무난히 마칠 수 있었다. 가장 잘한 것은 테니스와 수영 그리고 체조였다. 이 중 체조는 여러 종목 중 연습과정에서 가장 힘든 종목이었지만, 경쟁하는 다른 지원자가 도전하지 않는 단계를 시도하면서 상대적으로 좋은 점수를 받을 수 있었다.

> 나는 1주일에 3번씩 인천시 소재의 한 초등학교에서 매트 운동과 철봉 연습을 하였다. 실기시험으로 매트가 나올지 철봉이 나올지 몰랐기 때문이다. 철봉에서 차오르기를 할 때면 손바닥에 물집이 생기고 벗겨져서 철봉의 바를 잡을 수가 없었다. 아침이 되면 체조장에 가야 한다는 것 그 자체가 고통이었다. 매트를 연습할 때에도 나이가 들어서 그런지 핸드스프링이 제대로 되지 않았다. 백핸드를 한다는 것은 더더욱 엄두가 나지 않았다. <2012년 필자의 체육일지>

나에게 큰 걸림돌은 영어 프레젠테이션이었다. 국문과 영문 발표를 동시에 해야 했기 때문에 큰 부담으로 다가왔다. 영어는 중학교 때부터 독해만 했고 말하기를 해본 적이 없었다. 나는 영어를 해결하고자 무턱대고 딸아이가 다니는 어학원을 방문하여 원장님과 상의를 하였다. 이후 허락을 받고 원어민 교사와 한 달 동안 하루에 1시간씩 말하기와 프레젠테이션을 준비했다. 영어 프레젠테이션은 자유 주제로 정해진 국문 프레젠테이션의 내용 중 일부분을 5분 내외로 발표하는 것이었다. 나는 원어민 교사와 5분 내용에 대해 한 단어 한 단어를 상의하면서 문장을 만들어서 반복적으로 연습하였다. 원어민 교사는 발표와 관련하여 발음과 비언어적 상호작용(표정 관리, 손짓 등)에 대해서도 조언해 주었다. 5분 내외의 영어 발표를 시험일 전까지 100번 정도를 연습하였다. 그 결과 프레젠테이션 당시 다른 지원자들이 영어에서 어려움을 겪을 때, 나는 크게 무리 없이 발표를 마칠 수 있었다. 발표가 끝나자마자 한 심사위원은 어떤 의미인지 모르겠지만 환한 웃음과 가볍게 손뼉까지 쳐주었다. 그러고는 멋쩍은 표정을 지었다.

나는 실기에서 못다 한 점수를 국문과 영문 프레젠테이션에서 만회할 수 있었다. 그리고 본부 면접(영어 인터뷰와 국문 인터뷰)과 총장 면접까지 마무리하였다. 나는 모든 전형 과정을 마치고 극도의 두려움과 긴장감을 느꼈다. 이번에 탈락하면 비슷한 전형 관련 경험을 앞으로도 여러 차례 더 해야 했기 때문이다. 나는 발표를 기다리면서 그동안 진행되었던 심사과정에서 잘하지 못한 부분에 대해 하나씩 걱정이 생기기 시작하였다. 최종 발표가 있기 전까지 하루에도 수백 번 긍정과 부정 사이의 사고(思考)를 경험하였다. 지금 생각해 보면 하나의 추억으로 생각되지만, 그 당시로 돌아가 본다면 직업 없는 설움을 극복하기 위한 절체절명의 순간이었음을 잊을 수 없다. 나는 서류 심사, 학과 공개발표, 본부 면접 그리고 총장 면접까지를 마치고 2013년 2월 1일 교육대학의 교수로 임용되었다.

> 차를 운전하고 있는데, 지원한 대학의 교무처로부터 연락이 왔다. 합격했다는 것이었다. 나는 두 주먹을 불끈 쥐면서 차에서 큰 소리를 여러 번 질렀다. 무척 행복했다. 이보다 더 큰 행복은 앞으로 없으리라 생각한다. <2012년 필자의 일자>

교육과 연구를 통합하다

나는 초등교사 때도 그랬고, 지금도 교육과 연구에 온 힘을 쏟고 있다. 2013년 2월부터 2020년 9월 현재까지 학기별로 10학점 내외의 강좌를 담당하고 있다. 학부 강좌는 창의선택(Ⅰ) 활동으로 뉴스포츠를 활용한 체육수업, 체육과교육론(Ⅰ) 그리고 대학원 강좌는 스포츠교육학, 체육 지도 및 평가, 체육과 논리 및 논술 강좌를 담당하고 있다. 학부 강좌는 초등 예비교사들이 향후 초등교사가 되었을 때, 초등체육이 어떠한 방향성을 지녀야 하는지, 내용을 어떻게 구성하여 수업해야 하는지, 학생의 특성을 고려한 수준별 교수와 통합적 교수·학습, 스포츠 문화교육을 실천을 위한 감상수업, 수업 모형과 다양한 교수전략 등의 활용 방안을 탐색하는 형태로 이루어졌다. 강좌 운영 방법은 개별학습, 모둠학습, 토의토론, 협동학습 등의 방법을 활용하고 있다. 나는 수업일지를 활용하여 수업 내용과 자신의 수업 태도를 반성하고, 건설적인 형태의 체육수업 지원 방안 등을 논의하고 있다.

'나'의 교육 내용은 곧 연구를 위한 소재가 되고, 학회지 투고를 통해 현장 교육에 도움이 되는 방안들을 제시하고 있다. 교육과 연구를 일체화하여 하나의 성과로 귀결될 수 있도록 하는 방안에 관심을 기울이고 있다. 수업이 수업으로 끝나는 것이 아니라 수업 내용이 글쓰기로 전개되어 수업에서 잘된 점과 아쉬운 점 그리고 교수자가 수업에서 지향하고자 하는 관점 및 그 관점에 대한 학생들의 태도와 변화에 주목하고 있다.

나는 2013년부터 2020년 9월 현재까지 해마다 국내 등재학술지 게재와 교재출판을 포함하여 4~5편의 글을 쓰고 있다. 나는 강의가 끝나면 수업 반성과 성찰을 위해 수업일지를 작성한다. 그리고 해당 자료들을 분석하여 '나' 자신의 수업 개선은 물론 초등교사와 스포츠 교육 연구자들에게 도움이 되는 글쓰기를 시작한다. 대부분 내용은 강의 전개구조와 수업 주목하기 그리고 수업 반성과 성찰의 내용이다. 나는 강의에서 가장 주목하는 점은 교수자와 학습자와의 상호작용 과정이다. 학습자와의 상호작용이 잘 이루어지기 위해서는 교수자의 수업 준비가 철저해야 한다. 수업 준비는 곧 수업의 성과로 나타나는 만큼 수업을 준비하는 데 긴 시간을 보낸다. 잘 준비된 수업에서 도출된 내용은 이론화 작업을 위해 범주화가 진행된다. 나는 강의와 그 성과를 글로 정리하여 강의가 곧 이론이 되는 지점을 만드는 데 관심을 기울이고 있다.

학생 지도와 교육 봉사로 점철된 삶

나는 대학교수로서 교육 이외에 먼저 한 일이 면담지도로 배정받은 학생들의 면면을 살피는 일이었다. 내가 근무하는 대학에서는 한 명의 교수가 학년별로 4~5명의 학생을 지도한다. 전체로 (1~4학년) 보면 교수별로 면담배정 인원은 16~20명이다. 나는 학생별 또는 집단별로 면담을 학기별로 2~4회 이상 진행하고 있다. 대학 생활, 동아리 선택, 초등학교 현장 멘토링, 교우 관계, 임용시험 준비, 현장 교육과의 연계 방안 등에 대해 깊이 있는 논의를 진행한다.

나는 티볼 동아리 지도교수로 체육교육과 학생 이외에도 다른 전공(심화 과정) 학생들을 만나서 1~2주일에 한 번씩 방과 후에 피드백을 제공하였다. 1년에 한 번씩은 동아리 학생들과 함께 전국교대 티볼 동아리 대회에 참가하였다. 2019학년도에는 티볼 동아리를 맡은 후 처음으로 전국대회 3위 입상을 하였다. 학생들도 무척 좋아했지만, 나도 정말 기쁜 기억으로 남아 있다.

나는 학생 지도 이외에도 대학에 임용되고 나서 다양한 교내·외 봉사활동을 하고 있다. 대학에서 보직교수 역임, 2014인천아시아경기대회 기념 국제학술대회 사무총장, 국내 스포츠 교육 관련 학회 임원과 학술발표 및 학회지 심사, 시도교육지원청 연수, 초등임용시험 출제 등에 참여하였다. 그것은 봉사 이외에도 나 자신의 성장과 변화에 큰 도움이 되었다.

대학에서 보직교수(2015.3.~2017.2./ 2019.3.~2021.2.)로 있으면서 학교교육의 발전에 많은 관심을 기울였다. 또한 2014인천아시아경기대회 기념 국제학술대회 사무총장을 역임하였다. '2014인천아시아경기대회 및 1988 서울올림픽 기념 국제학술대회'는 2002년 부산 아시아경기대회 기념 국제학술대회 이후 12년 만에 국내에서 개최한 대규모 행사로 1,300여 명 이상의 국내·외 학자들이 참석하여 약 425편의 논문을 발표(oral 210편, poster 215편), 국제적 체육정보에 대한 교육의 장, 정보교류의 장으로써 큰 가치를 지닌 행사로 평가된다. 필자가 소속된 대학은 관계기관과 원활한 사전협의와 유연한 조정을 통해 대회의 성공적 추진 공로를 인정받았다. 스포츠과학의 진흥 및 국제교류 증진, 아시아인의 소통을 위한 심포지엄을 성공적으로 추진함에 따라 제17회 인천아시아경기대회의 홍보 및 한국 스포츠과학의 발전 공로를 인정받아 표창을 받았다. 그동안 힘든 점도 많았지만 보람을 느끼는 순간이었다.

나는 오늘 2014인천아시아경기대회 기념 국제학술대회에서 사무총장 역할 수행을 하면서 스포츠과학에 공헌한 공로를 인정받아 국무총리 표창을 받았다. 부상으로 배지(badge)와 손목시계도 받았다. <2016년 필자의 체육일지>

그 밖에 국내 스포츠 교육 관련 단체의 임원으로 활동하고 있다. 나는 2016년과 2017년에는 초등 임용시험 출제진으로 참여하였고, 2019학년도 초등 임용시험에 검토진으로 참여하여 문항 구성에서 현장 적합도를 높였고, 여러 대학의 교수들과 대학의 발전 방향은 물론 초등체육의 방향에 대해 깊이 있게 논의하였다.

구성원 사이의 관계 갈등

나는 교수로 이직하고 나서 여러 측면에서 성장과 변화를 경험하였다. 초등 현장에서 경험하지 못한 긍정적인 측면들이 많았다. 대학교수와의 프로젝트 수행, 교육부 관계자들과의 연구수행을 위한 상호작용, 교내 교수 및 교직원들과 직업 멘토링 프로그램 운영 등 다양한 프로젝트와 프로그램을 운영하였다. 이 과정을 거치면서 내가 잘 알지 못했던 부분들도 알게 되었다. 이 과정에서 대학교수의 역할 수행에 대한 안목도 높일 수 있었다. 물론 여러 사람과 만나다 보니 의견이 상충되는 부분도 있었지만, 그러한 과정을 거치면서 좋은 아이디어가 생산되기도 하였다. 교수 사회에서 대부분의 갈등 관계는 일회적인 만남이 되기 때문에 상당 부분은 빠르게 해소되었다. 하지만 필자가 근무하는 직장 내에서 만들어진 갈등은 일회성보다는 지속성이 있어서 갈등이 유발되면 해소가 잘 안 되었다.

나는 예전에도 그랬고 지금도 타인과 함께 소통하고, 동반 성장하는 삶의 모습을 견지하고 있다. 대학구성원과의 관계 부분에서도 친밀한 관계를 유지하고자 노력하였다. 하지만 학과 내의 역할 수행과정에서 몇 가지 갈등22)이 발생하면서 마음에 상처를 받기도 하였고, 한편으로는 상대방에게 상처를 주기도 하였다. 나는 2018년에 학과장을 맡았다. 학과장은 학과에서 일어나는 다양한 일들을 동료 교수와 소통하고, 학생들의 각종 행사를 지원하는 역할을 한다. 학교의 중요한 회의에서 나온 의견과 이야기들을 학과 교수들에게 전달하여 학교의 다양한 교육 방향과 알 거리와 할 거리를 안내하게 된다. 이 과정에서는 문제가 되는 것이 없었고, 구성원들과의 관계 갈등도 조성되지 않았다.

하지만 강좌 개설과 강의 배정, 강사 추천 그리고 교수 채용과정에서 소소한 갈등이 발생하였다. 비단 필자가 소속된 학과에서만 발생하는 문제는 아닌 듯싶었다. 사람이 살다 보면 자율성이 침해될 경우에 갈등이 발생하고, 이해관계에서 불편함을 느낄 때, 자신의 주장을 펼치다 보면 상대방의 의사와 다른 이야기와 행동을 하기 때문에 문제가 발생할 수 있다. 나는 학과장의 역할 수행과정에서 한 교수로부터 잦은 문자와 메일을 받았다. 여러 명의 교수가 함께 구성원으로 소속되어 있다 보니 그리고 회의를 할 때, 모든 교수가 참석할 수 없는 상황이다 보니 이야기가 명확히 전달되지 못하는 과정에서 발생할 수 있는 일이라고 생각하였다. 하지만 메일이나 문자를 받는 빈도수가 높아지면서 상대방을 이해하는 수준

---

22) 이 글에서 교수들과의 갈등 부분을 제시하는 것은 교수들 사이의 관계를 명확하게 드러내어 그들의 삶에 부정적인 영향을 제공하려는 취지가 아님을 밝힌다. 갈등은 타인과 함께하다 보면 대두되는 일들이기 때문에 이러한 일들을 어떻게 처리하면 좋을지에 대한 방향을 탐색하려는 의도에서 제시되었음을 밝힌다.

을 넘어 불안감마저 들면서 타인과 관계를 멀리하고 싶은 욕구가 생겨나기까지 하였다. 이 부분은 시간이 지나면 해결될 일이라고 생각하였지만, 학과에서 신임교수 임용과 맞물리면서 사그라지지 않고 또 다른 양상의 문제로 발전하였다.

1년 동안 학과장을 하면서 문제는 문제를 낳고, 갈등의 빈도가 줄어들지 않고, 그대로 유지되거나 오히려 높아지기까지 하였다. 사적인 측면에서 선·후배 교수와의 의견 대립과 갈등이 빚어졌고, 갈등의 누적으로 서로에게 마음의 상처를 주는 일들도 생겨났다. 나는 초등교사를 사직하고 났을 때, 대학교수가 되면 모든 것들이 순리대로 잘 진행될 것으로 생각하였다. 하지만 대학교수 사회는 초등학교 교직 문화의 모습과 달리 더 큰 장막이 있음을 깨닫게 되었다. 가로막힌 장막은 또 다른 장막을 만들면서 갈등의 골을 더욱 깊게 만들었다. 아직도 나에게 학과 내의 장막은 거치지 않고 있다. 나는 그 장막이 거치기를 희망하고 있고, 이를 위해 마음의 문을 열어놓았다.

사직한 삶 속에서 갈등과 고민 그리고 성장을 말하다

일상 속에서 내가 누구인지를 이해하는 것은 쉬운 일이 아니다. 내가 있는 공간에서 '나' 자신을 확인하기도 쉽지 않다. 나를 가장 잘 이해하는 방법은 가진 것을 내려놓았을 때거나 내가 있는 그곳으로부터 멀리 떨어졌을 때이다. 한 개인이 삶을 살아가는 동안 만나는 직업의 소중함도 시간이 지나면 익숙해져서 그 존재 가치를 소홀히 여길 수 있다. 하지만 실제로 직업을 잃게 된다면 자신이 몸담은 직업에 대해 어떤 생각을 할까? 무척 중요하다고 인정할 수밖에 없을 것이다. 나는 실제 초등교사를 그만두었기 때문에 직업의 소중함을 잘 알고 있다.

사람들이 자신이 몸담은 직장을 사직하는 경우는 여러 종류이다. 과중한 업무부담, 동료나 상사의 지나친 간섭, 직장의 회계가 불안하거나 낮은 임금, 업무가 자신의 적성과 맞지 않은 경우 등 다양하다. 하지만 나는 위의 어떤 사례에도 속하지 않는다. 나는 초등교사를 천직이라고 생각하였고, 그 속에서의 삶을 매우 소중히 여기고 있었다. 지금도 초등교사의 경험을 바탕으로 교육대학에서 초등예비교사 교육에 몰두하고 있다. 나는 자신의 존재 가치와 체육에 대한 교육적 가치를 확장하기 위해 초등교사를 그만두었다. 지금도 그때로 돌아가게 된다면 똑같은 결정을 할 것이다. 나에게 사직한 삶은 삶을 살아가는 다양한 방식을 안겨주었다. 즉 자신의 삶에 대한 갈등과 고통 그리고 교육과 연구를 통한 성장과 성찰의 기회가 종합적으로 작용하였다.

첫째, 삶 속에서 다양한 갈등과 고통을 경험하였다. 갈등과 고통은 성장의 저해 요소이지만 한편으로는 성장과 변화의 실마리로 작용한다. 한 개인이 지닌 갈등과 고통을 어떠한 상태로 위치시키느냐가 중요한 것이다. 초등교사라고 하여 동료 교사들과의 갈등이 없었던 것은 아니다. 하지만 직업 없는 삶에서 나와 타인과 마주하는 하루하루의 일과, 특히 상대방의 지속적 요구는 나의 삶을 피폐하게 만들었고, 요구에 순응하면서 일상적인 업무를 수행하도록 하였다. 돌이켜보면, 별거 아닌 것으로 기억되지만, 가진 사람이 갖지 못한 사람에게 행하는 요구는 압박감이었고, 위축감을 들도록 만들었다는 점을 기억해야 한다.

둘째, 나는 교육과 연구를 통해 성장의 실마리를 찾았다. 이는 전현욱[23])이 언급한 자신만의 작은 교육운동과 맥을 같이한다. 나에게 사직은 고통과 타인과의 갈등의 원천으로도 작용했지만, 성장의 시발점이 되었다. 초등교육 현장에서 교육은 학생들에게 매일 수행하는 하나의 일과적인 행동이었지만, 현장 관련 실행연구를 쉽게 진행하지 못한 측면이 있다. 나는 사직한 삶 속에서 대학 강의에 중점을 두었고, 그곳에서 만난 초등 예비교사들과의 상호작용은 체육교육에 대해 다시 한번 되돌아볼 기회가 되었다.[24]) 무엇보다 교육의 결과를 연구의 성과로 도출하는 과정을 거치면서 교육적 성장을 가져올 수 있었다.

나는 체육교육에서 깊이 있는 고민과 사고를 통해 수업과 수업의 결과를 일원화해 나가고 있다. 특히, 교육은 연구의 성과를 이끌기 위한 글쓰기의 소재가 되었다. 교육적 성과를 기록하는 글은 나 자신은 물론 타인의 삶에도 큰 영향을 미치고 있음을 깨닫게 되었다. 나는 수업 내용을 연구와 병행하면서 나 자신의 성장에 큰 도움이

---

23) 전현욱(2014), 「교육운동 참여의 자유변경 과정과 구조에 관한 질적 사례연구」, 『교육인류학연구』, 17(4), 135-176.

24) 나는 그동안 교육 하면 학생들에게 무엇을 가르쳐 주는 정도의 것으로만 인지하였고, 또 그렇게 운영하였다. 하지만 대학에서 학생들에게 체육을 가르치면서 체육교육에 대해 새로운 사고의 전환이 만들어졌다. 교육은 가르침과 배움의 상호작용을 통해 완성된다는 생각을 하였다. 그리고 가르침과 배움에 대해 숙의하는 과정을 갖게 되었다. 우선 '가르치다'는 것이 무엇인지를 어원적인 측면에서 살펴보았고, 새로운 사실을 알게 되면서 가르침의 방법을 깨닫게 되었다. '가르치다'는 ① 갈다, ② 가르다, ③ 치다 등의 개념을 내포하고 있다. 여기서 '갈다'는 수업환경을 조성하는 것이다. 학생들에게 좋은 체육수업 환경을 조성하는 것이다. '가르다'는 학생들에게 해당 차시에 어떤 내용을 가르칠지를 구별하여 제공하는 것을 의미한다. '치다'는 학생들의 수업 반응에 대해 교사가 적절한 피드백을 제공하면서 사기를 북돋워 주는 것을 의미한다. 그리고 '배우다'는 것이 무엇을 의미하는지를 탐색하여 교육하였다. '배우다'는 익히다와 몸에 체득하게 만들다로 구성된다. 여기서 익히는 것은 학생들이 해당 내용을 경험하는 것이고, 체득하게 만드는 것은 몸에 익어서 자동화 단계로 전이되는 것을 말한다. 이처럼 교육은 가르치는 것과 배우는 것의 상호작용이 잘 이루어지도록 이끄는 것임을 알 수 있다. 이러한 접근에 대한 관점이 생기고 난 후부터 수업에 대해 더 진정성을 갖게 되었고, 수업을 연구와 함께 이론화 작업을 거치면서 나 자신의 변화와 성장을 경험하였다.

되었다. 주변의 대학 강사나 박사들은 나의 글을 읽고, 그들 자신의 수업과 연구를 병행하면서 수업 지식을 확장하는 계기를 만들기도 하였다. 나에게 사직은 갈등과 고민의 씨앗이 되기도 했지만, 한편으로는 '나' 자신의 성장과 동료들의 삶과 관련하여 경험의 폭을 확장하는 기폭제가 되었다. 나는 사직 속의 삶에서 잊을 수 없는 성장 [교육과 연구를 일원화하는 삶, 교육을 바라보는 눈]을 경험하였다.

이직한 삶 속에서 갈등과 고민 그리고 성장을 말하다

나는 초등교사라는 직업을 사직하고 나서, 1년 11개월이 지난 후 대학교수로 자리를 옮겼다. 이 기간이 어떻게 보면 짧기도 하고, 긴 시간이기도 하였다. 나는 한창 일할 나이인 40대 초반에 사직했기 때문에 그 기간이 나에게 짧은 시간만은 아니었다. 나는 사직하였을 때, 여러 종류의 갈등과 고민이 있었고, 그러한 것을 바탕으로 성장이라는 희열도 경험하였다. 이와 마찬가지로 대학교수로 이직하였을 때에도 갈등과 고민은 존재했고, 성장의 변화를 경험하였다. 이직 속의 삶은 사직 속의 삶보다 갈등과 고민이 상대적으로 덜했고, 성장은 오히려 더 크게 만들어졌다.

나는 이직한 삶 속에서 관계 간 갈등을 경험하였다. 사직 속의 삶보다 갈등에 잘 적응할 수 있었고, 자존감의 측면에서 큰 타격을 입지 않았다. 대부분 학과의 일이고, 동료 교수의 부당한 요구에 의한 갈등이 아니었기에 위축감도 사직 속의 삶보다 훨씬 덜했다. 이직한 삶 속에서는 상대적으로 갈등이나 고민보다 성장 측면이 더 강하게 주목을 받았다. 나는 중요한 역할 [인천아시아경기대회 기념 국제학술대회 사무총장, 보직교수, 스포츠 교육 관련 학회의 부회장, 학회지와 대학 입시 심사위원, 초등 임용시험 출제위원, 대한체육회와 지역사회 위촉위원 등]들을 맡아서 잘 수행하였다. 위의 내용은 내가 성장하고 있다는 생각이 들도록 하였고, 실제적인 측면에서 자존감과 성취도를 높여주었다. 이 연구는 한 명의 대학교수의 삶으로 한정되어 있으므로 주관성을 배제할 수는 없다. 나를 이해한다는 것은 곧 타인을 이해하는 계기가 되고, 타인을 이해한다는 것은 현재의 나를 되돌아보도록 하는 데 도움이 되었다. 이 글은 대학교수의 셀프연구로서 나 자신의 성찰과 타인과의 관계 개선 측면에서 어떠한 노력을 기울여야 하는지에 관한 반성의 시야를 갖도록 하였다.

제6장

체육과 교수가
관심을 기울인 것을 말하다

교육자는 누구나 관심을 기울이는 부분이 있다. 교수 방법이 될 수도 있고, 학생들의 성장을 지원하기 위해 어떤 노력을 하면 좋을지를 생각할 수도 있다. 이 장에서는 움직임과 신체활동을 좋아하는 체육과 교수가 관심을 기울인 부분을 살펴보았다. 구체적으로 운동하는 삶 속의 문화와 내용 요소를 기술하였다. 교육하는 삶과 연구하는 삶의 세부 요소는 무엇이고, 나라면 어떤 부분에 관심을 기울일지를 생각하면서 체육과 교수의 삶 속으로 들어가 보자.

운동하는 삶

사람들은 운동을 통해 건강과 좋은 체력을 유지하길 바란다. 옛말에 "돈을 잃으면 조금 잃은 것이요, 명예를 잃으면 반을 잃은 것이요, 건강을 잃으면 전부를 잃은 것이다."라고 하였다. 이는 돈과 명예보다 건강의 중요성을 언급한 이야기이다. 맞는 말이다. 건강하면 돈도 벌 수 있고, 명예를 얻기 위한 노력을 할 수도 있으나 건강하지 못하면 아무것도 할 수가 없고 어떤 것도 이룰 수가 없는 법이다. 나는 어려서부터 건강했고, 좋은 체력을 갖고 있었다. 이것이 계기가 되어 초등학교 때에는 면과 군에서 열리는 육상대회에 여러 차례 참여하였다. 좋은 성적을 거두지는 못했지만 초등학교를 졸업할 때까지 학교 대표 선수로 활동을 했다. 종목도 다양했다. 단거리 달리기, 400m 계주, 제자리멀리뛰기, 공 멀리 던지기 등에 참여했다.

어려서부터 갖게 된 건강과 체력은 중학교와 고등학교 때에도 생활의 밑바탕이 되었다. 좋은 체력은 늦은 시간까지 학업 수행에서 지치지 않고 견딜 수 있는 힘을 가져다주었다. 대학교에 입학하고 나서는 여러 스포츠 중 테니스에 매력을 느껴 입문하였다. 대학에 들어가던 시점에 작은 형이 체육 교사로 있었고, 테니스 운동에 즐겨 참여했기 때문에 자연스럽게 형으로부터 테니스를 배울 수 있었다. 테니스는 주당 3~4회 참여하였다. 대학교 2학년 때에는 테니스 동아리 학생들도 지도할 수 있는 기량을 갖게 되었다. 4학년 때에는 한 교수님의 추천으로 초등학교에서 방과 후에 1년간 테니스부를 지도할 수 있는 기회를 갖게 되었다. 6개월 지도 후 인천시 연합회장기 테니스 대회 개인전에서 3위의 성적을 거두었다. 2년 뒤에는 코치를 했던 학교에 초등교사로 첫 발령을 받고, 그곳에서 4년간 테니스 감독을 하였다. 1999년도에는 제주에서 개최된 제28회 전국소년체육대회(5.29.~6.1.)에 인천시 연합팀으로 참가하였다. 학생선수를 지도하는 것 이외에도 개인적으로도 테니스 하는 삶은 지속되었다. 1년에 한 번씩 교육청별 교사테니스대회에도 참여하여 내가 소속된 지역교육청이 우승하는 데 기여하기도 하였다. 주말에는 테니스 동호회에 참여하였고, 월례대회와 구청배 테니스대회에도 2년간 참여하였다.

교수가 된 지금에도 테니스의 끈을 놓지 않고 작은형과 한 달에 두세 번 정도 단식 게임을 즐기고 있다. 테니스를 예전과 같이 자주 할 수 없는 이유는 대학 시절 교통사고로 인해 허리를 다쳤는데, 사고 후 10년이 지난 시점부터 허리가 많이 아파왔고, 허리 디스크 진단을 받고 조형술까지 했기 때문이다. 이후부터 역동적인 움직임을 자제하고 있다. 특히 테니스 게임을 할 경우 허리가 많이 아파서 3~4일 정도 허리를 구부리고 다니거나 서 있기 힘들어서 걷기에도 많은 불편을 겪고 있다.

나는 박사과정에서 공부하던 중 지도교수님의 추천으로 골프에 입문하였다. 박사지도 교수님은 골프를 아주 잘하는 분이셨고, 박사 지도원생들이 골프하는 것에 대해서도 긍정적이었다. 나는 지도

교수님이 골프 스윙하는 모습을 보고 큰 실수를 범한 적도 있다. 스윙 동작 시 임팩트는 아주 좋았지만 원플레인 스윙이 잘 이루어 지지 않는 모습을 보고, 1년이면 교수님을 따라잡을 수 있겠다고 말해 버렸던 것이다. 지금 생각해 보면 교수님의 골프 하는 삶에 큰 상처를 안겨 주었다고 생각한다. 어떻게 보면 오랜 시간 운동한 분에게 결례를 한 것이었다. 나는 어쨌든 운동하는 것을 좋아했지 만 마음속으로는 지도교수님을 넘어서겠다는 일념으로 골프를 시작 하였고, 그것이 계기가 되어 17년간 지속해서 골프 운동을 해오고 있다. 허리가 아파서 테니스를 줄이기는 했지만 새로운 스포츠인 골프에 입문하여 하루하루 신체활동 가이드라인을 실천하면서 즐거 운 삶을 살고 있다. 이 글을 읽는 독자들도 아직 신체활동을 하고 있지 않다면 지역사회 주변 시설을 둘러보거나 체육관을 방문하여 한번 해보고 싶은 종목을 찾아보고 활동에 참여할 것을 제안한다. 건강을 유지하는 스포츠를 찾는다면 자전거 타기와 수영을 추천한 다. 나도 수영은 3년간 배웠는데 좋은 경험으로 남아 있다. 자전거 타기는 지금도 가족들과 함께 주말이면 집 주변의 자전거도로를 질 주하면서 상쾌함을 경험하고 있다.

신체활동 가이드라인 실천하기

나는 신체활동 가이드라인으로 7560^+를 실천하면서 생활하고 있 다. 국민생활체육협의회[1]에서는 7330을 국민들에게 제안한다. 일주

---

[1] 생활체육을 활성화하기 위해 1991년 1월 8일에 설립된 단체이다. 비영리 민간단체로 체육 동호 인 클럽을 육성하고 지원하며 지도자 양성을 주요 사업으로 진행하였다. 산하 회원 단체로는 16개의 시·도 생활체육회와 62개의 전국 종목별 연합회가 있다. 2016년 3월 21일 대한 체육 회와 통합되면서 폐지되었다.

일(7)에 세 번(3), 한 번 운동할 때마다 30분 이상 운동하는 캠페인이다. 학교체육에서는 학생들에게 7560$^+$의 실천을 권장하고 있다. 일주일에 다섯 번, 한 번 운동할 때마다 누적해서 60분 운동하는 것을 말한다. 여기서 누적은 60분을 한 번에 운동하는 것이 아니라 나누어서 운동하고 합산하는 것이다. 오전에 30분 운동하고, 오후에 30분 운동하는 것도 좋고, 15분씩 네 번 나누어서 운동을 해도 좋다는 이야기이다. 나는 25년 이상을 테니스 운동에서 7560$^+$를 실천하고 있다. 지금은 허리 디스크로 신체활동 가이드라인을 예전처럼 실천하지는 못하지만 요즘도 매일 저녁 9시경에 작은딸과 함께 아파트 단지 안에 있는 산책로를 다섯 바퀴씩 걸을 때, 테니스 라켓을 들고 발리 동작을 취한다. 걷기가 끝나면 놀이터 옆 운동할 수 있는 공간에서 그림자를 벗 삼아 10여 분간 포핸드 드라이브와 백핸드 드라이브 그리고 스매싱 연습을 하는 루틴을 갖고 있다.

나는 골프 운동도 꾸준히 실천하고 있다. 학교 골프 학습장에서 7560$^+$보다 더 많은 7690$^+$를 실천하고 있다. 2020년부터는 한 달에 한두 번 정도는 필드라운딩을 통해 실전경기력을 높이고 있다. 라운딩은 주로 학교 동호회 회원 그리고 지인들과 함께하면서 친목과 화합을 다져 나간다. 교내 골프 학습장에서 이루어지는 연습은 다음과 같다. 5분 스트레칭, 30분 어프로치 샷, 25분 미들 아이언 및 롱 아이언 샷, 10분 우드와 드라이버 샷, 15분 퍼팅, 5분 정리운동을 한다. 연구를 하고 있는 지금도 골프 학습장에 나갈 생각에 마음이 들떠 있고 기대감으로 긍정적 정서가 발동하여 글쓰기가 잘 진행되고 있다. 골프에 대한 기대감으로 형성된 긍정적 정서는 나 자신이 하고 있는 일들을 수월하게 만들고, 디스트레스(Di-stress)를 유스트레스(Eu-stress)로 바꿔서 삶의 활력을 제공한다.

신체활동 가이드라인의 실천 성과

운동 기량과 안목의 변화

나는 테니스와 골프 운동을 하면서 운동 기량과 안목의 변화를 경험하였다. 무엇보다 연습 후 동작 습득과 발전이 가장 큰 성과였다. 운동 기량과 안목은 연습을 통해 형성되었다. 나는 한 가지 활동에 참여하면 끝까지 물고 늘어지는 성격의 소유자다. 안 된다고 쉽게 포기도 하지 않는다. 그러다 보니 운동 기량도 좋아져서 타인들이 함께 운동하자고 권하는 경우가 잦았다. 거의 매일 게임을 하였고, 기량이 날로 좋아지게 되었다. 지금 생각나는 것은 대학에 다닐 때, 교수님 한 분은 나에게 단식 게임을 자주 제안하였다. 나도 단식 게임하는 것을 좋아하여 선생님과 즐겁게 게임하였다. 선생님은 게임하는 과정에서 공간을 어떻게 활용하는 것이 좋은지, 포핸드와 백핸드의 코스를 설명하는 등 유익한 피드백을 제공해 주었다. 나는 자주 게임하고, 여러 사람들로부터 피드백을 받으면서 게임의 기량을 높일 수 있었다. 테니스 신체활동은 건강과 체력적인 부분 이외에도 게임을 보는 눈과 기본 운동기능을 향상하는 계기가 되었다. 특히 역동적인 움직임 속에서 타인의 움직임에 따른 빈 공간 확보 방안을 찾으면서 경기력을 높여 나갔다.

문제가 되었던 것은 운동수행 기술과 전략의 형성(상황판단 능력 증진) 측면에서 백핸드 슬라이스가 결정타를 내지 못하는 것이었다. 공을 잘 받아치기는 하지만 볼의 스피드가 약하다 보니 상대방에게 자주 찬스를 허용했다. 나는 이 부분을 극복하기 위해 포핸드 스트로크를 연마하기 시작하였다. 나는 라켓의 플랫 면으로 공을 쳐보기도 하고, 드라이브도 걸어서 스트로크를 구사하는 연습을 하였다. 플랫 면으로 공을 치면 강하기는 하지만 자칫 잘못하면 베이스라인을 벗어나기 일쑤였다. 나는 공이 베이스라인을 벗어나지 않도록 드라이브 연습을 하였다. 공은 강하지는 않지만 안정적이었고, 바운드 후에 공이 높이 튀겨서 상대방은 컨트롤을 쉽게 하지 못하였다. 특히 힘의 세기를 조금 더 강하게 하면 공이 더 높이 튀어올라 상대방이 수비하기 바빴다. 이러한 노력을 통해 상대방에게 공을 어떻게 보내야 하는가에 대한 전략과 전술의 수행에 대한 안목이 높아질 수 있었다.

나는 골프에서도 운동기량과 안목의 변화를 경험하였다. 골프 여가활동은 연습장과 필드에서의 경험이 일치될 때 최대의 효과를 보인다. 골프연습장에서는 자신의 실수에 대해 심각성을 느끼지 못하는 경우가 많다. 스코어로 연결이 되지 않고 실수를 하더라도 계속 반복할 수 있기 때문이다. 하지만 필드에서 잘못된 상황판단과 실수는 스코어뿐만 아니라 그날의 전체 라운딩을 어렵게 만들 수 있다. 나는 골프와 관련하여 낯선 경험과의 만남, 도전을 통한 새로운 목표 달성, 골프를 연습하는 과정에서 등장한 갈등과 마주하기 그리고 마주한 갈등 극복을 위해 새로운 도전 목표를 세우는 경험을 통해 운동기량과 골프를 바라보는 시야를 넓힐 수 있었다. 나는 라운딩 중 그린 사이드 쪽에 위치한 핀을 무리하게 공략하는 것이 좋은 것만은 아니라는 것도 알았다. 그것보다는 오히려 그린 중앙으로 공을 치는 것이 더 안전하다는 사실도 깨달았다. 목표물을 겨냥하다가 힘이 들어가서 목표한 곳으로 공을 치지 못한 예도 있고 벙커에 빠지거나 아웃오브바운드 등으로 점수를 크게 잃은 적도 있다.

나는 위의 상황을 극복하기 위해서는 연습 상황을 실제와 얼마나 유사하게 하느냐에 달려 있다고 본다. 나는 골프 연습장에서 운동할 때, 필드의 경험을 생각하면서 연습하고, 필드에서 연습장의 스윙과 통합할 때 상황판단 능력이 좋아지고, 타수를 줄일 수 있는 계기가 됨을 깨달았다. 과거에는 강하게, 멀리, 핀 방향, 업다운이 있어도 평지처럼 샷을 구사하였다면 이제는 연습장에서 연습한 것을 그대로 필드에 적용하려고 노력한다. 라운딩 시 연습장에서 연습한 방법을 떠올리면서 적용해보고, 라운딩이 끝나면 연습장에서 연습하면서 역량을 키운다.

긍정적 셀프 이미지의 형성

자기 가치이론에서 학생들이 높은 성적을 받고자 하는 동기를 긍정적인 셀프 이미지라고 하였다. 동기는 나 자신이 신체활동에 어느 정도 관심을 갖고 참여하는지, 그러한 참여 속에서 얼마나 많은 시간을 쏟아붓는지와 관련되어 있다. 나는 테니스와 골프 여가활동에서 긍정적인 셀프 이미지의 형성에 가장 크게 기여한 것은 주변 사람들의 칭찬이 컸고, 운동수행에서 나도 할 수 있다는 유능감이 내적 욕구를 자극하여 다른 사람은 물론 나 자신에게 긍정적인 셀프 이미지를 형성하는 계기가 되었다.

모든 사람들이 그러하듯이 나도 주변의 칭찬과 긍정적 반응에 고무되어 테니스와 골프를 지속할 수 있었다. 스포츠는 활동 그 자체로도 매력적이지만 타인과의 관계 속에서 드러나는 겉모습에 대한 반응, 즉 외부에서 바라보는 시선도 중요한 몫을 한다. "칭찬은 고래도 춤추게 한다."는 말이 있다. 하물며 이성을 갖고 있는 사람이라면 이 부분은 더욱더 크게 느껴질 수밖에 없다. 나에게도 주변의 반응과 칭찬은 신체활동을 지속하도록 하는 힘이 되었다. 이러한 측면을 고려해 볼 때, 운동뿐만 아니라 학습에서도 긍정적 셀프 이미지의 형성을 위해 주변의 관심이 꼭 필요해 보인다. 앞으로 누군가가 공부를 하거나 운동을 하고 있다면 관심 있게 지켜보는 것도 그들의 삶에 변화를 줄 수 있는 좋은 방안이 될 것이다. 가르치는 일을 하는 사람이면 배우는 학습자의 성장을 위해 그들의 행위에 대해 언어적·비언어적 반응을 꼭 표시할 것을 제안한다.

유능감(competence)도 긍정적 셀프 이미지의 형성에 크게 기여하였다. 유능감은 환경에 효과적으로 대응할 수 있는 숙달된 경험으로서 내적 동기를 구성하는 인간의 심리적 욕구 중 하나이다. 나에게 유능감은 운동수행에서 주관적 평가나 타인에 의한 긍정적 피드백을 통해서 발현되었다. 무엇보다 긍정적 피드백은 신체활동에서 자신감과 자아존중감 등의 긍정적 정서를 촉진하였다. 긍정적 정서의 촉진은 나 자신의 신체활동에 대한 유능감으로 다가왔다. 나는 운동수행에서 유능감이 자신의 운동에 대한 성취와 타인의 긍정적 반응으로 형성된다고 생각한다. 나는 자신의 노력과 타인의 관심 있는 반응을 통합하는 것이 중요하다는 사실을 알게 되었다. 이 글을 읽는 독자들도 공부나 스포츠에서 긍정적 셀프 이미지를 통해 무엇인가를 성취하고자 한다면 자신의 노력은 필수(주연)이고, 타인의 반응이 조연 역할이 되고 있음을 기억해야 한다.

삶의 활력소 제공

삶의 활력은 신체활동을 강화하는 중요한 요인이다. 그리고 끈기 있는 도전은 삶의 활력을 제공하는 원천이 된다. 나는 테니스와 골프에서 끊임없이 연습하고 도전하는 끈기를 통해 신체적 활력과 심리적 활력을 얻었다. 연습 후 몸에 느껴지는 상쾌함은 신체적 활력의 경험 요소가 되었다. 또한 신체활동을 통한 감정 표현과 자기표현도 심리적 활력의 요소가 되었다. 감정 표현과 자기표현은 활동의 참여를 통해 나타나는 충만감과 살아 있다는 감정 그리고 이것이 바로 자신이 하고 싶었던 것임을 느낄 때 유발되는 심리체험이다. 다시 말하면 내적 동기나 절정 경험 그리고 몰입 등의 긍정적인 심리 상태를 말한다. 나는 자기실현적 행복 측면에서 테니스와 골프를 통해 개인이 지닌 대표 강점과 미덕을 발휘하면서 즐거움과 활력을 얻었고, 진정한 '나'가 표현되고 있음을 확인하였다.

또한 나는 테니스와 골프 운동을 통해 열정적인 끈기의 힘인 그릿(GRIT)을 기를 수 있었다. 여기서 그릿(GRIT)은 어떤 어려움에도 굴복하지 않고 그것을 이겨내는 불굴의 의지와 힘을 말한다. 그릿의 영어 단어를 조금 더 분석해 보도록 하자. G는 Growth Mindset으로 능력성장의 믿음을 의미한다. 나는 일을 충분히 잘 수행해 낼 수 있는 재능을 가졌다는 확실한 믿음을 갖는 것이다. 자기 자신을 긍정하고 인정하는 것이 능력성장의 믿음을 촉진하는 길이다. R은 Resilience로 회복탄력성이다. 회복탄력성은 크고 작은 다양한 역경과 시련 및 실패에 대한 인식을 도약의 발판으로 삼아 더 높이 뛰어오르는 마음의 근력 또는 근육을 의미한다. I는 Intrinsic Motivation으로 내적 동기유발을 말한다. 열정적인 끈기는 동기가 잘 형성되면 갖출 수 있다. 특히 내적 동기는 학습자 스스로 어떤 과제를 성취하고자 하는 동기로 학습 과제의 성취도를 극대화한다. T는 Tenacity로 끈기를 의미한다.

나는 테니스와 골프를 통해 그릿(GRIT)의 모든 요소를 갖추어가고 있다고 생각한다. 오랜 시간 동안 테니스와 골프를 통해 그릿의 요소를 체험하였고, 지금도 간직하고 있으니 그 부분은 이견의 여지가 없다. 다른 사람들도 그릿을 기르고 싶다면 자신이 좋아하는 스포츠에 지속적으로 참여할 것을 제안한다. 특히 다음의 내용을 고려해야 한다. 첫째, 자신의 관심사를 분명하게 정해야 한다. 스포츠에서 어느 측면에 관심을 두고 있는지를 정해야 한다. 둘째, 질적으로 다른 연습을 해야 한다. 타인과 차별화되는 사람이 되고 싶다면 의식적인 연습이 필요하다. 그렇게 꾸준히 연습하다 보면 큰 기쁨을 만끽할 수 있다. 셋째, 높은 목적의식을 가져야 한다. 높은 목적의식의 전제는 자신이 좋아하는 스포츠에 참여할 때 가능하다. 넷째, 다시 일어서는 자세와 희망을 품어야 한다. 스포츠에서 칠전팔기의 정신으로 참여하여 자신이 목적한 바를 꼭 성취하기 바란다. 성취의 기쁨을 맛볼 때, 자그마한 그릿부터 큰 그릿까지를 만들 수 있다.

역경을 넘어선 새로운 도전

우리는 몸이 건강해야 잘 뛸 수도 있고, 운동도 할 수 있는 것처럼 마음에도 강인한 근력이 생겨나야 스스로 힘차게 활동을 할 수 있다는 사실을 알고 있다. 그래서 우리는 그릿(GRIT)을 신장해야 한다. 나는 과거에 육체적이든 심리적이든 어려움이 있을 때 쉽게 포기하곤 하였다. 그러던 중 테니스와 골프와의 만남은 나에게 큰 변화를 제공하였다. 테니스를 하다 보면 숨이 턱까지 차오르면서 심장이 터질 것 같은 경험을 한다. 힘들어서 한 포인트를 따고 허리를 굽힌 채 손으로 무릎을 잡고 고개를 숙이면 땀이 비 오듯 한다. 지금 되돌아봐도 많이 힘든 기억으로 남아 있다. 테니스 복식보다도 단식은 더 큰 고통과 갈증을 제공한다. 나는 테니스 여가활동에 참여하면서 육체적 고통을 참고 또 참으면서 게임에 임하였다. 결국 '나'의 육체적 한계를 극복하도록 만들었으며 포기보다는 새로운 도전을 향한 열정의 씨앗이 되었다.

나는 골프에서도 극복하기를 통해 새로운 도전을 보인 사례가 있다. 나는 골프 스윙에서 백스윙의 탑이 플랫한 문제점을 갖고 있었다. 아이언 샷은 그런대로 괜찮았지만 우드나 드라이버 샷을 구사하면 백스윙 탑이 플랫한 모습이 눈에 띌 정도였으니 말이다. 백스윙 시 클럽의 그립이 오른쪽 허벅지 앞쪽으로 지나가면서 몸 회전이 되는 것이 아니라 그립이 몸 뒤쪽으로 빠지게 된 것이다. 나는 다른 부분은 연습하면서 동작을 수정하였지만 긴 클럽의 경우 어깨 위쪽으로 정확한 궤도를 갖는 동작이 잘 안 되었다. 빈 스윙을 할 때는 괜찮은데 공을 치기 위해 실제 스윙을 할 때의 영상을 보면 플랫한 스윙이 다시 나오곤 했다. 나는 오랜 시간 동안 백스윙 시 클럽을 위쪽으로 들면서 고쳐보려고 노력하였다. 하지만 클럽을 위쪽으로 들면 들수록 머리가 위쪽으로 들썩이는 또 다른 문제를 일으켰다. 모든 스윙이 백스윙에 집중되다 보니 임팩트나 폴로우스로우는 관심의 대상이 아니었다. 이러한 결과로 나는 스윙에 총체적인 문제를 경험하였다.

나는 그렇다고 포기할 수는 없었다. '나'는 초심으로 돌아가 연습장에서 2개월 동안 레슨을 다시 받으면서 연습한 끝에 정상적인 백스윙 탑을 만들 수 있었다. 그 결과 볼도 잘 맞고 스윙 자세도 예전보다는 더 안정적인 모습을 갖출 수 있었다. 나는 오랜 시간 골프 스윙연습을 하면서 잘못 형성된 동작들이 이렇게 한 개인의 머릿속을 힘들게 할 줄은 몰랐다. 하나의 동작이 조금씩 바뀌면서 골프 동호인의 여가활동 경험이 나에게 또 다른 희망으로 떠올랐고, 그 밖의 삶을 긍정적으로 바라볼 수 있었다. 지금 와서 생각해보니 하나의 역경이 역경으로 남기보다는 새로운 도전을 이끄는 중요한 원천이 되고 있음을 깨닫게 되었다.

교육하는 삶

교육하는 삶은 가슴 벅찬 일이다. 나는 어려서부터 교사의 꿈을 기워왔고, 교사가 되어서는 교수의 꿈을 키우게 되었는데 지금은 그 모든 꿈을 이루어서 교수자로서 학생들을 지도하고 있으니 말이다. 하루하루 교육하는 삶은 나를 설레게 한다. 학생들에게 설렘 속에서 실천해 왔고, 앞으로도 교육하는 삶 속에서 관심을 기울여야 하는 부분은 모두를 위한 체육수업을 구안하여 실천하는 것이다. 모두를 위한 체육수업은 수업에 대한 자기반성으로부터 시작된다. 자신의 수업을 반성하는 것은 좋은 수업을 지향하는 지름길이다. 반성의 길은 결과의 반성과 과정의 반성으로 나뉜다. 결과의 반성은 학생들이 수업 목표의 도달도에 어느 정도 달성하고 있는가와 관련하여 검토될 수 있다. 과정의 반성은 수업을 진행하는 중간마다 학생들의 목표 도달도를 확인하는 작업이다. 이 과정에서는 다양한 피드백을 통해 수업 목표 도달도를 확인하게 된다.

최근 다니엘 시겔(Daniel Siegel)은 기존의 3R'S는 학생들에게 편향교육을 제공하였음을 반성하고, 대안으로 NEW 3R'S를 제안하였다. 다니엘 시겔의 3R'은 반성(reflection), 회복력(resilience), 관계성(relationship)이다. 반성은 수업 실기 속에 담겨 있는 반성이다. 이 반성은 앞으로의 체육수업이 과학적 접근으로서의 실기수업에 치중하기보다는 인문학적 측면의 활동이 함께 내재하는 수업이 되어야 함을 시사한다. 다니엘 시겔이 제시한 반성은 지금까지 체육수업이 실기 위주의 수업으로 일관되고 있음을 반성하고, 실기와 이론이 병행하는 가운데 학생들을 통합적으로 성장시킬 수 있는 길을 제안한다. 교수자의 반성도 실기 위주의 수업에 대한 반성뿐만이 아니라, 실기수업을 더욱더 풍부하게 해줄 수 있는 다양한 방법을 찾는 데 필요한 반성으로 자리매김을 한다면 좋은 체육교육에 대한 길을 찾을 수 있다.

회복력(resilience)은 어떤 어려움에도 견딜 수 있는 마음의 근육을 말한다. 교수자는 학습자들이 신체활동에 도전하여 성공감을 맛볼 수 있는 수업과 경험을 제공하였는지를 되돌아보아야 한다. 만약 그렇지 못하였다면 학습자들이 수업에 참여할 때, 자기조절 능력과 친구들과 함께할 수 있어서 더 행복한 삶의 요소인 대인관계 능력(소통능력+공감능력+자아확장력)을 함양하는 수업을 조성해야 한다. 회복탄력성이 높은 사람들은 대체로 뛰어난 사회성을 지닌 경우가 많다는 김주환[2]의 이야기에 귀 기울여야 한다. 학습자들이 체육교육을 통해 회복탄력성을 함양할 수 있는 기틀은 교수자의 수업에 대한 관심사이다.

---

2) 김주환(2019), 『회복탄력성』(15만 부 기념 리커버), 위즈덤하우스.

관계성(relationship)은 사람들이 자아를 확장할 수 있는 인간관계를 말한다. 체육교육에서는 관계성 확보를 위해 팀 활동과 소통의 기회를 제공하는 수업을 운영해야 한다. 동료교수, 협동학습 등은 학습자의 관계성 형성에 의미 있는 수업 방안이다.

소극적 참여자를 배려하기

신체활동에 참여하는 학생들의 특성은 매우 다양하다. 하지만 우리의 수업 운영은 학습자의 특성을 고려한 수준별 교수가 잘 이루어지고 있지 못하다. 이러한 이유를 어디에서 찾아볼 수 있을까? 그것은 다름 아닌 교수자의 역량에 달려 있다고 본다. 따라서 체육교육이 의미 있게 진행되기 위해서는 교수자의 역량을 함양하는 것부터 시작되어야 한다. 교수자의 역량 함양 방법은 매우 다양하다. 대학원에서 공부하기, 각종 연수에 참여하는 것, 스포츠 관련 학술대회 및 세미나 참석, 인터넷 검색, 잡지 구독, 스포츠과학에 관련된 비디오 시청 등 형식적·무형식적·비형식적 성장을 위해 노력해야 한다.

특히 다양한 학습자들을 한 공간에 머물도록 하는 것이 아니라 그들의 특성을 몇 개의 그룹으로 구성하여 각각의 공간에서 참여할 수 있도록 축소형 신체활동(small sided physical activity)을 구안하여 적용하면 좋을 것이다. 넓은 공간에서 신체활동에 참여할 경우, 기능이 우수하거나 적극적인 학습자의 특성을 지닌 학생들에게는 유익하지만 기능이 낮거나 소극적인 학습자는 기회를 제한받게 된다. 따라서 교수자는 자신의 역량을 학습자의 움직임 또는 수업참여와 관련하여 발휘될 수 있도록 해야 한다.

소극적인 참여자는 태어나는 것이 아니라 만들어진다는 점을 이해할 필요가 있다. 소극적인 참여자는 학생의 개인적 측면도 있을 수 있지만 교수자가 교수·학습 환경 조성과 수업 운영을 어떻게 하느냐에 달려 있다는 점도 인지해야 한다. 우리는 체육교육 현장에서 다수의 학생들이 소극적인 참여자로 전락하는 모습을 자주 목격한다. 이제 더 이상 소극적인 참여자를 만들어 내서는 안 된다. 교수자의 삶이 중요하다면 학습자들의 삶 또한 중요하다는 인식을 갖고 소극적인 참여자들이 적극적인 참여자로 전환될 수 있는 수업의 전개구조와 다양한 교수·학습 방법을 활용해야 한다. 학습자의 적극적인 참여 방안으로는 협동학습의 구조인 학생팀성취배분과 팀게임토너먼트 및 직소(Jigsaw Ⅰ·Ⅱ)수업을 활용하는 방안 그리고 개인차를 고려한 수준별 수업 및 개별화 수업 모형을 도입해야 한다. 학생들이 참여할 수 없는 수업의 구조를 만들어 놓고 방관하는 것이 아니라, 학생들의 참여를 조장할 수 있는 다양한 활용 방안 측면에 관심을 기울여야 한다. 필자의 수업은 위의 내용들을 반영하여 진행하였고, 그 결과 소극적인 참여자들에게는 참여 지속의 기회를 적극적인 참여자들에게는 교수자의 역할(학생이 교사가 되어 다른 학생을 가르치기)을 수행하면서 타인과 함께하는 수업의 문화를 조성하였다.

뉴스포츠에 관심 기울이기

나는 교사 시절 뉴스포츠 종목의 학교체육 도입에 적극적이었다. 이유인즉 체육수업이 기능 위주의 수업으로 진행되다 보니 많은 학생들이 체육을 좋아하면서도 실제 수업에서는 소극적인 참여 태도를 보였고, 소수의 학생만이 수업을 주도하였기 때문이다. 수업은 학생들에게 기회는 공정하고 평등해야 한다. 기본 운동기능이 좋다고 수업에서 주도권을 행사하고, 기본 운동기능이 좋지 않다고 하여 주변인으로 머물게 하는 것은 좋지 못하다.

과거부터 진행되어 온 체육수업을 보면 운동을 잘하는 소수의 학생이 수업의 주도권을 가졌다. 반면, 다수의 학생은 수업에 소극적으로 참여하거나 주변인의 모습을 하고 있었다. 나는 이러한 부분이 싫었다. 그래서 선택한 것이 모든 학생들이 수업에서 참여 기회를 얻도록 하는 방안을 강구하는 일이었다. 모두가 함께 하는 체육수업을 원했다. 운동기능이 좋거나 부족하더라도 부담 없이 체육수업에 참여하여 성공을 맛보도록 하고 싶었다.

나는 학생이 체육수업에 참여하면서 부담 없이 신체활동에 접근성을 높이고자 다양한 교구와 종목을 활용한 뉴스포츠 수업을 하였다. 플라잉 디스크, 디스크 골프, 사커 골프, 킨볼, 컬링, 플로어볼, 패드민턴, 컬러스쿠프, 추크볼, 넷볼, 스포츠피구 등을 수업에 활용하였다.

학생들은 뉴스포츠 활용 수업에 참여하면서 흥미와 만족감, 참신성, 동기유발을 통한 과제 참여의 지속성, 파급성 등을 경험하였다. 또한 새로운 활동 경험의 장, 새로운 용·기구의 활용을 통해 스포츠의 정신문화, 축제문화, 경기문화, 예술문화를 경험하였다. 이러한 측면을 고려해 볼 때, 뉴스포츠는 학교체육에서 활용할 충분한 근거가 되었다. 뉴스포츠 활용 수업 시 고려해야 할 점은 흥미와 만족 본위로 체육의 목적을 달성할 수 있는지, 학생의 주관적 체험이 수업 내용의 객관성을 보장하는지, 학습자 중심의 활동에서 교사의 역할은 무엇인지 등을 고민한다면 뉴스포츠 수업의 가치가 높아질 것이다.

나는 2015년에 교원양성대학의 교육과정 개정에서 창의체험 활동으로 '뉴스포츠를 활용한 체육수업'을 개설하여 해마다 25~30명 내외의 학생들과 수업을 한다. 이 강좌는 대학 1학년 학생들이 선택하는 교과였다. 학기별로 창의선택 과목은 신체활동을 포함하여 10개 정도 개설된다. 다른 교과와 달리 체육실기와 관련된 수업은 교재가 없는 경우가 대부분이다. 이는 신체활동을 배워서 활용하는 측면에서 제한적인 측면이 있다. 배울 때는 이해가 되지만 시간이 지나면 기억 속에서 잊히게 된다. 나는 이러한 부분을 해결하고자 뉴스포츠와 관련하여 두 편의 교재를 집필하여 활용하고 있다. 플라잉 디스크를 활용한 체육수업[3]과 뉴스포츠를 활용한 체육수업[4]을 통해 학생들이 뉴스포츠의 개념은 무엇인지, 역사와 종류, 다양한 뉴스포츠 활동 방법 및 규칙, 변형 게임 등을 삽화와 사진으로 제시하여 접근성을 높였다.

체육과 수업 전개구조의 활용

학교체육에서 수업은 일련의 흐름을 갖고 진행한다. 다른 교과와 마찬가지로 체육수업도 '도입, 전개, 정리'라는 수업 전개구조가 활용된다. 이러한 형태는 수업을 시간 단위 흐름으로 구분한 내용이다. 도입 단계에서는 수업 목표와 내용 및 교수자가 전달할 내용을 간결하게 제시한다. 전개 단계에서는 도입에서 안내한 내용을 토대

---

3) 고문수 외 5인(2010), 『플라잉디스크를 활용한 체육수업』, 파주: 이담북스.
4) 고문수(2018), 『뉴스포츠를 활용한 체육수업』, 파주: 한국학술정보.

로 교수자와 학습자가 상호작용하는 활동이 이루어진다. 정리 단계에서는 배운 내용을 정리하고, 차시예고를 하면서 수업을 마치게 된다. 이렇게 진행되는 것이 일면 타당해 보인다. 하지만 조금만 생각해 보면 수업 목표에 따른 학습 내용의 안내와 수업 목표를 달성하기 위한 학습활동 그리고 수업 목표에 따른 학습활동 및 학생들의 배움이 일어났는지에 관한 목표 중심의 수업을 진행하지 못한다는 단점이 있다. 물론 교수자의 역량에 따라 수업의 질을 높일 수도 있고 낮출 수도 있지만 대부분의 교사들이 목표 중심의 수업을 운영하기 위해서는 일련의 흐름을 갖는 구조가 필요해 보인다.

목표 중심의 수업은 의도성과 계획성을 갖고 있다. 예컨대, 수업 목표가 기본 운동기능과 전략을 습득하는 것이라면 이 목표를 달성하는 데 적합한 일련의 수업 전개구조를 알고 운영해야 할 것이다. 모둠원들과 협동하는 것이 목표라면 수업의 시작부터 활동 그리고 정리 단계까지 협동을 지향하는 수업을 해야 한다. 하지만 그동안의 '도입, 전개, 정리'에 기반을 둔 수업이 수업 목표, 활동, 마무리가 목표 지향을 중심에 둔 흐름보다는 활동 중심의 형태를 취해 왔다. 즉 각각의 단계에 맞는 내용과 활동을 진행하였다. 다시 언급하면 '도입, 전개, 정리'가 서로 유기적으로 연결되지 못하였다.

필자는 수업의 시작과 활동 그리고 마무리가 서로 유기적으로 연결되고, 목표 중심의 수업 운영 방안으로 '이해, 체험, 소통'의 수업 전개구조를 제시하였다. 이 구조는 수업의 내용이 '이해, 체험, 소통'의 단계에서 상호 유기적인 관계를 형성하게 된다. '이해 단계'에서 학생들과 소통한 내용이 '체험 단계'에서 활동으로 나타나고, '소통 단계'에서는 이해 단계와 체험 단계의 내용이 통합적으로 연결되고, 수업을 회상하고 반성하면서 수업 목표의 달성도를 확인하는 구조를 갖고 있다. '이해, 체험, 소통'의 수업 전개구조로 진행된 수업은 결국 전인교육을 실현하는 기초가 될 수 있다. 심동적·인지적·정의적인 통합을 이룰 수 있는 구조를 갖고 있다. '이해 단계'에서 심동적·정의적 역량을 제시하였다면 '체험 단계'에서 심동적·정의적 역량을 고양할 수 있는 신체 움직임 활동이 마련되어야 한다. 그리고 '소통 단계'에서는 '이해 단계'와 '체험 단계'에서 연계성을 지니는 수업 내용에 대한 되돌아보기가 이루어져야 한다. 즉 수업 내용에 대한 질문과 답변, 학습자의 학습 진보의 정도를 확인하는 과정으로 수업이 마무리된다면 '이해, 체험, 소통'의 수업 전개구조는 의미를 드러낼 것이다.

수업 주목하기

수업은 학생들에게 다양한 학습 내용과 경험을 제공하여 전인적 성장을 이끄는 데 관심을 둔다. 이를 위해 교사들은 전문적 학습공동체의 운영, 학회 세미나 참석 그리고 각종 체육 관련 연수를 통해 전문성을 함양한다. 교사의 전문성 향상은 좋은 수업을 위한 구체적인 방안이다. 하지만 교사들의 전문성 향상이 좋은 수업을 만들 수 있는 충분조건은 되지 못한다. 이유인즉 교사의 전문성과 학생들의 반응이 밀접한 관련성을 맺을 때, 교수자의 수업 전문성이 발휘될 수 있기 때문이다. 수업 상황은 다변적인 특성 속에 존재한다. 그렇기 때문에 수업을 의미 있게 운영한다는 것은 어려움이 따를 수밖에 없다. 하지만 수업 운영에서 교수자가 집중하는 것은 무엇인지, 학습자에게 어떠한 성장을 지원해 줄 수 있는지 등에 대한 고민이 이루어진다면 좋은 수업 방안을 찾을 수 있다.

수업 주목하기는 교수자가 자신의 전문성을 함양하고, 학생들에게는 자신의 지식과 사고의 확장을 통한 성장과 진보 측면이 존재하기 때문에 교수자의 전문적 성장과 학습자의 수업에 대한 안목을 형성하는 데 도움이 된다. 수업 주목하기는 교수자가 복잡한 교수·학습의 전체적인 측면을 기술하는 것이 아니라 선택적인 부분에 관심을 둔다. 여기서 교수자는 자신의 수업 전문성을 발휘하여 교수·학습 상황을 해석하고, 수업 활동에 어떻게 반응할지를 선택하면서 수업을 운영해야 한다.

체육 수업일지 쓰기

나는 수업이 끝나면 수업일지를 쓰는 습관이 있다. 수업일지는 체육노트에 간단하게 메모하고, 저녁에 컴퓨터를 활용하여 내용을 보충한다. 이것은 초등교사 시절부터 갖고 있었던 습관이다. 2009년 수석교사 시절 좋은 수업을 위한 방안으로 글쓰기를 했던 습관이다. 수업일지는 그날 학습한 내용의 기록인 동시에 교수자와 학습자 간의 상호작용 그리고 긍정적인 측면과 부정적인 측면 등이 담겨 있다. 수업일지는 수업에서 잘한 것은 잘한 대로, 잘 못 한 것은 잘하기 위한 노력의 일환으로 활용되었다. 결국 좋은 수업을 찾아가는 지름길이었다. 수업일지는 수업의 기록인 동시에 반성적 성찰로 이어졌다. 수업일지를 쓰는 습관은 교수자는 물론 학습자에게도 예외는 아니었다. 초등학교에서 체육수업은 주당 3차시로 진행되었다. 초등학생들은 1주일에 한 번 수업일지를 썼다. 학생들은 수업일지를 쓰면서 잘한 점, 반성해야 할 점 등을 기술하였고, 결과적으로는 좋은 체육수업을 만들기 위한 노력에 동참하는 계기가 되었다.

대학 강좌에서도 수업일지 쓰기는 계속되었다. 초등학생들과 마찬가지로 초등 예비교사들도 수업일지 쓰기를 통해 수업 내용은 물론 자신의 수업 참여 과정에 대한 반성을 통해 성찰을 경험하도록 하였다. 교육하는 삶 속에서 수업일지 쓰기는 나에게 많은 변화를 주었다. 학생들과의 만남을 어떻게 시작해야 하는지, 수업 내용을 어떻게 지도해야 하는지, 수업을 통해 학생들의 성장을 어떻게 지원해야 하는지 등 교육적 속성과 차원의 시야를 넓혀주었다. 초등 예비교사들도 수업일지를 쓰면서 다양한 체험 내용을 기록하였고, 해당 강좌를 바라보는 새로운 눈을 갖게 되었다는 긍정적인 평가를 내비쳤다.

수업일지는 교수자인 나에게 다음의 교육적 성과를 고민하도록 하였다. 첫째, 수업의 목적에 대한 흔적: 체육수업의 의미를 어떻게 설정할 것인가? 둘째, 수업의 내용에 대한 흔적: 교육적 의미를 제공하기 위한 내용 구성은 어떠해야 하는가? 셋째, 수업의 전략에 대한 흔적: 구성된 내용을 어떻게 가르칠 것인가? 넷째, 수업의 성과에 대한 흔적: 학습자에게 어떠한 변화가 일어나기를 바라는가? 등의 고민이 담겨 있다. 나는 수업일지를 쓰면서 수업의 목적, 내용, 전략 그리고 성과에 대한 반성과 성찰을 통해 체육수업에 대한 안목 갖기, 연구와 교육하는 삶을 실천하기 그리고 고민과 반성을 통해 성공의 기억과 마주할 수 있었다.

초등 예비교사들은 수업일지를 통해 다음과 같은 성장을 가져왔다. 첫째, 교사의 역할에 대한 인식의 변화이다. 학생이 어떻게 하면 운동을 잘할 수 있는지, 기능은 어떻게 익힐 수 있는지, 교사 측면에서 앞으로 학생들에게 무엇을 어떻게 가르쳐야 하는지 등에 대한 깨달음을 주었다. 둘째, 체육교과의 명확한 의미와 가치가 어떠해야 하는지를 생각할 수 있는 계기가 되었다. 셋째, 체육수업에 대한 인식의 변화와 체육수업에서 멋진 교사로 거듭날 수 있다는 생각을 통해 체육수업에서 자신감을 형성하였다. 넷째, 교수 방법에 대한 이해의 확산을 가져왔다. 수업이 기능적 측면만이 아니라 통합적 목표 구현을 위한 노력이 필요함을 인식하였다. 다섯째, 신체활동을 통해 학생이 교육적 의미와 즐거움을 동시에 경험할 수 있도록 체계적인 수업 계획과 설계가 필요함을 알게 되었다. 여섯째, 반성적 체육수업 성찰은 학생들의 수업에 대한 인식과 사고를 전환하는 계기가 되었다. 운동장 사용과 수업 대형의 변화는 물론이고 준비운동의 내용과 시점에 대한 이해의 폭을 확장할 수 있었다. 일곱째, 체육교육 목표는 소수가 아니라 모두가 성공을 맛보아야 한다는 인식을 갖도록 하였다. 여덟째, 교사로서의 정체성과 철학을 확립하는 계기가 되었다.

위에서 제시한 교수자와 초등 예비교사의 체육 수업일지 쓰기는 쾌도난마의 해법을 제시하기보다는 우리가 체육교육에서 올바른 방향성과 지향점을 찾고자 하는 취지로 이해하면 좋을 듯하다. 지금 문득 고민하던 한 구절의 문구가 생각난다. 그것은 다름 아닌 "우리는 체육수업을 왜 하지?"이다. 나는 왜 체육수업을 하는 걸까? 그 수업을 통해 이루어 내고자 하는 것은 무엇인가? 또 지금까지 이룬 것은 무엇인가? 대답해 본다면 아무것도 없는 것 같다. "나는 오늘도 고민한다. 지금 이 순간도 많은 학자가 머리를 맞대어 체육교육의 방향을 논의하고 있다. 그런데도 학생들의 행복함이 그려지지 않는 이유는 무엇일까? 사회의 무관심 때문인가? 아니면 나의 무능 때문인가?"

이제 위의 고민에 대해 내가 생각했던 그 무엇인가에 대해 진지하게 재검토하고, 행복의 길로 향할 수 있는 교수자의 역할과 과제에 대해 진심 어린 노력을 기울여야 할 것이다. 지금까지의 체육교육에서 드러난 부정적인 문제점을 찾기보다는 긍정적인 측면을 부각시켜 부정적인 문제점들이 긍정 속에 묻힐 방안에 대하여 고민해야 한다. 앞으로 교육의 주체들이 행복한 삶을 만들어 주는 데 체육교육은 어떠한 임무를 수행해야 하는 걸까? 그동안 교육계에서는 말로만 행복한 삶을 만들어 준다고 했지 실제로 학습자들의 행복함을 만들어 주지 못한 부분이 많다. 이제 그 고리를 끊어야 할 시점이다. 학생들의 행복한 삶을 지향하는 체육교육에 대한 소통의 문화와 교육적 역할에 대한 다짐이 필요하다.

연구하는 삶

나에게 연구하는 삶은 행복한 삶이다. 어려서부터 많은 책을 읽은 것도 아니고, 글을 지속해서 써왔던 것도 아니었다. 초등학교 때 일기 쓰기 숙제가 있었는데 일기 쓰기가 싫어서 미루어 놓았다가 열흘 치를 하루에 쓴 적도 있다. 나는 이렇게 글 쓰는 것을 싫어했다. 아마 선생님께서는 일기 쓰는 것이 자신을 돌아보고, 내일을 설계할 수 있는 좋은 방법임을 설명해 주셨을 것이다. 일기 쓰기가 싫었던 것을 보면 글쓰기 습관이 잘 길들여지지 않았던 것으로 보인다. 지금은 그때와 생각이 다르다. 교수자적 입장이 되어서 그런지 학생들에게 꼭 수업일기(생활일기)를 써야 한다는 이야기를 한다. 그리고 나도 쓴다. 나의 글쓰기는 수석교사 시절 좋은 수업 운영 방법에 대한 하나의 시도인 동시에 학생들에게 수업일기를 쓰라는 과제를 내 준 것에 대한 나의 책임이기도 하였다.

나는 글쓰기가 단순한 이야기로만 구성되는 것이 아니라 많은 사람들에게 일반화할 수 있는 글의 구조로 제시되는 것이 가치 있는 길임을 알게 되었다. 그러한 생각으로 시작된 것이 연구하는 삶으로 전이된 글쓰기였다. 나는 자신은 물론 한 개인의 내면적인 삶 속에 드러난 속 깊은 심리와 사고를 알아가는 데 흥미를 갖고 있다. 여러 사람들과 소통(인터뷰)하는 것을 좋아한다. 타인들과의 소통은 연구의 성과로 일반화되었다. 글들이 넘쳐나고 있는 상황에서 한 개인의 글쓰기가 읽히기란 쉽지 않다. 나는 일련의 체계적인 구조를 갖고 구성된 성과들을 공유하기 시작했다. 많은 사람들이 글을 읽어주었고, 피드백도 주었다. 그것이 힘이 되어 지금도 나 자신은 물론 학습자들의 체육을 하는 모습을 일반화하기 위해 연구 작업을 지속하고 있다. 연구하는 글쓰기는 사고의 폭을 확장하고 글쓰기에서 문맥 간의 구성 관계를 잘 연결시켜 주었다. 단순한 글쓰기가 아니라 고민과 사고의 폭을 확장하는 계기가 되었고, 연구 결과를 수업에 활용하면서 좋은 강의(수업)의 소재가 되었다. 이쯤 되면 독자들도 수업일기(지) 쓰기를 해보고 싶다는 생각이 들 것이다. 만약 아니라면 지금부터라도 짤막하게 글을 써보는 것은 어떨까?

연구적 관점에서 수업을 들여다보기

나는 과거에는 초등학생을 가르쳤고, 지금은 초등 예비교사교육 기관에서 초등 예비교사를 양성하고 있다. 대학에서 연구적 관점에서 수업을 들여다보면서 경험의 관계 맺기가 중요함을 인지하였다. 경험은 자신이 실제로 해보거나 겪어본 것을 의미한다. 또는 거기서 얻은 지식이나 기능을 말한다. 가르치는 사람들은 학생들이 실천의 과정을 통해 성장하고 변화하는 것을 지향한다. 단순히 경험하는 것만이 아니라 경험을 통해 사회의 구성원으로서 올바른 임무를 수행하도록 도움을 제공한다. 중요한 것은 교수자와 학습자들이 공통된 의도가 있을 때 경험을 구체화한다는 것이다.

교수자 측면에서는 학생들이 바르게 성장하도록 유인한다. 주어진 교과 내용에 대한 이해를 높이도록 다양한 교수전략과 수업 방법을 활용한다. '나'는 학생들의 건강과 체력 증진 그리고 사회성을 함양할 수 있다는 확신을 갖고 수업에 임한다. 초등 예비교사교육 기관에서 교사교육자가 관심을 기울여야 할 부분은 매우 많다. 그중 학습자의 성장을 지원하기 위해 수업을 설계하고 운영하는 것은 의미 있는 일이다.

하지만 그동안 체육수업을 보면 교수자는 내용을 가르치고 학습자는 내용을 배우는 형태로 운영되었다. 교수자는 자신이 이미 알고 있는 내용을 잘 모르는 학생들에게 기능적인 측면에서 피드백을 제공하면서 가르치려고 노력하였다. 그런데 신체활동은 짧은 시간에 숙달되기 힘들다. 그래서 경험의 내용을 갖고 앞으로 신체활동에 적극적으로 참여할 수 있는 자극 내지는 동기를 형성시켜 준다는 취지에서 운영되면 좋을 것이다.

학습자들은 자신에게 주어진 교육활동에서 적극성보다는 소극적인 태도를 보이는 경향이 있다. 이는 교육의 수혜자이기 때문에 그렇다. 학습자들은 교수자들과 관계 맺기를 부담스러워한다. 교수자는 학습자들의 특성을 고려하여 수업을 진행해야 한다. 교수자가 알고 있는 것을 학습자에게 채워주려고 하면 할수록 학습자들은 거부감을 느낄 수밖에 없다. 이것은 누구나 경험한 내용으로 수긍이 가는 이야기이다. 학습자들이 부담을 느끼지 않고 체육수업에 참여할 수 있도록 적절한 관계 맺기를 해야 한다.

교수자는 줄탁동시(啐啄同時)의 관점에서 학습자를 만나야 한다. 학습자가 원하는 것을 요구할 때, 교수자는 적절히 반응해야 한다. 교수자가 강요하기보다는 학습자들이 요구할 수 있는 환경을 조성하고, 그러한 상황 속에서 학습자의 부름을 받고 지원해 주는 방안을 생각해야 한다. 학습자와 교수자가 공통된 경험의 이야기를 공유한다면 학습자는 교수자와의 경험의 관계 맺기에 적극성을 보일 수 있다. 수업은 일방향이 아니라 양방향이라는 점을 인지해야 한다.

체육교육 하는 삶과 연구하는 삶을 통합하기

나에게 교육하는 삶은 연구하는 삶으로 자연스럽게 연결되었다. 교육의 내용을 연구의 성과로 일반화하였기 때문이다. 나 자신의 교육이 일회성으로 그치는 것이 아니라 교육에 대한 피드백과 과거의 교육 모습과 현재의 교육 모습을 비교·분석하여 수업을 반성적으로 성찰하였다. 나는 글쓰기를 통해 발자취를 남김으로써 과거를 기반으로 현재의 수업을 운영하고, 미래의 수업을 새롭게 설계하는 기저로 삼았다. 나는 교육하는 내용을 연구의 내용으로 산출하기 위해 교육하는 삶 속에서 드러난 '소극적 참여자 배려하기', '뉴스포츠에 관심 기울이기', '체육과 수업 전개구조의 활용', '수업 주목하기', '체육 수업일지 쓰기'의 내용을 모두 연구의 성과로 도출하여 교육운영에 반영하였다.

대부분 체육수업과 수업의 결과적인 측면이 어떻게 구성되는지를 확인한다는 것은 많은 시간과 고민이 따른다. 그렇기 때문에 수업과 연구를 동일한 선상에 놓기보다는 수업은 수업대로, 연구는 연구대로 진행하게 된다. 연구자들은 수업 내용을 연구의 결과로 도출한다기보다는 수업 내용과 별개로 자신이 아닌 타인의 수업 내용 또는 새로운 계획을 설계하여 연구하고 그 결과를 도출하는 경우가 많다. 그렇다고 하여 그 부분이 나쁘다는 것을 의미하지는 않는다. 여기서 하고 싶은 말은 자신의 수업 내용이 수업으로 끝나는 것이 아니라 수업 성과를 도출하여 일반화하고, 타인으로부터 피드백을 받아서 교육에 활용했으면 하는 바람이다. 이 글을 읽는 독자들은 자신의 수업 내용을 반드시 연구하여 어떠한 성과가 나타났는지, 그 속에서 드러난 갈등은 무엇이고, 갈등이 어떻게 해결되었는지 그리고 교수자의 수업 의도와 학습자의 수업에 대한 반응이 어떠한지를 탐색하여 좋은 수업을 만들어 나갈 것을 제안한다. 교육하는 삶은 연구하는 삶의 기반이 되고, 연구하는 삶은 교육하는 삶을 반성하고 확장하는 계기를 만들 수 있다.

'나'는 20년 이상을 체육수업 또는 체육 강의와 관련된 삶을 살아오고 있다. 초등학교에서도 그랬고, 대학에서도 의미 있는 체육수업을 위해 무엇을 해야 할 것인가? 또 다른 방법은 없을까? 등을 고민하였다. 하지만 명확하게 해답을 찾지 못하다가 체육 관련 글을 쓰고 연구하면서 초등 예비교사교육자가 어떠한 고민과 노력의 흔적이 있어야 할 것인가에 대해서는 하나의 답을 찾은 것 같다. 체육수업에 대해 끊임없이 고민하고, 수업 개선을 위해 노력을 게을리하지 않는 열정 있는 교사교육자가 되는 것이 답이 될 수 있다.

교육은 혼자서만 수행할 수는 없는 법이다. 여러 명의 교사교육자가 공통된 생각을 하고 창의적인 아이디어를 적용해 나가는 공통된 패러다임을 갖게 될 때, 교육 환경은 개선될 수 있다. 이를 위해서는 교사교육자 개인의 노력만으로는 한계가 있다. 교사교육자들의 학습공동체가 필요하고, 체육을 바라보는 사회적 시각의 개선도 요구된다. 교사교육자의 노력 못지않게, 교육의 수혜자인 학생들이 신체활동의 가치를 알고, 즐겨 참여할 수 있는 신체문화가 이루어져야 한다. 체육은 건강과 체력을 향상하고, 부정적 정서를 긍정적 정서로 바꾸어주며, 상황 판단능력과 전술 및 전략을 형성하는 데 도움이 되는 긍정적 가치가 있음을 기억해야 한다.

제7장

체육과 교수가 더 관심을 기울여야 할 것을 말하다

나 자신이 지금과 다른 모습을 찾기 위해 노력하는 것은 쉽지가 않다. 많은 시간이 필
요하고, 변화에 수용적인 태도가 요구된다. 이 장에서 체육과 교수가 체육 하는 삶을
어떻게 확장해 나가야 하는지, 교육하는 삶 속에서 어떤 확장의 요소를 제시하면서 성
장해야 하는지, 연구하는 삶은 무엇과 연결되어야 하는지 그리고 봉사하는 삶을 어떻게
설계해야 하는지를 살펴보았다. 나라면 체육 하는 삶, 교육, 연구 그리고 봉사하는 삶의
주제와 관련하여 어떤 관심사를 표출할 수 있을까?

체육을 하는 삶을 어떻게 확장할 것인가

교사교육자가 체육 하는 삶을 살아가기 위해서는 그동안 해온 일들을 잘 되돌아보면서 잘한 부분은 그대로 유지하고, 잘 하지 못한 부분에 대해서는 새로운 변화와 개선을 위해 노력하는 모습을 보여야 한다. 체육을 하는 삶은 일회적인 것이 아니라 지속성을 갖고 진행되어야 한다. 체육과 관련하여 교수자는 형식적 성장, 무형식적 성장 그리고 비형식적 성장 등을 통해 성장한다.

형식적 성장을 위해 노력하기

형식적 성장은 형식적인 교육을 통하여 이루어진다. 이 교육은 교육과정이라는 체계적인 틀을 토대로 이루어지는 조직된 교육으로 학위 또는 자격증을 부여하는 교육이다. 가장 대표적인 형식적 성장으로는 학위과정과 생활체육 전문인이나 경기지도자를 교육하기 위한 생활체육 프로그램이 있다.

학위과정 또는 골프 코칭 프로그램에 참여하기

국내에서 체육 하는 삶을 확장하기 위해 체계적인 조직과 절차로 구성된 형식적 성장 기관으로는 석·박사 학위과정이 있다. 나는 2006년에 스포츠교육학 전공으로 체육학 박사학위를 받았다. 이를 통해 대학교수가 될 수 있었고, 초등 예비교사교육기관에서 이론 강좌인 체육과교육론, 체육지도 및 평가, 스포츠교육학, 질적연구방법론 등을 강의하고 있다. 이 부분은 앞으로도 더 노력하면서 학생 지도에 매진할 것이다.

더 공부하고 싶은 분야는 골프이다. 이유인즉 골프를 처음 지도했던 지현욱 프로(경인교대 평생교육원 골프 프로, KPGA 프로)가 "선생님, 저와 함께 청소년을 위한 골프아카데미를 운영해요."라고 했던 말이 아직도 생생히 남아 있기 때문이다. 대학에서 골프학 박사학위를 받는 것이 새로운 꿈이다. 하지만 골프학 박사학위는 따로 없고, 일반대학원 박사과정에서 골프 관련 논문을 써서 체육학 박사 또는 이학박사를 받는 정도이다. 현재 이러한 구조를 취하는 것은 나의 박사학위와 별반 다르지 않다. 그렇기 때문에 현재 대학 교수로서 형식적 성장을 위해서는 체계가 갖추어진 한국프로골프협회에서 주관하는 KPGA 세미프로 자격증을 취득하는 것이 가장 적합하다고 판단된다. 나는 이를 위해 현재 신체활동 가이드라인으로 7690$^+$를 실천하면서 골프연습에 매진하고 있다.

한국프로골프자격증을 소지하면 향후 지역사회 봉사활동으로 골프를 지도할 수도 있다. 현재 소지한 생활체육 2급 골프지도자 자격증만으로도 티칭은 할 수 있지만 체계적인 교육과 골프 기능 수준을 높이기 위해 더 노력하고 싶다. 나는 과거 4년 동안 인천대학교에서 교양골프 강의를 한 적이 있다. 인천학생교육문화회관에서 1년 동안 인천 관내 초·중등 학생들을 지도한 경험도 있다. 그 당시 골프 티칭과 관련하여 전문성이 그다지 높지 않았기 때문에 잘 지도하지 못한 아쉬움이 있다. 나는 골프 전문성을 높여서 과거의 아쉬움을 떨쳐버리고 싶고, 전문적인 골프 지도자의 소양을 갖추어 나갈 계획이다. 교육대학에서도 3학년 선택교과목으로 골프가 개설되어 있다. 지금은 아니지만 조금 더 전문성이 갖추어지면 3학년 골프수업도 담당할 생각이다.

무형식적 성장을 위해 노력하기

나는 그동안 무형식적 성장을 위해 많은 노력을 기울여왔다. 그렇다고 하여 앞으로 그 성장을 멈추고 싶지는 않다. 더 노력하여 나 자신만의 전문성을 확고히 하고, 타인과 함께하는 교육적 삶 속에서 높은 전문성을 발휘하고 싶다. 나는 세미나와 각종 워크숍에 참가하면서 타인과 소통하고, 질의응답을 통해 궁금한 문제들을 해결해 나가고 있다. 가장 대표적인 것이 학술단체에 참여하는 일이었다. 지금 참여하는 학술단체는 한국스포츠교육학회(부회장), 한국체육교육학회(부회장) 그리고 한국초등체육학회(학술위원장) 등이다.

세미나와 워크숍에 참여하기

나는 2003년 박사과정부터 2021년 현재까지 스포츠 관련 학술단체의 행사에 거의 빠지지 않고 참여하고 있다. 학술단체는 공부하는 사람들이 모여 있는 곳인 만큼 전문성 향상에 도움이 되었다. 연구자들이 각자 갖고 있는 고민과 궁금증을 해결하는 창고 역할을 하였다. 나는 학술세미나와 워크숍에 참여하면서 많은 성장을 가져왔다. 학회에 참여한 다른 연구자들로부터 자극을 많이 받았고, 다른 사람들에게 자극을 주면서 동학으로서 배움 활동을 지속할 수 있었다. 1년이면 각종 세미나와 워크숍에 7~8회 정도 참석한다.

앞으로도 나의 체육 하는 삶의 확장은 이곳으로부터 만들어질 것이다. 각종 학술행사에 참여하여 발표와 사회자 및 토론자 역할을 수행할 생각이다. 이 글을 읽는 학문 후속 세대들도 반드시 두세 개의 학술단체에 참여할 것을 제안한다. 그리고 참여하는 학술단체에서 연구 성과를 도출하여 학문적 성장을 가져오길 바란다. 한국 스포츠교육학회에서 진행되는 춘·추계 학술대회와 8월에 진행되는 국제학술대회, 10월 전국체육대회 기념 분과학술대회 그리고 1년에 4~6회 정도 열리는 교육 세미나에는 꼭 참여하길 바란다. 특히 10월에 개최되는 전국체육대회 기념 분과학술대회에서는 모든 연구자들에게 발표 기회가 있기 때문에 구두 발표가 가능하다. 여기서 자신이 연구한 고민의 흔적을 발표하면 좋겠다. 체육을 하는 삶은 지속성과 반복성을 유지할 때 내 곁에 머무르고, 가치 있는 삶의 지향점을 찾게 할 것이다.

전문적 학습공동체에 참여하기

나는 초등교사 시절 인천광역시교육청 관내 지역교육청의 체육 교과연구회에 지속적으로 참여하였다. 그곳에서 체육교육에 관심을 기울이는 여러 교사를 만났다. 나는 그들과의 만남을 통해 체육에 더 관심을 갖게 되었고, 대학원에서 공부할 수 있는 계기가 되어 지금은 대학에서 초등 예비교사를 양성하고 있다. 그곳에서 만났던 체육을 좋아하던 다른 젊은 교사들은 초등학교 교감, 장학사, 연구사, 교무부장 등으로 자신의 책무를 다하고 있다. 사람은 시간이 지나면 누구나 성장과 변화를 가져온다. 나 또한 시간의 흐름 속에서 성장과 변화를 거듭하고 있다.

나는 인천대 박사과정에서 진행된 정기세미나를 통해 성장할 수 있었다. 지도교수와 함께하는 대학원 세미나는 해마다 두 차례씩 정해진 주제 또는 관심 있는 주제의 성과를 발표하고, 지도교수와 동학들의 피드백을 받으면서 연구의 질을 높일 수 있었다. 2003년 여름 1박 2일의 무의도 세미나를 시작으로 정기세미나가 출범하였고, 10여 년간 팀장의 주도하에 세미나의 계획과 실천 방안들이 마련되었다.

특히 나 자신의 성장과 변화는 박사과정이 있는 국내 4개 대학(고려대, 교원대, 인천대, 한국체대)의 스포츠교육학 전공 교수들이 결성한 '4개 대학 세미나'를 통해 진전되었다. 우리는 1년에 한 번씩 정기 세미나를 통해 학문적 성과를 교류하였다. 연도별로 주축이 된 대학원에서는 1박 2일 세미나 계획을 세워 운영하였다. 특강 강사 초대, 대학원생들의 발표가 진행되었고, 세미나가 끝나면 뒤풀이로 맥주 한 잔씩을 기울이면서 서로의 관심사와 고민을 공유하였다. 이렇게 5~6년 가까이 세미나를 해오다가 지도교수가 정년을 앞두고부터 박사과정을 받지 않으면서 대학원생의 부족으로 학문적 교류가 점차 줄어들었고 자연스럽게 세미나는 자취를 감추었다. 지금도 생각해 보면 열띤 토론과 아이디어들을 교환하는 초롱초롱한 눈빛들이 눈에 아른거린다.

나는 위의 세미나의 경험을 바탕으로 전국의 12개 초등체육 관련 대학(교원대, 제주대 교육대학 포함)에 근무하는 스포츠교육학 전공 교수들과 전문적 학습공동체를 구성하여 1년에 한두 차례 정기 세미나를 진행할 계획이다. 그동안 전국의 교육대학 교수들은 테니스나 골프 대회를 통해 전체 교수가 참여하는 교류를 하였지만, 동일 전공의 교수들이 모여서 초등체육 관련 담론을 형성한 적은 없었다. 스포츠교육학은 그동안 교육과정, 교수·학습, 교사교육을 중심으로 다양한 교육적 가치를 도출하였다. 앞으로는 보다 거시적인 측면에서 이 시대가 요구하는 초등체육의 방향을 탐색할 계획이다. 2021년 1월에는 10개 교육대학과 한국교원대, 제주대 교육대학 교수 12명이 모여서 '초등체육의 이론과 실제'라는 도서를 출간한 바 있다. 이를 시발점으로 삼아 초등체육 교류를 활성화하는 데 앞장설 계획이다. 만약 교수 전문적 학습 공동체가 구성된다면 초등체육의 발전에 큰 힘이 될 것이다.

비형식적 성장을 위해 노력하기

비형식적 성장은 일상적인 배움으로부터 얻게 되는 배움의 형식이다. 자신의 경험, 멘토링, 동료들과의 대화, 인터넷 검색, 서적 검색 등을 통해 얻을 수 있다.

동료 교수와 대화하기

나는 동료 교수들과 자주 통화를 한다. 개인적 측면의 이야기도 하지만 스포츠교육학 관련 내용과 글쓰기에 대해서도 이야기한다. 최근에 어떤 연구를 수행하였는지, 그 연구가 지니는 의미는 무엇인지, 제3자의 관점에서 바라본 나의 모습은 어떠한지 등을 교환하기도 한다. 나는 송지환 교수(전주교대), 이호철 교수(진주교대)와 자주 통화를 한다. 이들은 나의 마음도 잘 이해하고, 타인을 불편하게 하지 않는 성격의 소유자들이다. 또한 나 자신의 성장에 큰 자극을 주기도 한다. 이들과의 대화는 나 자신의 과거를 회상해 보도록 하고, 그것을 현재 시점에서 반성과 성찰의 기저를 만들어 미래 교육의 방향을 설정할 수 있도록 하는 큰 힘이 되고 있다. 이 글을 쓰고 있는 이 시점에도 타인을 배려하고 있을 이들의 모습이 머릿속에 그려진다. 앞으로도 이들과 더 자주 통화하면서 교수의 주 역할인 교육, 연구 그리고 봉사 측면에 대한 아이디어를 교류하고 싶다. 한 가지 아쉬운 점은 서로가 멀리 떨어져 있기에 1년에 한두 번 만나는 것이 전부라는 점이다.

인터넷 검색하기

나는 스포츠 교육 [체육교육, 교육과정, 교사교육, 교수학습, 전문성, 반성 등]과 관련된 키워드로 인터넷에 자주 접속한다. 가장 많이 검색하는 것이 스포츠교육학 관련 용어이다. 그리고 스포츠 교육관련 학회 홈페이지를 방문하여 스포츠교육학과 관련된 연구의 성과를 찾아서 읽는다. 글을 찾다 보면 연구자들마다 생각과 관심사가 다양하다는 것을 알 수 있다. 연구 제목과 방법 그리고 연구 성과들이 각기 다르기 때문이다. 연구 성과를 볼 때는 서론과 연구결과 그리고 논의를 어떻게 구성하였는지를 살펴본다. 그리고 좋은 아이디어나 연구의 방향을 토대로 나의 성장과 변화를 위해 활용한다. 나는 최근 수업 주목하기와 체육과 수업 전개구조 그리고 교수자의 반성과 성찰 관련 연구에 관심이 많다. 이는 연구자 또는 교사교육자의 관점과 책무성에 대한 노력의 성과가 그대로 도출되기 때문이다. 나의 관심사를 만족시켜 줄 만한 많은 연구들이 학술연구로 도출되었으면 하는 바람이다. 이러한 연구결과는 학습자 지향의 수업 또는 강의와 반성적인 교수자의 모습이 도출되는 시작점이다.

체육관련 서적을 찾아서 읽기

독서는 자신의 삶의 영역을 확장하는 시작점이다. 안중근 의사는 "하루라도 책을 읽지 않으면 입 안에 가시가 돋친다."고 하였다. 이는 책을 가까이하는 삶이 자신의 성장은 물론 사고를 확장해 나가는 단초가 되고 있음을 이야기한 대목이다. 나는 일주일에 한 번씩은 정보검색을 통해 체육관련 서적들을 찾아본다. 그리고 새로 나온 책들은 구입하여 읽어본다. 하지만 다른 서적들에 비해 체육학 관련 도서가 많지 않음은 아쉬움으로 남는다. 나는 집 근처 대형 서점에 자주 들른다. 제일 먼저 발길이 멈추는 곳은 체육학 서적 코너이다. 하지만 그곳에서 체육학 서적을 찾기가 힘들다. 도서들이 거의 없다. 스포츠지도사 문제풀이집, 골프, 농구, 야구, 축구 종목 관련 서적이 대부분을 차지한다. 정말 많은 아쉬움이 남는다. 체육학 관련 전공자 특히 스포츠교육학 관련 전공자들이 체육교육에서 어떤 노력을 기울여야 하는지를 생각하도록 하는 대목이다.

자신의 수업을 녹화·분석하여 피드백 받기

2020년 '코로나 19' 팬데믹은 수업의 모습을 많이 바꿔놓았다. 대면에서 비대면의 수업을 강화시켰다. 대부분 비대면 수업은 원격강의나 실시간 수업으로 진행되었다. 나는 2020학년도 1학기 원격강의를 통해 나 자신의 모습을 확인할 수 있었다. 언어적·비언어적 상호작용의 모습이 낯설었고, 때로는 불필요한 동작을 하는 경우도 있었다. 그동안 20년 이상을 학생들과 함께 상호작용을 해왔는데, 이 정도라는 것이 창피하기까지 하였다.

나는 영상 강의를 살펴보면서 그동안 몰랐던 나의 모습을 확인할 수 있었다. 어떠한 노력을 해야 하는지도 알게 되었다. 교수자들에게 '코로나 19'가 가져다준 가장 큰 변화는 수업과 관련하여 어떤 노력을 해야 하는지에 대한 가르침이라고 생각한다. 나는 이번 비대면 수업이 가져다준 소중한 기회를 놓치고 싶지 않다. 원격 수업에 대해서는 영상을 보면서 분석하고, 실시간 줌 수업은 녹화를 통해 피드백의 자료로 활용하여 교수・학습의 개선을 꾀할 생각이다.

교육하는 삶을 어떻게 확장할 것인가

교육하는 삶은 가르치기와 배우기를 조화롭게 운영하는 것으로부터 시작된다. 가르치기는 세 가지로 구성된다. 첫째는 '갈다'이다. '갈다'는 수업 환경을 조성하는 일이다. 학습자들이 흥미와 재미를 갖고 수업에 참여하여 교육적 의미를 가져올 수 있도록 좋은 수업 환경을 만드는 것이 필요하다. 둘째는 '가르다'이다. 학습자에게 어떤 내용을 먼저 가르치고, 어떤 내용을 나중에 가르칠지를 잘 구별 짓기를 하는 것이다. 셋째는 '치다'이다. 이는 학습자의 반응에 대한 긍정적인 메시지를 주는 것으로 그들의 활동에 대해 사기를 북돋워 주는 일이다. 이렇게 세 가지의 내용이 잘 구성될 수 있도록 가르치기를 한다면 의미 있는 교육의 모습을 보일 것이다. 배우기는 '익히다'와 '몸에 배게 만들다'로 구성될 때, 자신의 학습이 되고, 배움이 일어날 수 있다. 교수자들은 교육하는 삶 속에서 가르치기와 배우기가 조화되는 삶의 모습을 잘 구성해야 한다. 이것이 교육하는 삶의 확장에 신호탄이 될 수 있다.

나의 교육하는 삶을 되돌아보기

나는 위에서 교육은 가르침과 배움이 공존하는 과정에서 이루어지는 의미 있는 성과물임을 피력하였다. 우리는 진정으로 가르침(갈다, 가르다, 붙돋워 주다)과 배움(익히다, 몸에 배게 만들다)이 잘 일어나도록 교육하는지를 분석해야 한다. 그러면 그 속에서 더 노력해야 할 수업 영역을 찾을 수 있을 것이다. 더 노력해야 할 부분은 찾기 쉽지 않다. 하지만 자신이 그동안 무엇을 해왔는지를 알게 된다면 교육하는 삶의 영역을 확장할 수 있다. 나는 교수자와 학습자의 관계 속에서 서로에게 가치를 제공하기 위해 수업 성찰일지를 써왔다.

오늘 수업에서 교육의 개념 중 가르치기가 올바로 진행되었는지, 학습자에게 배움이 일어나도록 노력하였는지를 회고한 내용을 글쓰기 하였다. 글쓰기를 한 결과는 나에게 많은 반성의 가치를 제공하였다. 수업 환경은 어떠했는지, 학습자들이 당면한 문제를 어떻게 해결하도록 하였는지, 그들에게 배움이 일어나도록 운동수행발달과 관련하여 확대과제, 세련과제 그리고 응용과제 등이 적절하였는지를 확인할 수 있었다. 나의 교육하는 삶 속에서 글쓰기는 위에서 제시한 가르치기와 배우기의 속성과 차원에 대해 반성적으로 사고하도록 하였다. 지금도 교육하는 삶의 확장과 관련하여 나의 수업 관련 성찰 글쓰기는 진행중이다.

자신의 수업 내용 영역을 확장하기

나는 강의계획서를 잘 구성하기 위해 노력한다. 강의계획서에는 강좌 목표, 강의 내용, 교수·학습 방법 및 평가 등의 요소를 담고 있다. 강의 내용은 학기가 바뀔 때마다 추가 또는 통합을 통해 해당 강좌의 내용을 재구성한다. '체육과교육론' 강좌에서는 감상수업, 뉴스포츠 활용수업, 인성 함양을 위한 시 쓰기, 협동학습의 구조를 활용한 수업 등을 추가하여 수업을 운영하였다. 이는 학습자 특성을 고려한 수준별 교수와 수업에 소극적으로 참여하는 학생을 지원하기 위한 방안이었다. '뉴스포츠를 활용한 체육수업'의 강좌 운영에서는 목표 중심의 체육과 수업을 위해 '이해, 체험, 소통'의 구조를 적용하였다. 그리고 수업일지를 활용하여 해당 차시의 수업을 통해 변화한 자신의 사회성의 요소를 기록하도록 함으로써 학습자들이 타인과 함께하는 소통의 문화 측면을 등한시하지 않도록 하였다. 체육실기 강좌에서는 체육과 교육과정에서 제안하는 교수·학습의 방향 중 개인차를 고려한 수준별 교수와 맞춤형 교수·학습 방법의 선정과 활용 및 학교체육이 생활 속의 체육활동으로 연계될 수 있도록 후속 지원을 하였다.

나는 교육하는 삶의 확장을 위해 강의를 계획하는 단계부터 운영 그리고 강의를 마치고 나서는 다음 학기에 진행되는 강좌의 강의 계획서 구성과 운영에 이르기까지 변화를 주기 위해 통합과 추가 및 삭제를 병행한다. 항상 똑같은 수업이 아니라 변화가 포함된 수업을 통해 해당 학기의 학습자들이 꼭 배워야 할 만한 내용을 선별하는 데 고민하고, 그 내용을 연구하는 삶으로 연계하여 성과를 도출하고 있다. 이와 관련한 변화 지향의 모습은 앞으로도 지속될 것이다.

연구하는 삶을 어떻게 확장할 것인가

나 자신의 연구하는 삶을 되돌아보는 것이 가장 좋은 답이 될 수 있다. 내가 어떤 연구를 수행하였는지, 어떻게 연구 결과를 도출하였는지 그리고 무엇을 더 연구해야 하는지 등을 살피는 일은 연구하는 모습과 연구의 결과를 성숙하게 만들어내는 기회가 된다. 만약 관심사가 비슷한 연구를 하더라도 대상을 바꾼다든지, 연구 방법을 다르게 하는 체계적 반복연구를 수행하는 것도 좋은 대안이될 수 있을 것이다. 연구의 확장이 완전히 새로운 것만을 추구한다면 연구의 소재는 얼마 가지 않아 바닥이 드러날 것이다. 이것보다는 오히려 연구 참여자의 변화, 연구 방법의 변화 등을 활용하여동일한 연구에 대해 일반화할 수 있는 성과들을 축적해 나가는 노력도 필요하다. 연구하는 삶 속에서 더 관심을 기울여야 할 것은무엇인지, 가르치는 활동 속에서 학습자를 생각하는 수업을 어떻게만들지에 대해 관심만 늦추지 않으면 된다.

또한 연구하는 삶은 교육하는 삶과 연계되어야 한다. 위에서 제시한 교육하는 삶의 모습이 내비친 요소들을 연구에 활용할 필요가있다. 즉 형식적 성장과 무형식적 성장 그리고 비형식적 성장의 내용과 관련된 부분을 연구의 성과로 도출하는 것도 좋은 방안이 될수 있다. 연구하는 삶은 교육하는 삶의 연장선임을 기억해야 한다. 교육이 곧 연구이고, 연구가 곧 교육임을 기억해야 한다.

봉사하는 삶을 어떻게 확장할 것인가

교수자의 봉사하는 삶은 교내와 교외로 구분할 수 있다. 교내 봉사로는 학교에서 이루어지는 각종 행사와 학과에서 이루어지는 모든 행사를 포함한다. 교수자는 학교와 학과를 기점으로 하여 자신의 역량을 펼쳐 나가야 한다. 보직을 수행한다든지, 교수세미나에 참석하는 일 그리고 학과 및 학생 행사에 빠지지 않는 일들이 봉사하는 삶의 시작이다. 이것이 기반이 될 때, 교외 봉사를 할 수 있다.

교외 봉사는 외부회의, 학술세미나 참석, 외부 대학의 각종 심사, 학회지 심사, 학술단체 보직 수행 등이 있다. 교외 봉사는 한 개인의 역량을 확인할 수 있는 기회가 된다. 그렇기 때문에 교수의 역량을 위해서라도 꼭 봉사를 해야 한다. 다만 교외 봉사가 교내 봉사보다 앞서서는 안 된다는 점은 꼭 기억해야 한다. 잘못하면 큰 탈이 날 수도 있다. 나도 외부 봉사 [초등 임용시험 출제]를 교내 봉사 [부서장 역할]보다 먼저 생각하고 실천한 적이 있다. 지금 글을 쓰고 있는 시점에서 되돌아본다면 "교수자 자신의 역량을 드러내고 싶었던 욕심 때문이다."라고 생각된다. 하지만 지금은 교내 봉사보다 어떤 것도 우선시하지 않는 삶을 살고 있다. 여기서 중요한 점은 어떤 봉사를 하더라도 혼신의 힘을 다해야 한다는 것이다. 나는 이것도 아니고 저것도 아닌 모습을 좋아하지 않는다. 할 때는 미친 듯이 빠져들어 몰입을 해야 한다. 그것이 나의 가치를 높이는 길이다.

나오는 글

나는 2019년도에 출간한 『대학교수의 체육 이야기』에서 나의 삶, 교수의 체육 하는 삶과 경험 그리고 체육과 교수가 관심을 기울인 것과 기울여야 할 것에 관하여 이야기하였다. '나의 삶'에서는 체육이 좋아서 체육을 하는 삶을 통해 대학교수가 되기까지의 과정과 교수로서의 포부를 밝혔다. '교수의 체육 하는 삶과 경험'에서는 대학교수가 체육 하는 삶과 경험에서 일반화한 11편의 글을 소개하였다. 그리고 '체육과 교수가 관심을 기울인 것과 기울여야 할 것'에 대한 이야기에서는 나 자신이 체육을 통해 무엇을 얻었는지, 앞으로 교육과 연구하는 삶 속에서 어떤 부분에 관심을 집중해야 하는지에 대한 교육철학을 제시하였다. 특히 대학교수의 역할과 지향점을 아래와 같이 피력하였다.

> 대학교수의 책무는 교육, 연구 그리고 봉사로 점철된다. 이 중 가장 중요한 것을 한 가지 선택하라고 하면, 나는 교육이라고 말할 것이다. 교육은 예전에 밝혀진 사실이지만 "인간 행위의 의도적인 결과를 가져오는 것"을 의미한다. 나도 이 말에 동의한다. 가르치는 과정에서 인간 행위의 의도적인 결과를 가져오기 위해서는 학생들에게 전달되는 이야기나 내용이 객관성을 보장받을 수 있어야 한다. 여기서 객관성은 내용의 진실성으로 신뢰도와 타당도가 높아야 한다. 이를 위해 대학교수는 입증된 내용에 대해 수용적인 태도를 받아들이고, 입증된 내용이 옳은지 그른지를 판단하기 위해 끊임없이 관련 연구를 수행해야 한다. 그리고 입증된 내용과 유사한 관련 내용에 관해서도 관심을 두고 연구의 범위를 확장하는 노력이 필요하다. 이는 교육적 차원에서 기존 자료를 보충하고, 새로운 변화를 모색할 수 있는 실마리가 된다. 체육을 가르치는 대학교수는 자신이 가르치는 학문 분야에 정통성을 갖고 있어야 한다. 나는 학문적 성과와 가치를 탐색하기 위해 반성과 성찰이

포함된 연구들을 수행하고 있다. 셀프연구, 수업 주목하기, 반성과 성찰에 관한 자문화기술지 등이 그것이다. 나는 의미 있는 연구가 진행되기 위해서는 교수자 자신이 많은 고민을 해야 한다고 생각한다. 나는 "변화는 나로부터"라는 슬로건을 좋아한다.

-『대학교수의 체육 이야기』의 내용 중 '나오는 글'의 일부 내용

이번에 출간하는 『대학교수의 스포츠 교육 이야기』는 대학교수의 삶과 철학 그리고 교육과 연구하는 삶에 관한 후속 이야기이다. 이 도서에는 대학교수로서의 삶에서 중요하게 생각되는 체육과 수업의 방향이 보다 상세화되어 있다. 교수자가 체육수업 운영에서 주목해야 할 점을 자세히 언급하였다. 또한 교육과 연구의 통합적 측면에서 도출된 연구 성과 여섯 편을 읽기 쉽게 구성하였다. 특히 이전 도서에서 탐색해 내지 못한 대학교수의 관심과 향후 관심사를 진솔한 마음속 이야기로 기술하였다.

나의 대학교수로서의 삶은 연속성을 갖고 있다. 과거, 현재, 미래가 하나의 틀 속에 존재한다. 과거는 현재에 반영되고, 현재는 과거를 교훈 삼아 미래를 설계하는 틀이 되었다. 교수로서 교육, 연구, 봉사도 과거를 거울삼아 현재와 미래에 반영될 것이다. 이러한 삶의 모습을 되돌아보고, 그것에 대한 흔적을 남기는 것은 나 자신을 반성하고 성찰하기 위함이다. 이 글을 읽는 독자들도 자신만의 삶의 기록을 남길 것을 제안한다. 물론 화려한 삶을 남기자는 것이 아니다. 교육과 연구 그리고 살아가는 삶에 대한 생생한 기록을 타인들과 공유하고 서로가 보다 나은 미래를 설계하는 작은 실마리를 제시해 보자는 것이다. 그것이 기반이 될 때, 자신은 물론 타인에게도 보람된 삶의 기저를 제공하게 된다. 이것은 내일이 아니라 지금 당장 실천해야 할 일이다.

고문수

경인교육대학교 졸업
경인교육대학교 교육대학원 교육학 석사(초등체육교육 전공)
인천대학교 대학원 체육학 박사(스포츠교육학 전공)
한국스포츠교육학회 부회장
한국체육교육학회 부회장
한국초등체육학회 학술위원장
대한장애인체육회 전문체육위원
경인교육대학교 체육교육과 교수

대학교수의
스포츠 교육
이야기

초판인쇄   2021년 7월 7일
초판발행   2021년 7월 7일

지은이   고문수
펴낸이   채종준
펴낸곳   한국학술정보㈜
주소   경기도 파주시 회동길 230(문발동)
전화   031) 908-3181(대표)
팩스   031) 908-3189
홈페이지   http://ebook.kstudy.com
전자우편   출판사업부 publish@kstudy.com
등록   제일산-115호(2000. 6. 19)

ISBN   979-11-6603-459-6 13060